내가 내 이야기를 시작했을 때
: 여성의 자기 서사

내가 내 이야기를 시작했을 때
: 여성의 자기 서사

1판1쇄 ┃ 2023년 12월 18일

엮은이 ┃ 인천대학교 인문학연구소
지은이 ┃ 김원, 김정경, 노지승, 장영은, 조혜진, 하인혜, 홍인숙
펴낸이 ┃ 안중철, 정민용
편 집 ┃ 윤상훈, 이진실, 최미정

펴낸 곳 ┃ 후마니타스(주)
등록 ┃ 2002년 2월 19일 제2002-000481호
주소 ┃ 서울 마포구 신촌로14안길 17(노고산동) 2층
전화 ┃ 편집_02.739.9929/9930 영업_02.722.9960 팩스_0505.333.9960

블로그 ┃ blog.naver.com/humabook
트위터, 페이스북, 인스타그램 ┃ humanitasbook
이메일 ┃ humanitasbooks@gmail.com

제작 ┃ 천일문화_031.955.8083 일진제책_031.908.1407

값 17,000원

ISBN 978-89-6437-443-6 94300
    978-89-6437-319-4 (세트)

INU 후마니타스 총서 | **05**

내가 내 이야기를
시작했을 때

: 여성의 자기 서사

인천대학교 인문학연구소 엮음

김원 · 김정경 · 노지승 · 장영은 · 조혜진 · 하인혜 · 홍인숙 지음

후마니타스

차례

서문

이번 INU 후마니타스 총서에서는 역사적으로 어느 한 시기에 '나'라는 존재가 글쓰기의 가장 흥미로운 대상이 되었으며, 이 같은 현상이 한글 사용자라는 새로운 글쓰기 주체의 등장과 떼려야 뗄 수 없다는 사실이 갖는 사회적 함의를 독자들과 함께 고민해 보려 한다. 이 책에서 다루는 작품들은 일정 기간 동안 자아를 규정하는 데 젠더 차이가 가장 중요했으며, 이는 한글을 매개로 한 여성의 자전적 글쓰기를 통해 구성/생산된 것이라는 가설과 밀접한 관련이 있다. 이런 관점에서 보면 시기적으로 멀리 떨어진 듯한 각각의 작품들 사이에 다음과 같은 공통점을 발견할 수 있다.

우선 이 책에서 다루는 자기 서사 텍스트를 쓴 이들은 모두 여성이라는 이유로 삶과 죽음의 경계에 놓여 있다. 이 여성들은 죽기 위해서 혹은 살기 위해서 글을 썼는데 남편의 사후, 죽음을 강요받았던 조선 여성들뿐만 아니라, 20세기의 여성들에게도 글쓰기는 삶

또는 죽음과 분리되지 않았다. 조선의 열녀들에게 글쓰기를 멈춘다는 것은 곧 삶을 멈추는 것을 의미했으며, 근대 여성 지식인들에게는 "글쓰기만이 근대적 작가로서 또한 주체적 인간으로서 자신의 정체성을 확인하고 증명하며 정립해 갈 수 있었던 유일한 길이었다."[1]

이들의 삶이 늘 죽음에 연루되어 불안정한 상태였듯, 이 여성들이 남긴 글 또한 안정적인 지위를 갖지 못했다. 이 작품들은 당대에는 물론이고 현대에도 여전히 특정한 장르로 인식되어 명확한 위상을 얻는 데 실패한다. 한자만이 의미 있는 문자라고 여긴 조선의 남성 문인들에게 여성들이 남긴 '한글' 기록이 가치 있는 것으로 보이지 않았을 것이다. 근현대의 남성 작가 혹은 문학 연구자들에게도 여성들이 쓴 일기나 수기는 시나 소설과 같은 정통적 문학이 아니라는 점 때문에 온전한 문학으로 받아들여지지 않았다.

그러나 지금 우리에게 이 작품들이 의미를 갖는 것은 지금까지 이 작품들이 배척당했던 위의 이유들과 정확하게 일치한다. 이 작품들은 무가치한 것으로 여겨지던 한글로 쓰였기 때문에, 기존에 있던 그 어떤 장르에도 온전히 들어맞지 않기 때문에, 정전으로 일컬어진 작품들과 닮은 점이 없기 때문에, 새로운 형식과 범주를 상상하게 만든다.

책의 맨 앞에 실린 홍인숙의 「아홉 통의 유서로 복원한 한 조선 여성의 생애: 열녀 남원 윤씨의 고독한 삶, 그리고 뜻밖의 우정」은

---

1 장영은, 「근대 여성 지식인의 자기 서사 연구」, 성균관대학교 박사학위논문, 2017, 8쪽.

남원 윤씨(1768~1801)가 남편이 죽은 다음 해 스스로 목숨을 끊기 전 남긴 유서 아홉 통을 소개하고 분석한 글이다. 아홉 통 가운데 수신인을 큰동서, 여종 등으로 하는 네 통의 유서에서 윤씨는 규범에 따라 목숨을 끊으면서도 죽음에 대해 가진 두려움을 감추지 않으며, 혈육보다 친밀했던 여종들의 면천을 강조한다. 이 유서들에는 여성들 사이에 형성된 밀착된 관계, 즉 상호적인 보살핌과 돌봄을 공유하며 공감과 유대를 나누는 윤씨의 내밀한 삶이 담겨 있다. 그러나 윤씨가 남긴 아홉 통의 유서는 현재 모두 한문으로 번역된 상태로만 전해질 뿐이다. 남성 지식인들은 왜 여성의 글을 한문으로 번역하여 보관했을까? 홍인숙은 사대부의 한역이라는 행위가 양반 남성들이 상상하지 못했던 혹은 받아들일 수 없었던 여성들 간의 사적인 유대 관계를 공식적으로 은폐하는 장치가 아닌가라고 조심스럽게 추측한다. 예상치 못한 여성들의 윤리와 관계성에서 느낀 당혹감이 표기 체계의 장벽을 세우고 결과적으로 남성과 여성 모두의 눈을 가리게 되었다는 것이다.

김정경의 「나는 내가 누구인지 말할 수 있을 때 내가 된다: 혜경궁 홍씨의 『한중록』을 중심으로」는 혜경궁 홍씨(1735~1815)의 『한중록』 가운데 자기 서사로서의 특징이 가장 두드러진 「나의 일생」(1795)을 통해 임오화변이라는 역사적 사건과 영조와 사도의 비극적 부자 관계가 아니라, 10년에 걸쳐 무언가를 말하려고 했던 혜경궁 홍씨라는 여성 작가의 곁에 다가서고자 한 시도이다. 이 글에서는 혜경궁이 자신의 삶을 회고하는 과정에서 시련을 극복하고 과업을 완수하는 시점을 순조가 탄생한 순간에 맞추고 있다는 사실에 주목하여, 혜경궁의 이 같은 자기 생에 대한 이해가 당시 사대부가 여성 및 왕실 여성들의 독서 문화에 깊이 연루되어 있으리라는 가설을 제시한다. 한 개인이 자기 삶을 의미화하는 방식은 자신을 둘러싼 문화적 맥락과 불가분의 관계에 있으며 우리는 이를 마스터 플롯을 통해 읽어 낼 수 있는데, 당시 여성들에게 매우 인기 있었던 여성 주인공의 공적 영역에서의 성취를 핵심으로 하는 소설의 서사 구조가 혜경궁의 자기 이해에 핵심적인 플롯으로 작용했다고 본 것이다. 즉, 이 글에서 필자는 조선 후기 여성이 스스로를 공적 주체로 인식하게 된 것과 이 여성들의 독서 간의 상호적인 관련성을 주장한다.

조혜진의 「여성과 유배: 분성군부인 허씨의 「건거지」에 나타난 자기 재현」은 분성군부인 허씨(1645~1722)가 소현세자 집안의 하나 남은 아들이었던 남편의 요절 후, 두 아들의 유배에 동행한 내용을 적은 한글 일기이다. 지금까지는 이 작품이 주로 가문 내부에서 읽히기 위해 쓰인 것이라고 평가되었지만, 조혜진은 공적인 영역에서 활동이 제한된 허씨의 자기 재현 행위가 정치적인 것으로 평가되어야 한다는 관점에서 이 작품을 분석하고 있다. 허씨가 집안의 가장이면서 정쟁의 희생자이자 적소의 이방인으로 자신을 인식하고, 이를 글쓰기를 통해 드러낸 것은 공적인 발화라는 것이다. 실제로 허씨는 「건거지」에서 집안의 무죄를 주장하며 집안을 건사하기 위한 자신의 어려움을 기록하고 있는데, 필자에 따르면 두 아들이 역모에 휘말림으로써 자신의 집안에 죄가 없다는 것을 인정받고자 하는 기대가 완전히 훼손된 상황에서 이러한 감정을 복구하기 위해 그녀가 붓을 들었다는 것이다. 현전하는 조선 시대의 자료 가운데 여성이 가족을 대표하여 외부에 의사를 표현하는 경우, 더

군다나 자신에 관한 글을 통해 이런 목적을 드러내는 경우를 찾기는 어렵다. 때문에 허씨의 일기는 가장 개인적인 것이 가장 정치적이며, 지극히 사적인 발화가 그 자체로 적극적인 인정 투쟁의 장이 될 수 있다는 사실을 보여 준다는 점에서 큰 의미를 갖는다.

하인혜의 「스칸디나비아 공간과 근대 여성-되기: 최영숙의 유학 기록과 메리 울스턴크래프트의 스칸디나비아 서간문 겹쳐 읽기」는 20세기 초에 출생한 근대 여성 지식인 최영숙(1906~32)이 중국과 스웨덴 유학 중에 남긴 기록과 18세기 중후반 영국에서 근대 페미니즘 사상가로 활동한 메리 울스턴크래프트(1759~97)가 스웨덴, 덴마크, 노르웨이에 짧게 체류하며 쓴 서간집을 나란히 두고 계몽주의적 자아를 확장하려는 여성들의 글쓰기를 가로막는 사회문화적·정치경제적 장벽에 대해 고찰한 글이다. 두 작가는 공통적으로 국경 넘기를 통해 근대 지식을 체득하고자 했으며, 이들의 스칸디나비아 체류기는 각 시대의 지성사적 맥락에서 이들이 근대 여성 지식인으로서 성장하고 인식 지평을 확장해 가는 과정을 보여 준다. 이들이 살던 시대에는 여성에게 요구되는 것들을 거부한 이들이, 여성성의 이름으로 단죄되거나 루머나 가십과 같은 잘못된 정보로 오염되는 것이 일반적이었고 그녀들도 이런 대상화에서 완전히 벗어날 수는 없었다. 그럼에도 불구하고 필자는 이 글에서 사적인 기록을 남기면서 공적 활동을 멈추지 않은 두 여성의 도전과 치열한 투쟁을, 자유주의적 페미니즘의 계보와 그것의 국제적 연결성이라는 맥락에서 가시화하며, 남성의 시선에 포섭되지 않는 그들의 삶과 글에 대한 생각을 멈추지 않는다.

장영은의 「인텔리 여성의 반동: 임옥인의 자기 서사와 보수주의」

는 1956년에 『월남전후』를 발표하며 월남 여성 작가로서의 정체성을 확보한 임옥인의 자기 서사에 주목하여 고전과 전통의 보수적 체험에 의미를 둔 여성 지식인의 현실 인식을 분석한 글이다. 장영은은 임옥인이 유학 시절, 의무교육을 실시한 일본 사회를 선망하며 일본인들의 깍듯한 예의를 일본 교육의 장점이자 정신의 우월성으로 파악한 점, 남성 사회주의자들과는 도모할 수 있는 일이 없지만 여성들과는 같은 목표를 위해 연대할 수 있다고 판단한 점, 부유한 가정에서 태어나 안락하고 화려한 생활을 한 신여성과 자신을 분명히 차별화한 점 등을 강조한다. 그리고 이런 모습에서 우리는 임옥인이 특정 이데올로기로 규정되지 않으며, 일체의 이데올로기에 강력하게 저항하는 존재로 스스로를 인식하고 있다고 짐작할 수 있다. 그러나 사회주의 이데올로기의 모순과 문제점을 명확하게 인식하고 자신의 의지와 신념에 따라 삶을 영위하는 듯 보이는 임옥인의 정체성을, 필자는 보수주의자로 명확하게 재규정한다. 임옥인은 자신에 관한 여러 글 속에서 끊임없이 사적인 존재로서의 자아를 강조한다. 그러나 필자에게 임옥인은 보수주의자이자 전통주의자로, 그녀의 자기 서사는 현대 한국에서 굴절될 수밖에 없었던 보수주의 혹은 보수주의자의 삶의 단면으로 인식된다.

노지승의 「인정 욕망과 저항 의지 사이에서 말하기: 1970년대 성노동자'들'의 소설화된 자기 서사 읽기」는 호스티스 멜로 영화의 대유행이라는 배경 아래 쓰인 오미영의 『O양의 아파트』(1976)와 강영아의 『현지처』(1977)를 대상으로 성노동자의 수기에 혼재된 여러 겹의 시선과 목소리들을 섬세하게 구분하며 읽어 낸 글이다. 성매매 여성은 문학의 장에서 재현의 '대상'으로 오랫동안 다루어져 왔음에도 불구하고, 1970년대에 이르러서야 특정한 문학적 형식으로 스스로에 대해 말하기 시작했다. 당시에 이 작품들에 대해 출판사와 언론은 고백confession과 수기memoirs 그리고 소설fiction 사이에서 그 어느 쪽으로도 장르를 명확하게 확정짓기를 주저했는데, 필자는 이런 상황이 온전한 국민으로도, 지식인으로도, 노동자로도 존재할 수 없는 성노동자 여성의 처지와 매우 유사하다는 점을 지적한다. 정부는 외화를 버는 성매매 여성들을 애국자, 민족주의자로 허울 좋게 포장했지만, 가족들은 이들을 부끄럽게 생각했으며, 경제적으로 성공했다 하더라도 남성과 가족에 의해 희생된 불운한 존재임을 부정할 수 없었기에 성노동자들의 수기에는 이들의 고통과 혼란과 항변이 담겨 있다. 필자는 이처럼 인정받고 싶다는 욕망과 가부장제에 대한 저항 의지 사이를 오가며 수기-소설이라는 특별한 혼종적 형식 속에 자신들의 목소리를 삽입한 성노동자들(그러나 지금까지 유령처럼 존재했던 이들)을 오늘날 다시 문학의 장으로 불러낸다.

김원의 「1980년대와 '그녀들': 구술 자료를 통해 본 대학생 출신 여성 활동가들의 서사」는 1980년대 대학생 출신 노동자 경험을 했던 여성들의 구술 자료를 통해, 1980년대의 운동 경험과 운동가이자 여성으로서의 체험을 그녀들이 현재 어떤 방식으로 의미화하고 있는지 살편 글이다. 필자는 유경순의 『1980년대, 변혁의 시간 전환의 기록 1, 2』(2015)에 실린 '강한 언니들', 즉 "80년대 운동권 여자들"의 구술 자료를 주된 대상으로, 1980년대 남성 운동가들이 쏟아 놓고 이제는 '지배 서사'가 된 대문자 혁명이나 변혁 속에서 왜 여성과 그들의 고통이 망각되었는지에 의문을 품으며, 그 시절의 트라우마를 삼키고 있는 여성들의 체험과 서사에 주목한다. 이 책에 실린 일곱 편의 글 가운데 유일하게 여성의 '말'을 대상으로 한 이 글은 여성의 문자가 남성의 문자와 별개의 것으로 작동하듯, 여성의 말이 남성의 말과 전혀 다른 위상을 갖는다는 점을 잘 보여 준다는 점에서 앞의 글들과 같은 맥락에서 논의할 여지가 충분하다. 필자는 여성의 구술 생애사를 재구성하며, 학출 노동자로서 여성의 삶이 가부장-아버지와의 관계, 여성 활동가들에 강제된 중성화 그리고 프티부르주아라는 오명 등에 의해 1980년대 '공식적 운동사'와는 전혀 다른 결로 서사화된다고 주장한다. 그리하여 '강한 언니들'의 목소리를 복원함으로써 여성이라는 젠더 정체성을 감춰야 할 무엇으로 믿게 만들고 집합적인 주체인 '민중-여성'이라는 위치를 보편화하는 현 상황에 균열을 낸다.

총서에 실린 일곱 편의 글은 무엇보다 시대적 산물로서의 여성 즉, 한 개인을 정의하는 데 젠더 정체성이 중요해지는 순간의 여성들에 관한 것이라는 공통점을 갖는다. 이들은 삶과 죽음의 경계에서 스스로에 관한 기록을 남겼으며, 그들이 남긴 자기 서사는 기존의 장르 체계로 충분히 설명하기 힘들다. 그리고 이러한 기록의 내용은 이들이 살았던 당대에는 물론이고 후대에도 공적인 영역과 사적인 영역을 불안정하게 오가며 왜곡되거나 은폐되었다. 가령 열녀 남원 윤씨의 유서에 나타난 여성들의 비공식적인 사적 관계가 한문 번역이라는 기제를 통해 공적으로 감춰진 것이나, 20세기 초 최영숙의 지식인, 유학생으로서의 공적인 활동이 연애와 임신 등 사적인 스캔들로 폄하되어 의도하지 않은 방식으로 소비된 것

등이 그러한 예이다. 여성의 사적인 삶은 공적으로 소비되고, 공적인 활약은 사적으로 평가받으며 축소되었다. 물론 이 과정이 부정적이기만 한 것은 아니다. 필자들은 이 같은 왜곡과 굴절을 관찰하는 동시에 사적인 발화와 행위가 공적인 힘을 가질 가능성, 공과 사의 경계가 새롭게 사유되거나, 지워진 목소리가 대안 서사로 새롭게 창작/복원될 가능성 또한 읽어 낸다. 여성의 젠더 정체성은 이처럼 공적인 것과 사적인 것을 임의로 전유하며 여성을 포섭/배제하는 다양한 방식에 의해 구성되었기 때문이다.

이 책은 인천대 인문학연구소의 INU 후마니타스 총서 다섯 번째 권이다. 바로 이전에 발간된 『팬데믹 이후의 시민권을 상상하다』는 호모 에코노미쿠스의 확산과 정의에 대한 요청이 팬데믹 전후의 우리 사회 안에 모순적 형태로 혼재되어 있다는 점, 그리고 이를 제도적으로 뒷받침하고 있는 것이 '시민권'에 깃든 '포함과 배제의 경계'라는 점에 주목했다. 이에 이번 총서 『내가 내 이야기를 시작했을 때: 여성의 자기 서사』는 앞선 총서의 문제의식을 좀 더 구체화해 우리 시대 '여성'을 둘러싼 담론을 재사유하려는 목적으로 기획되었다. 이를 위해 이 책에서는 시간을 조금 거슬러 올라가 여성이 자기 이야기를 시작한 시점의 작품들을 읽어 보았다.

흥미로운 것은 여성에 대한 억압과 편견이 노골적인 시대에 여성이 스스로에 대해 발화하는 장면이 우리에게 낯설지 않다는 사실이다. 이 책에서 다루고 있는 여성들은 여성 혐오에 자기 서사로 대답하기 시작한 특정 시기에 속한 이들로서 오늘날 책과 SNS에 자기 삶을 기록하는 여성들과 매우 닮아 보인다. 물론 고대에서 현대까지를 관통하는 여성적 글쓰기의 전통이 존재할 리 없으며, 이 책의 저자들은 여성이라는 범주의 역사성을 충분히 인식하고 있다. 바꿔 말해서 이 책은 여성을 고정적이고 불변하는 정체성을 지닌 대상으로 영속화하거나 여성만의 본질적인 특질을 발견하는 작업과는 거리가 멀다. 다만, 조선의 열녀를 식민지 조선의 신여성 나아가 대한민국의 성노동자, 학출 여성 활동가들과 나란히 둠으로써 역사적 대상으로서 '여성'과 '글쓰기'에 대한 새로운 이해를 더하고, 우리 시대를 해석하는 데 유익한 시사점을 얻을 수 있으리라고 기대할 뿐이다.

소셜네트워크서비스가 재현/구성하는 개인에게 젠더적 정체성은 더 이상 핵심적이지 않을지 모른다. 우리 시대의 개인/여성들은 이 책에서 다루는 여성들과 동질적인 존재가 아닐 수도 있다. 그러나 우리가 여전히 백래쉬의 시대에 머물러 있으며 이로부터 벗어나고 싶어 한다는 데에 동의한다면, '여성'과 이런 범주를 구성하는 여성의 '글쓰기'를 사유하는 이 책의 작업에서 의미를 발견할 수 있을 것이다.

이번 총서 작업 또한 기획부터 발간까지 많은 분들의 도움과 응원에 힘입어 완성될 수 있었다. 먼저 2022년에 열렸던 인천대 인문학연구소의 학술세미나와 콜로키움에 발표자와 토론자로 참여해 주시고 이번 총서에 실린 원고를 통해 깊이 있는 문제의식을 공유해 주신 김원 선생님, 장영은 선생님, 조혜진 선생님께 깊이 감사드린다. 총서의 기획 의도에 공감하며 소중한 원고를 보내주신 홍인숙 선생님, 하인혜 선생님께도 무한한 감사를 전한다. 이 책의 기획부터 간행까지 결정적인 역할을 담당하시고 집필까지 함께 해주신 인천대 인문학연구소장 노지승 선생님, 학술 세미나와 콜로키움을 함께 준비해 주시고, 이번 총서 발간 작업에 여러 도움을 주신 정현경 상임연구원 선생님과 인천대 인문학연구소에 계신 여러 선생님, 인문학연구소의 활동과 INU 후마니타스 총서에 관심을 기울여 주신 인천대 인문대학의 여러 선생님께도 깊이 감사드린다. 다섯 번의 총서 발간 작업을 함께해 주신 후마니타스 출판사 편집진들께도 진심으로 감사드린다.

김원, 노지승, 장영은, 조혜진, 하인혜, 홍인숙을 대표해서
김정경 씀.

1장

아홉 통의 유서로
복원한 한 조선 여성의 생애:

열녀 남원 윤씨의 고독한 삶, 그리고
뜻밖의 우정

/ 홍인숙

1. 희귀한 자료, 열녀의 유서

이 글은 조선 후기 열녀로 알려진 인물들 가운데 한 여성의 삶과 생전의 관계를 복원하고자 하는 시도이다. 18세기 후반을 살았던 양반 여성 남원 윤씨(1768~1801)는 남편 한진구가 약 1년간의 병치레 끝에 사망하자 그다음 기제사가 돌아올 무렵 약을 마시고 자결했다. 자결 당시 서른셋의 나이였다. 이 죽음을 두고 가문에서는 그 의리를 높이 사 친족들이 나서서 그의 생애를 기록하는 글을 짓고 인근 유생들에게 부탁하여 열녀전을 남겼으며 몇 년에 걸쳐 조정에 글을 올려 정려를 받았다. 이렇게 남게 된 남원 윤씨에 대한 가문의 기록이 바로 『애종용』이라는 제목을 가진 한 권의 책이다.[1] 윤씨 부인의 '종용'從容한 모습, 즉 '순종하며 따르는 아름다운 모습을 슬퍼함'이라는 뜻이다.

『애종용』에는 가문의 기록만이 아니라 자결한 윤씨가 스스로 남긴 유서 아홉 통이 실려 있어 눈길을 끈다. 유서는 각각 친정 부모와 친지들, 가깝게 지냈던 주변 사람들 앞으로 되어 있는데, 이렇게 여러 사람을 대상으로 남긴 유서가 그대로 보존되어 전해지고

● 홍인숙, 「남원 윤씨 열행 기록 「애종용(哀從容)」 연구: 여성 중심 관계성과 유서 언어의 번역 불가능성을 중심으로」, 『이화어문논집』 51집, 2020. 5. 257~281쪽. 이 글은 위 논문을 바탕으로 남원 윤씨의 생애를 재정리한 글임을 밝혀 둔다.

1 남원 윤씨에 대한 자료는 고전시가 연구자인 이상보와 진동혁에 의해 발굴되어 학계에 보고되었다. 이상보, 「명도자탄사 소고」, 『명지어문학』 8, 명지어문학회, 1976. 2.; 진동혁, 「공인 남원윤씨의 명도자탄사 연구」, 『논문집』 19, 단국대학교출판부, 1985. 이 글에서 참고한 유서 원문 자료는 진동혁의 연구에 실려 있는 영인본이다.

있다는 점은 극히 이례적이다.

보통 열녀에 대한 기록은 양반들의 문집 속에 들어 있는 '열녀전, 묘갈명, 행장, 정려기'와 같은 한문 산문의 형태로 남아 있는 것이 대부분이다. 이들은 모두 열녀가 난 집안에서 주변을 수소문해 글 잘하는 문인을 찾아가 부탁하여 짓는 방식으로 기록이 되곤 했다. 이렇게 '열녀에 대한 기록'들은 잘 보존되고 간직되어 후대까지 전해지는 경우가 많은 데 비해 '열녀 자신이 쓴 기록'인 유서는 그만큼 잘 보존되거나 소중하게 간직되지 못하는 경우가 많았다. 그 이유는 양반 남성들이 지은 글은 의미 있고 가치 있는 것, 권위가 인정된 것으로 받아들여졌던 반면, 여성이 쓴 유서는 죽기 전에 한탄조로 급히 남긴 두서없는 글로 여겨져 후세에 전할 만한 것으로 인식되지 않았기 때문이었을 것이다. 거기에 불행한 죽음을 앞두고 쓴 글이 대대로 간수할 만한 귀한 자료나 유묵으로 간주되지 않았으리라는 것도 하나의 이유가 되었을 것이다. 양반 문인들이 쓰는 문자 체계인 진서, 한문의 권위에 비해 여성들이 주로 사용했던 한글이라는 문자 체계가 열등한 것이었다는 점 또한 보존할 만한 자료라는 기준에 미달하는 요소였을 것이다.

사실 '열녀 유서'라는 글은 그것이 창작될 확률이나 현재까지 전해질 수 있는 확률 자체가 지극히 희박한 텍스트이다. 한 여성이 살면서 남편의 죽음을 먼저 맞이할 가능성, 그 여성이 수절이 아니라 자결을 결심할 가능성, 그 결심을 현실에서 실행할 가능성, 죽음을 실행하기 전 누군가에게 유서를 남기고자 글을 쓰는 행위를 실제로 할 가능성, 그것이 열녀의 사적을 기록하는 가문 구성원에게 발견되어 세상에 알려질 가능성, 그 유서가 열행을 기록하는 문인의 손에 넘겨져 언급되거나 소개되거나 있는 그대로 전해질 가능성을 모두 통과해야만 지금까지 전해질 수 있는 것이기 때문이다.

실제로 조선시대 열녀 유서의 자료 현황은 바로 그런 자료적 예외성과 희소성을 그대로 보여 주고 있다고 할 수 있다. 『여성생활사 자료집』은 한국에서 발간된 역대 모든 문집들을 모은 자료인 『한국문집총간』을 대상으로 17세기에서 20세기 초까지 문인들의 문집 기록에서 여성들의 삶과 생애를 다룬 한문 산문을 총망라하여 역주한 전체 21권의 자료집이다. 여기에는 200여 명의 문인들이 쓴 당대 여성들의 삶에 대한 글이 2천 1백여 편 실려 있는데[2] 그 가운데 열녀가 남긴 유서라는 여성 글쓰기가 있었음을 언급하고 있는 글은 33편, 약 0.15%에 불과하다. 그렇다면 그 0.15% 중에서도 그 내용을 직접 읽어볼 수 있게 텍스트가 온전하게 전해지고 있는 것은 대단히 희귀한 자료일 수밖에 없다.

이 글에서는 희귀 자료인 열녀 유서[3] 가운데 하나로 남원 윤씨의 글쓰기를 주목한다. 아홉 명이나 되는 수신인에게 자신의 죽음 이

---

2 『18세기 여성생활사 자료집』 1~8권, 황수연, 이경하 외 역주, 보고사, 2010; 『19세기·20세기 초 여성생활사 자료집』 1~9권, 홍학희, 김기림 외 역주, 보고사, 2013.

3 지금까지 학계에 보고되어 있는 열녀 유서 다섯 편은 17세기의 재령 이씨, 18세기의 남원 윤씨, 서녕 유씨, 20세기 초 서흥 김씨, 19세기로 추정되는 신씨부 유서이다. 이에 대해서는 다음 연구를 참고할 수 있다. 김정경, 「조선후기 열녀의 순절의 의미화 방식 연구: 재녕 이씨, 남원 윤씨, 서녕 유씨, 서흥 김씨 유서를 중심으로」, 『국제어문』 55, 국제어문학회, 2011; 이홍식, 「조선후기 사대부 여성의 유서 창작 양상 연구」, 『한국고전여성문학연구』 29, 한국고전여성문학회, 2014; 홍인숙, 「열녀 유서에 나타난 감정 규범과 감정 통제의 기제: 신씨부 유서에 나타난 순응과 위반의 감정 언어를 중심으로」, 『한국고전여성문학연구』 39, 한국고전여성문학회, 2019.

후를 당부한 사연은 무엇인지, 그 속에서 읽어 낼 수 있는 윤씨의 삶은 어떤 것이었는지, 그 속에서 포착되고 있는 뜻밖의 관계는 어떤 것인지 살펴보는 것이 이 글의 핵심이다.

2. 남원 윤씨의 기록들
: 가문의 기록, 아홉 통의 유서, 자탄의 심정을 담은 가사

열녀 유서는 보통 낱장으로 우연히 발견되지만 시댁을 중심으로 한 가문에서 친지들의 행장과 제문을 받고 지역의 유생들에게 정려기 등을 적극적으로 받아 여러 편의 글들을 모아서 만들어진 한 권의 책 상태로 전해지는 경우도 있다. 이때 열녀가 남긴 유서가 있으면 그것을 책 속에 그대로 실어 주기도 했는데 남원 윤씨에 대한 기록과 그의 유서들이 바로 그 경우에 해당된다.[4]

남원 윤씨의 사적을 담은 『애종용』이라는 책에는 크게 다음과 같은 세 종류의 글이 실려 있다.

----

4 남원 윤씨의 사적을 기록한 『애종용』과 비슷한 텍스트로 20세기 초에 편찬된 『종용록』이라는 책이 있다. 이 책은 남편 사후 기(氣)가 맺힌 상태로 자진하듯 숨을 거둔 스무 살의 열녀 서흥 김씨의 열행을 칭송하는 내용을 담은 주변 친지의 행장, 지역 문인들의 제문, 전, 정려기 등이 실려 있는 책인데 그 속에 김씨 부인이 스스로 남긴 한글 유서도 함께 전하고 있다. 서흥 김씨의 『종용록』에 대해서는 다음을 참고할 수 있다. 황재문, 「〈종용록〉에 나타난 열녀 인식」, 『규장각』 22, 규장각한국학연구원, 1999.

1. 「공인 남원 윤씨 언행 종용록」(恭人南原尹氏言行從容錄)

2. 「유서 진서번등」(遺書 眞書翻謄)

3. 「명도자탄사」(命道自嘆辭)

1. 「공인 남원 윤씨 언행 종용록」은 '윤씨 부인의 말과 행동이 따르고 순종하는 것이었음을 기록'했다는 글이다. 윤씨의 가계와 어린 시절의 행적부터 시집가서의 모습, 남편의 병을 알고 나서 간호하는 모습, 남편의 죽음 이후의 상황 등이 한문으로 쓰여 있다. 윤씨의 친가나 시댁 주변의 유생, 문인이 지었을 것으로 추정되는 이 글은 윤씨의 생애에 대한 객관적인 정보를 알려주는 공식적인 기록이다. 이 글을 통해 남원 윤씨의 생몰 연대와 남편에 대한 정보, 남편의 죽음의 정황, 윤씨의 자결이 이루어지게 된 과정, 친정 및 시가의 가문에 대한 정보 등을 정확하게 알 수 있는데, 이는 낱장으로만 발견된 유서에서는 확인하기 어려운 내용들이기에 중요한 기록이라 할 수 있다.

2. 「유서 진서번등」은 남원 윤씨가 직접 남긴 유서이다. 그런데 '진서번등'眞書翻謄이라는 말이 붙어 있는 것은 원래는 윤씨 유서가 한글로 쓰였으나 이를 한문으로 번역하여 실었다는 뜻이다. 즉 윤씨의 원본 한글 유서를 그대로 실은 것이 아니라 누군가가 굳이 한역漢譯을 하는 수고를 들였고 그 상태로 실려 있다는 것이다. 유서는 모두 아홉 통으로, 각각 수신인은 부친, 모친, 남동생 귀손, 시댁 당숙, 친정 숙부, 손윗동서, 유모, 늙은 여종 점열, 점열의 딸인 젊은 여종이다.[5] 이 글에서 집중하고자 하는 자료는 바로 이 아홉 통의 유서인데 원본 유서는 아니지만 상대에 따라 유서의 어조가 확

연히 다를 뿐만 아니라, 윤씨의 감정 변화와 구체적인 당부의 내용 등이 고스란히 전해진다는 점에서 한문으로 번역된 상태 자체는 매우 충실한 것으로 보인다.

3. 「명도자탄사」는 윤씨가 자신의 운명이 기박함을 스스로 탄식하는 내용을 담은 가사이다. 4.4조의 운율, 120개의 구절로 이루어진 한글 가사로 죽음을 앞둔 자탄의 심정을 주로 보여 주고 있다. 『애종용』의 세 부분 중 가장 학계의 관심을 많이 받았던 작품은 바로 이 「명도자탄사」였다. 용건과 감정을 전달하는 실용적 성격을 가진 유서와 달리 작자가 미적 자의식을 담아 창작한 애사인 이 작품은 남원 윤씨를 작가적 차원에서 조명할 수 있게 해주었기 때문이다. 이 작품은 한글 가사이지만 많은 한자어를 자연스럽게 구사하고 있으며 표현의 서정성이 높아서 윤씨의 지적 교양과 탁월한 언어적 감각을 보여 주는 작품으로 평가되고 있다. 구성적 측면에서의 완성도 또한 뛰어나 죽음 앞에서의 슬픔과 고통을 문학적으로 승화한 대표적인 여성 가사로 꼽힌다.[6]

---

5 윤씨 유서에 대한 연구들 중 윤씨가 여종에 대해 모종의 인간적 감정과 유대감을 표현했다는 점에 주목했던 언급은 다음이 유일하다. "주목되는 것은 여종에 대한 윤씨의 태도이다. 면천해 주고 삼년상을 기다리지 말고 떠나게 하면서 좋게 좋게 잘 살다 돌아오라고 하는 당부는 주노 관계를 넘어 여종에 대한 인간적인 배려가 담겨 있는 것으로 보인다." 김경미, 2장. 「가족, 가문의 경계와 여성의 배치」, 『가(家)와 여성』, 도서출판 여이연, 2012. 166~167쪽.

6 길진숙, 「〈명도자탄사〉의 내면 의식과 자탄적 술회」, 『한국말글학』 18, 한국말글학회, 2001; 박경주, 「18세기 절명 가사에 나타난 사대부가 여성의 순절 의식 연구: 〈절명사〉와 〈명도자탄사〉를 중심으로」, 『국어국문학』 128, 국어국문학회, 2001; 김경미, 「열녀전을 통해 본 전통 부부 윤리의 문제」, 『동양한문학연구』 16, 동양한문학회, 2002.

그러면 윤씨의 생애를 알 수 있게 해주는 공적 기록인 「공인 남원 윤씨 언행 종용록」부터 시작하여 아홉 통의 유서들과 「명도자탄사」를 함께 살펴보면서, 윤씨라는 여성은 어떤 인물이었는지, 남편을 위해 죽음을 결심하기까지 어떤 삶을 살았는지 좀 더 자세히 조명해 보기로 한다.

3. 널리 알려진 생애 사실, 그 기록의 행간

윤씨의 생애에 대한 객관적인 사실 정보를 전해 주는 「공인 남원 윤씨 언행 종용록」은 그의 생애를 부모와 가계, 어린 시절부터 시작하여 시댁에서의 일화, 평소의 성품, 남편의 간호와 자결에 이르기까지의 과정을 시간의 흐름에 따라 순서대로 기술하고 있다. 구체적인 내용을 제시하면 이러하다.

① 친가, 외가, 시가 가문 제시:
공인의 성은 남원 윤씨이다. 부친은 연기 현감 윤상흠이고 조부는 동중추를 지낸 윤창후, 증조부는 참판 행주부를 증직 받은 윤검으로, 그는 관찰사이자 청백리였던 윤임의 후손이다. 윤상흠의 부인은 숙인 청풍 김씨로 그 부친은 별제를 지낸 김성취이고 조부는 첨추 김도신으로, 청풍부원군 김우명의 고손자이다. 남편 한진구는 청주 한씨이며 그 부친 한욱의 육대조는 한유혁으로 도정을 지냈고 병자호란 때 순절했다.[7]

② 유년 시기 친가에서의 일화:

공인은 무자년 11월 20일 생으로 네 살 때 모친을 잃고 그 이모인 남씨부(南氏婦)에게서 자랐는데 그를 어머니처럼 섬겼다. 8세에 본가로 돌아와서는 계모 이씨를 지극한 효성으로 부드럽게 모셔 집안에 감탄하지 않는 자가 없었다. 이씨가 병에 걸리자 공인이 곁에서 간호하며 곁을 떠나지 않고 돌보았고, 상을 당하자 남들보다 크게 슬퍼했으며 상을 집행함이 남자와 같이 의연했다. 또 그 계모 성씨를 이씨처럼 섬겨 지극 정성으로 보살피고 온화하게 화합했으니, 사람들이 그 둘이 친모녀가 아님을 모를 정도였다.[8]

③ 이모 남씨부에 대한 효성:

늘 남씨 가문 며느리인 이모가 길러 주신 은혜를 생각하고 이모가 과부로 가난하고 의탁할 곳 없음을 슬퍼하여 문득 눈물 흘리곤 했다. 물건을 보내고 안부 편지를 끊이지 않게 하였으니 가히 그 성의가 남보다 뛰어남을 알 수 있었다.[9]

---

7 恭人姓尹氏, 系出南原, 父燕岐縣監 商欽, 祖同中樞 諱昌垕, 曾祖贈參判行主簿 諱儉, 觀察使淸白吏 諱任之後. 妣淑人 淸風金氏, 考行別提 聖就, 祖僉樞 道伸, 淸風府院君 諱佑明之玄孫. 夫淸州韓鎭九, 其考煜, 其六代祖 維赫, 官都正, 丙子殉節.

8 恭人以戊子十一月二十日生, 生纔四歲失, 於其姨母, 南氏婦, 事之如事其母, 八歲歸本第, 事繼母李氏至孝情愛油然, 一室莫不感歎. 李氏甞患瘴, 恭人傍侍救護, 不離○吏, 及遭其喪, 哀毁踰人, 執喪如男子, 又事繼母成氏, 一如李氏, 至誠撫間, 婉愉雍和, 人不知爲異出.

9 每念南姨母, 養育之恩, 傷其孀貧無託, 輒泫然下泣時, 以物致意, 書問不絶, 可見其誠意出人也.

④ 평소 성품:

천성이 자애롭고 어질며 외모가 극히 청수하여 몸은 옷을 이기지 못할 듯했고 말은 소리를 이기지 못할 듯했다. 급하게 서두르는 말과 행동이 없고 어질고 온화한 정이 말 속에 넘쳤다. 비록 개미나 벌레 같은 미물이라도 함부로 죽인 적이 없으니 그 친척과 이웃들이 모두 그를 '상서로운 사람(瑞物)'이라고 했다. 공인은 그 부친에게 무남독녀로 아버지가 남달리 사랑했으며 재물에 있어서도 부족함이 없었지만 구하거나 요청하는 적이 전혀 없었다. 천성이 염결하여 아주 작은 것 하나도 청하여 얻은 적이 없었고 다만 주시는 바를 받았다가 나중에 쓰곤 했다. 구차하게 행하는 일이 없고 부모의 성심에 걱정 끼침이 없음은 어려서부터 죽을 때 쓴 유서에까지 시종여일했으며, 남의 물건에는 더욱더 돌아보지도 않았으니 이 또한 공인의 맑고 높음이 남보다 더한 것이었다. …… 부친이 연기읍 현감으로 임소에 갈 때 공인을 데리고 갔는데 얼마 안 되어 한 군의 병 소식이 들려왔다. 이때는 잠깐의 병으로 원래 위중한 병은 아니었는데 공인이 돌아가 간호하겠다고 청하자 그 부친이 차마 보내려 하지 않으며 말했다. "네 남편의 병은 오래된 것이 아니고 치료하면 나을 것이다. 곧 마땅히 관에서 공물을 보낼 것이니 크게 걱정하지 말라." 공인이 말했다. "남편이 병이 났는데 가지 않는다면 도리에 맞지 않습니다. 병이 혹 더해진다면 누가 돌보겠습니까. 부모 곁을 떠나는 마음은 괴롭지만 남편을 따르는 의리도 또한 중합니다. 저를 보내셔서 사람의 도리를 펴게 해주십시오." 그 말이 매우 간절하니 막을 수가 없어 부친이 할 수 없이 보내 주었다.[10]

⑤ 시댁에서의 일화:

18세에 한씨 집안에 시집갔는데 집안이 대대로 청빈했고 시골에 살았다. 공인은 서울 번화한 곳에서 자랐지만 시집간 후에는 부도를 극진히 하여 시루에 담고 방아를 찧고 불 피우고 밥을 짓는 모든 일을 직접 하면서 조금도 힘든 내색을 하지 않았다. 시아버지는 홀아비에 병이 많았는데 공인이 기쁜 빛으로 정성과 효를 극진히 했다. …… 남편을 대할 때 날이 갈수록 공경하여 비록 연기에 거하였으나 모습이 게으르지 않고 말을 반드시 가려서 큰 손님을 대하듯 했으며 입에서 나오는 말이 하나도 거스르는 것이 없었다. 올바름에 부합하지 않으면 온화한 얼굴로 간절히 깨우치니 남편이 매우 마땅히 여겨 실로 포선에게 시집 간 환씨와 같았다. 동서를 모시고 종들을 대할 때도 각각 그 도리를 다했다.[11]

---

10 天性過於慈仁, 顔貌極其淸秀, 身若不勝衣, 言若不勝聲. 無疾言遽色, 其仁愛之情, 溢於言辭. 雖至螻蟻之微物, 未嘗以○○加之, 其親戚隣理, 皆以瑞物稱之. 恭人於其父, 爲無男獨女, 鍾愛過人, 凡於財用, 未瞻之日, 求之請之, 固無不可, 而天性廉潔, 雖錙銖之小, 升斗之微, 一不請得, 只待有所賜, 而後日用之, 其不苟且之操守, 不貽憂於父母之誠心, 自幼至死時遺書, 而終始如一, 至於他人之物, 尤邈邈而不顧, 此亦恭人之淸高, 過人處也. …… 時任燕邑, 率恭人往, 無何韓君病報至, 一時微恙, 本不深重, 而恭人請歸看護, 其父不忍離送, 乃曰, 郎君之病不久, 當寥瘥則, 當率來官供, 勿太憂慮. 恭人曰, 夫病不去, 道里非宜. 病或添加, 誰可救護. 離親之情雖悶, 從夫之義亦重. 韋卽治送, 以伸人道. 其言甚懇, 有莫能遏, 其父不得已治送.

11 年十八適韓氏, 韓之家世淸貧, 流寓鄕曲, 恭人旣生長京華, 而一入舅家, 極盡婦道, 甑杵之役, 炊爨之事, 擧皆親執, 少無勞苦之色, 其舅鰥居多疾, 恭人奉事承歡, 極盡誠孝. …… 其事君子, 久益尊敬, 雖燕居, 容色不惰, 言語必擇, 如事大賓, 有言出口, 一不違忤, 如有不合于正者, 和顔愉色, 惑規切至, 夫甚宜之. 實如鮑家之桓氏焉.

⑥ 남편의 득병과 죽음:

남편의 병이 중해져 침상에서 일 년여를 보냈다. 공인은 밤낮으로 근심하며 옷의 띠를 풀지 않고 눈을 붙이지 않았다. 약을 뜨겁게 달이기를 모두 직접 하여 극히 초췌했지만 종들에게 대신 맡기지 않았다. 병이 더 위급해지자 변을 맛보아 그 상태를 보았고 엄동설한 서리와 찬 이슬을 맞으며 자신의 몸으로 대신하게 해달라고 하늘에 기도했으나 끝내 구하지 못하고 죽었다. 공인이 눈물을 흘리지 않으니 친척과 이웃이 모두 그 성품이 곧고 굳음을 알고는 따라 죽을 것을 걱정하여 밤낮으로 지켰다.[12]

⑦ 장례 친집:

공인이 말하기를, "죽은 이를 장사 지내는 예는 하나라도 미진하면 나중에 후회하여도 어찌할 수가 없다. 아들을 얻어 후사를 정하는 것도 가문의 큰 법도이다. 내 어찌 과도한 슬픔으로 목숨을 버려 사람 된 도리를 폐하겠는가." 하였다. 몸소 바느질을 하며 장례의 모든 도구를 재봉하고 염습과 입관, 장례에 필요한 예절을 친히 검사하지 않음이 없었다.[13]

---

12 病轉劇, 在床第一年餘, 恭人夙夜憂懼, 衣不解帶, 目不交睫, 煎藥溫湯, 率皆親執, 雖極勞悴, 不便婢僕遞任焉. 病漸危, 嘗糞而驗其眡, 苦嚴霜酷寒露, 立禱天願以身代, 其不救而終焉. 不淋, 親戚隣里, 以恭人性行之貞介, 慮或其下從, 日夜守護.

13 恭人曰, 送死之禮, 一有未盡, 則後雖追悔, 何及哉. 得子嗣後, 亦人家大節. 吾豈過慽捐生, 以廢人道乎. 躬執針線, 送終諸具, 率皆裁縫, 棺斂定葬之節, 無不親檢.

⑧ 자결:

부친이 임소에 있다가 장례를 지낸 후에 비로소 공인을 보러 왔다. 부친이 슬프고 비통함을 이기지 못해 곡읍함이 지나치자 공인이 오히려 위로하며 "아버님 연세가 많고 기력이 쇠약하신데 어찌하여 이같이 슬퍼하십니까. 죽은 사람은 할 수 없지만 저는 아무 병도 없으니 염려 마시고 마음을 진정하십시오."라고 하였다. 그 말에 조금도 다른 기미가 드러나지 않으니 그 부친도 딸에게 다른 생각이 없음을 믿었다. 그렇게 딸을 위해 며칠 머물며 위로하고는 돌아갔는데 서울에 막 도착하자 그다음 날 약을 마시고 목숨을 끊었다. 이 날이 바로 신유년 사월 초팔일이다.[14]

⑨ 인물에 대한 평가:

평생 매사에 남보다 못함을 자처했다. 총명함이 뛰어났으나 일찍이 남의 어리석고 우매함을 탓한 적이 없고 세밀한 관찰이 뛰어났으나 남의 은밀한 일이나 사적인 이야기를 말한 적이 없었다. 사서를 대략 섭렵하여 읽고 쓸 수 있었으나 한 번도 언사에 드러낸 적이 없어 집안의 부녀자들도 또한 그가 문자에 능한 것을 알지 못했다. 남편 장례를 지낸 후 〈명도탄〉 백이십 구절과 유서를 지어 약 그릇의 옆에 두었는데 직접 쓰고 지은 것이다. 그 한 편에 세 부분의 뜻이 있으니, 우선 그 나고 자

---

14 其父時在任所, 過葬後始來見. 不勝悲慘, 哭泣頗過節, 恭人乃反慰之曰, 父親年光氣力衰弱, 何如是過哀也. 逝者已矣, 兒姑無病, 亦勿爲慮抑情. 實非少無機微, 見於色, 其父亦信, 其無他慮. 爲之留數日, 慰撫而歸. 歸纔到京, 其益乃服藥而逝.

라며 외롭고 괴로웠던 감정을 서술하였고, 그다음에는 남편을 따라 죽을 뜻을 말했으며, 마지막에는 운명을 자탄하는 말을 썼다. 그 운명을 말하며 언사를 배치함이 문인 재자에 다름이 없었다.[15]

위 글이 전하는 남원 윤씨의 생애는 대략 이러하다. 그는 1768년 서울에 있는 윤씨 가문에서 태어났고 부친은 연기 현감을 지낸 윤상흠, 모친은 청풍 김씨였다. 네 살 때 모친을 일찍 잃고 남씨 가문에 시집 간 이모 손에서 성장했는데 여덟 살에 본가로 돌아와서는 계모 이씨와 성씨에게 효성을 다했고 이모에게도 정성을 다했다. 윤씨는 의연하면서도 온화하고 어진 성품을 가져서 주변 친지와 이웃은 물론 미물들도 함부로 대하지 않았다. 부친이 그를 지극히 사랑했고 재물에서도 넉넉했지만 욕심이 없고 단정했다.

번화한 서울 친정에서는 하지 않았던 일을 향곡에 있는 시집에 가서는 다 손수 해야 했는데 불평 없이 부도婦道를 다했으며 홀아비였던 시아버지에게 며느리의 도리를 다했다. 남편이 갑자기 병에 걸렸다는 소식이 전해지자 부친의 만류에도 불구하고 그 곁을 떠나 곧장 돌아가 극진히 간호했으나 죽고 말았다. 남편의 죽음 후에는 눈물을 보이지 않고 장례 준비를 하니 주변에서 모두 윤씨의 곧

15 平生每事, 以不如人自處. 聰明絶人, 而未嘗責人之昏愚, 密察過人, 而未嘗發人之隱私. 略涉史書, 頗有記得, 而一不形於言辭, 雖家人婦女之間, 亦未知其能解文字也. 過葬後, 乃作命道歎百二十句, 幷與遺書, 而置之於藥器之傍, 卽親筆親製也. 一篇之中, 三致其意, 先敍其生長, 孤苦之情, 次言其下從之義, 終之以命道自歎之辭. 其命語布置, 無異乎文人才子也.

은 성품으로 미루어 따라 죽을 것이라고 생각하면서 그를 걱정하며 그 주변을 지켰다. 부친이 찾아와 사위의 죽음을 지극히 슬퍼하자 윤씨는 오히려 꿋꿋한 모습을 보이며 위로하였는데 부친이 올라가자 바로 그다음 날 약을 마시고 자결했다. 총명하고 글에 능했으나 평소 이를 드러낸 적이 없었는데 약 그릇 옆에 자신이 지은 가사와 유서들을 남겼으니 그 내용이 문인 재자에 못지않았다.

이렇게 「언행 종용록」에 서술된 윤씨의 생애는 타고나기를 '열녀'가 될 법한 인물이었던 것처럼, 원래부터 유교적 사상과 이념에 부합하는 도덕적 인물이었던 것처럼 보이게 한다. 실재했던 인물로서 윤씨라는 여성이 가지고 있었던 인간적 측면, 즉 입체적이고 복합적인 한 인간으로서의 삶의 느낌을 찾아보기는 상당히 어려운 것이다.

그런데 이렇게 완벽하게 봉합된 도덕적 인간의 일대기에서도 글의 행간을 통해 그 인물의 실제 삶은 이랬겠구나 하는 느낌에 접근할 수 있게 해주는 몇 가지 흔적을 찾을 수 있다. 그 첫 번째는 친정과 시댁 가문의 사회적 지위와 경제력 측면에서 격차가 꽤 컸으며, 그 덕분에 친가와의 교류나 친정 부친과의 왕래를 좀 더 쉽게, 그리고 자주 가질 수 있었던 것으로 보인다는 점이다.

우선 윤씨의 친정은 부친과 조부 2대에 걸쳐 '현감'이나 '동지중추부사'와 같은 현직을 제수받은 명망 있는 가문에 재력도 상당했던 것으로 보인다. 윤씨의 친모인 청풍 김씨, 즉 외가 집안 역시 외조부와 외증조부가 각각 별제와 첨추를 지냈다는 것으로 보아 높은 관직은 아니나 가문의 성세를 이어가던 집안이었음을 짐작할 수 있다. 이에 비해 시가인 청주 한씨에 대해서는 남편 한진구의 부친 한욱의 벼슬이 언급되지 않고 그의 육대조 할아버지의 관직과 순절 사실만을 제시하고 있다. 양반 가문의 가격家格을 판단할 때 당대로부터 3대 이내에 과거 급제자와 관직 진출자의 유무가 중요한 기준이었음을 고려해 본다면 윤씨 부인의 친가와 외가에 비해 그의 시가 쪽 가세가 확실히 기우는 편이었음을 알 수 있다.

두 가문의 경제적인 측면도 차이가 있었음을 추측할 수 있다. 한씨 집안은 대대로 경기도에 거주했는데[16] 구체적으로 어느 지역이었는지는 드러나지 않았으나 '향곡에 거했다'는 표현을 보면 궁벽한 지역이었던 것 같고 '방아 찧고 불 피우고 밥 짓는' 일을 손수 해야 했다는 말로 보아 형편이 넉넉한 편은 아니었던 것 같다.[17] 이에 비해 윤씨 부인은 '번화한 서울'에서 생장했으며 부친이 재물에 있어 부족함이 없도록 했다는 표현은 대조를 이루는 부분이다.

친정과 시댁 가문이 이렇게 다소 격차가 나는 상황에서 친정, 혼인 생활에 윤씨 부친이 미친 영향력은 상당히 컸던 것으로 보인다.

---

16 윤씨 부인의 순절을 알리고 정려를 요청한 것에 대한 응답이 내려진 기록이 『순조실록』에 전해진다. "'경기도인 한진구의 처 윤씨는 열행이 있으니 청컨대 정려하소서'라고 하였다. 모두 유생들의 상언으로 인해 본도에서 조사하여 보고한 것이다.", 『순조실록』 순조 4년 갑자(甲子, 1804). 한국고전종합DB.

17 「언행 종용록」에 따르면 윤씨 부인은 그러한 가세의 차이에도 그것을 절대 드러내지 않고 예의를 다했다고 전한다. 이를 잘 보여 주는 것이 그가 마치 "포선에게 시집 간 환소군"과 같았다는 고사의 인용이다. 가난하지만 청렴한 선비였던 포선을 높이 여겨 스승 환씨가 자기 딸 소군을 그에게 시집보냈는데 소군이 부유하게 자라 혼수를 많이 마련해 가자 포선이 자신의 빈천함으로는 그것을 감당하지 못하겠다고 하자 그것을 모두 돌려보내고 "베로 된 짧은 치마"를 입고 항아리를 들고 물을 길으며 아내로서의 도리를 다했다는 것이다.

윤씨의 아버지가 딸을 특별히 아꼈던 흔적은 여러 대목에서 찾아볼 수 있다. '부친에게 무남독녀였기 때문에 남달리 사랑을 기울였고 재물에 부족함이 없게 했다'거나 '연기읍 현감으로 임지에 갈 때에도 딸을 데리고 갔다'거나, 사위의 병 소식을 듣고도 '가벼운 병일 테니 가지 말라고 하면서 대신 관에서 공물을 보내겠다'고 한 부분, 사위 장례 후 딸을 찾아와 '슬프고 비통해하며 곡읍함을 지나치게 했다'는 부분 등은 모두 딸을 지극히 사랑했던 부친 윤상흠의 모습을 잘 보여 준다.

특히 그가 '연기읍 현감'으로 임지 발령을 받고 나서까지 딸을 데리고 갔다는 대목은 흥미롭다. 그때는 윤씨가 시집을 가서 10여 년 이상 지난 후의 시점이기 때문이다. 그 시기까지도 경기 지역으로 시집 간 딸을 자신의 부임지인 충청도 연기군에 함께 데리고 갔다는 사실은 혼인 후에도 친정과의 왕래가 잦았으며 그 관계도 매우 돈독했다는 점을 알게 해준다.

두 번째로 눈에 띄는 것은 그렇게 특별한 친정아버지의 관심과 애정에도 불구하고 윤씨의 삶에 큰 결핍, 또는 상처가 있었으리라는 사실이다. 그것은 윤씨에게 어머니라는 존재의 부재, 또는 상실의 경험이 반복적으로 일어났으며 그로 인해 그의 삶이 근본적으로 외롭고 고독할 수밖에 없었으리라는 점이다.

윤씨의 생모인 청풍 김씨는 그녀가 4세 때 일찍 세상을 떠났다. 그리고 어머니를 잃은 어린 윤씨를 양육한 것은 '남씨부'南氏婦, 즉 남씨 집안에 시집 간 이모였다고 서술되고 있다. 이렇게 '이모에게 자랐다'는 서술은 윤씨의 모친 김씨와 이모 김씨, 이들 자매가 혼인 후에 그들의 친가인 김씨 가문에서 지내고 있었을 가능성을 강하

게 암시한다. 즉 각각 윤씨 가문과 남씨 가문에 시집간 두 청풍 김
씨 자매가 혼인 후에도 친정에서 아이를 낳고 기르며 지내던 중 어
린 윤씨의 모친이 사망하자 그 자매인 남씨부가 4세의 윤씨를 8세
까지 기르다가 친가로 보냈던 것이다. 윤씨의 유서에 나오는 '유모'
가 '외가의 여종'이라고 밝혀져 있는 것도 그가 어린 시절 외가인
청풍 김씨 집안에서 양육되었기 때문일 것이다. 이모 '남씨부'와 외
가의 여종 '유모'는 어린 윤씨에게 실질적인 어머니와 같은 존재였
을 것이다.

　여덟 살이 되어 친가로 거주를 옮겨 온 윤씨에게는 계모 이씨가
기다리고 있었는데 몇 년 지나지 않아 이 계모도 세상을 떠나게 된
다. 그의 뒤를 이어 새로 들어온 계모 성씨가 바로 윤씨가 유서에서
언급하고 있는 '어머니', 즉 세 번째 모친이 되는 인물이다. 이런 환
경을 윤씨 입장에서 재구성해 보면 그는 어머니, 또는 어머니를 대
신하는 대리 모성으로서의 존재를 여러 번 상실하는 경험을 한 것
이다. 네 살 때의 친모와의 사별, 어린 자신을 돌봐 준 이모 남씨부
와의 이별, 계모 이씨와의 사별, 그리고 괄호 안에 숨겨져 있으나
실질적인 양육자였던 유모와의 이별까지, 네 명의 어머니와의 이
별을 경험했다고 볼 수 있기 때문이다.

4. 아홉 통의 유서

　「언행 종용록」이 윤씨의 열녀로서의 대외적인 모습, 선양되어

야 할 존재로서의 공식적인 삶의 모습을 기록하고 있는 자료라면, 유서는 그 자신의 목소리를 직접 전해 주고 있다는 점에서 이 인물의 내면을 짚어 볼 수 있게 해주는 자료라 할 수 있다. 남원 윤씨는 아홉 통이라는 꽤 많은 유서를 남겼는데, 각각의 유서에는 윤씨가 평소 그 인물과 어떤 관계를 맺었는지 짐작할 수 있게 해주는 부탁과 소회가 담겨 있으며 특유의 감정과 어조가 드러나 있기도 해서 주목할 만하다.

아홉 통의 유서는 각각 다음과 같다.

① 아버님께 영결하며 올리는 글(父主前 永訣上書)

② 어머님께(母主前)

③ 동생 귀손에게 씀(遺弟 龜孫書)

④ 형님께 영결하며 올리는 글- 큰동서이다(兄主前 永訣上書 伯姒氏)

⑤ 숙부님께- 시가 당숙이다(叔主前 舅家從叔叔)

⑥ 숙부님께- 친정 당숙이다(進士叔主前 本家堂叔)

⑦ 유모에게 씀- 부인의 외가 여종이다(遺乳母書 卽恭人外家婢子也)

⑧ 점열에게 씀(遺点烈書)

⑨ 점열의 젊은 여종에게 씀(点烈小婢 遺書)

현재 전해지고 있는 『애종용』 텍스트는 윤씨의 유서를 부모와 직계, 즉 가장 가까운 가족 구성원부터 그 순서를 배치해 놓았다. 이는 윤씨가 실제로 유서를 쓴 순서와는 다른데, 이는 유서의 뒤에 쓰여 있는 날짜를 통해 알 수 있다.

부친과 모친을 대상으로 한 ①과 ②의 뒤에는 '사월 초팔일 불효한 자식이 영결하며 올립니다. - 이는 목숨을 끊은 날이다'四月初八日 不孝息 永訣上書 此乃畢命日也라는 글이 붙어 있다. 즉 부모님 앞으로 남긴 유서는 윤씨가 목숨을 끊은 그 당일에 작성한 것으로 보인다. 나머지 ③에서 ⑨까지의 여섯 통의 유서 뒤에는 '신유년(1801) 삼월 이십구일'辛酉 三月 二十九日'이라고 되어 있어서 앞서의 부모님 대상 유서보다 9일 가량 먼저 작성되었음을 알려 주고 있다. 말하자면 윤씨는 죽음을 결심하고 열흘 전쯤 이미 동생, 큰동서, 시가와 친정의 당숙, 유모와 여종 등에게 부탁하고 당부할 말을 자세히 정리하여 유서를 먼저 써 두었다. 그리고 자결하던 당일에 비로소 부모님 앞으로 유서를 썼던 것으로 생각된다.

아홉 통의 유서 내용을 각각 요약하면 이러하다.

먼저 ①에서 ③까지는 부모와 동생에게 남긴 유서이다. 부친에게 남긴 유서 ①에서 윤씨는 자신이 이미 오래전 죽음을 결심했지만 '부친의 얼굴을 한 번 보기 위하여' 그 결심을 미루었다고 하면서, 죽음을 앞둔 슬픔을 고백하고 부친에게 슬픔을 안겨 주게 된 것 또한 사죄한다. 또 자신의 장례비를 자기 명의의 전답으로 치러 줄 것, 자기 부부의 후사가 정해지면 남은 전답을 물려줄 것, 점열 모녀를 멀리 보낼 것, 금이는 영원히 속량했으며 다른 유서에도 그에 대해 써두었다는 것 등을 당부하면서 글을 마치고 있다. 죽기 전 한 번 얼굴을 꼭 뵙고자 했다는 표현에서 윤씨와 부친 사이의 유별한 부녀지간의 정을 읽어볼 수 있는데, 유서의 마지막에 언급된 여종 모녀 이야기는 약간 돌출적인 이야기라는 인상을 준다.

'어머님'에게 남겼다고 한 유서 ②의 수신자는 계모 성씨이다. 여기서는 비교적 예의바른 공식적인 어조만을 읽어볼 수 있는데,

길러 준 은혜에 감사함과 부친을 위로해 줄 것을 부탁하고 있다. 유서 ③은 동생 '귀손'에게 남긴 것으로 되어 있다. 이 동생의 존재는 「언행 종용록」에서 윤씨가 부친에게 '무남독녀'였다는 표현과는 모순되는데 아마도 계모 성씨가 뒤늦게 낳은 아들인 것으로 짐작된다. 윤씨는 이 동생에게 '열심히 책 읽고 공부하여 문호를 빛낼 것'을 당부하고는 거기에 이어서 의미심장하게도 '여러 어머니들의 제사'前後 諸妣 奉祀를 덧붙여 부탁했다. 자신의 친모 청풍 김씨와 계모 이씨까지 제사를 모실 수 있는 유일한 인물이 바로 이 남동생임을 윤씨가 유념하고 있었음을 알게 되는 대목이다.

유서 ④는 '형님'兄主이라고 부르는 자신의 손윗동서에게 남긴 것으로, 길이가 긴 유서이기도 하고 가장 격의 없이 자신의 속내를 털어놓는 인상을 주는 유서이기도 하다. 이 유서에서 윤씨는 자신의 장례라는 큰일을 치르게 된 형님에게 미안한 마음을 전하고 죽음을 앞둔 자신의 암담한 심정을 털어놓기도 하면서, 자기 부부의 제사 지내는 방법과 자신의 유품을 전해 받을 사람들을 하나하나 지정해 알려 주면서 뒷일을 맡긴다. 죽은 사람의 것이라고 꺼리지 말고 자신의 살림을 맡아 달라고 간청하기도 하고 자신의 수의에 대해 상세하게 설명하기도 하는데, 여기서도 앞서 부친에게 쓴 유서에서 언급되었던 점열 모녀와 금이의 거취에 대해 같은 내용의 부탁을 남기고 있다는 점이 눈길을 끈다.

유서 ⑤와 ⑥은 시댁과 친정의 당숙에게 각각 남긴 유서이다. 시댁 당숙에게는 점열 모녀와 금이에 대한 부탁을 '다시는 다른 말이 안 나오게 해달라'고 하면서 매우 강한 어조로 부탁했으며, 친정 당숙에게는 자신의 장례 때 쓸 물건들을 사오게 한 목록을 제시하면

서 그대로 시행할 것을 당부하고 부족한 장례비는 자기 전답으로
처리해 달라는 당부를 남겼다.

　유서 ⑦, ⑧, ⑨는 모두 여종들에게 남긴 유서이다. 각각 유모,
늙은 여종 점열, 점열의 딸인 젊은 여종이 수신자이다. 유모에게 남
긴 유서는 외가의 사당 신주를 묻는 절차인 '매안'埋安을 부탁하면
서 그 비용을 마련하기 위한 물건 목록을 보내는 내용이며, 점열 모
녀에게 남긴 유서는 앞서 부친과 형님, 시댁 숙부에게 여러 번 간곡
하게 청했던 점열 모녀의 이주와 완전한 속량에 대한 약속의 내용
을 담고 있다.

5. 생을 지탱하게 한 힘, 그 이면의 관계들

　죽음을 앞두고 유서를 쓴다고 할 때 그 대상은 아무래도 자기 인
생에서 가장 중요한 사람이자 가까웠던 사람일 것이다. 작자가 살
아 왔던 생애에 대한 일정한 공감대와 공유의 지점이 있어야 작자
가 이승에서 남기는 마지막 부탁을 이해하고 들어 줄 수 있을 것이
기 때문이다. 그러니 유서의 대상이 되는 사람은 유서 작자에게 가
장 긴밀하고 가까운 관계, 그렇기에 그 관계에서 발생하는 의무와
책임을 기꺼이 감당하고 부담할 수 있는 관계일 것이다.

　그런데 윤씨 유서에서는 일반적으로 유서를 남길 만한 가족이
나 친지, 혈육의 범위를 넘어서는 여성이 네 명이나 등장한다. 유서
④의 수신자인 '형님(큰동서)', 유서 ⑦의 수신자인 '유모', 유서 ⑧

과 ⑨의 수신자인 늙은 여종 '점열'과 그의 딸인 젊은 여종이 바로 그들이다. 「종용 언행록」에서는 윤씨의 생애에서 언급조차 되지 않았던 이들이 유서의 대상으로 네 명이나 등장하고 있는 것이다.

그 내용과 어조에서 느껴지는 심리적 거리는 더욱 뜻밖이다. 직계 가족과 친지에게 남긴 유서들은 비교적 공식적인 어조로 먼저 세상을 떠나는 불효에 대한 용서를 빌고 걱정을 끼친 것을 사죄하며 장례와 제사, 유품 정리와 같은 용건을 전할 뿐인데 비해,[18] 이 여성들에게 남긴 유서에서는 죽음을 앞둔 자신의 착잡하고 고통스러운 심정을 여과 없이 드러내는가 하면 자기의 죽음 이후 남겨질 상대방에 대한 걱정과 염려의 마음까지 절절하게 드러내고 있기 때문이다. 자신의 유산과 유품의 정리, 유언을 실행할 방법과 절차에 대해서도 훨씬 상세히 전하면서 그것을 처분할 공식적인 권한을 위임하겠다는 단호한 결정을 전하고 있기도 하다.

그럼 각각의 유서 내용을 살펴보면서 이들이 윤씨와 맺었던 관계를 살펴보고 과연 이들이 윤씨의 삶에서 어떤 의미를 가진 존재였는지 살펴보기로 하자.

---

18 아버지에게 보낸 유서에서 그나마 '부친 얼굴을 한 번 더 보고 죽으려 했다'거나 '자식이 먼저 죽는 일은 차마 할 수 없는 일'이라는 말을 통해 억제된 애정과 회한을 짧게나마 드러내고 있지만 공식적인 어조를 벗어나지는 않았다. 계모 성씨와 그의 소생으로 보이는 남동생에게는 '죽음을 결심한 지 오래였다'거나 '아우를 잘 기르고 아버님을 잘 모셔 달라'는 부탁을 전할 뿐 의연하고 차분한 어조를 잃지 않는다.

(1) 유모

나의 비통함과 괴로움은 날이 갈수록 깊어지나 남편을 따라 죽기로 내 마음을 정한 것은 변함이 없네. 다만 아버님과 외조부모님께 불효를 끼쳐 후사가 영영 끊기고 사당에 매안(埋安, 신주를 땅에 묻는 것)할 수 없게 되어 후사 없는 분들이 되게 하였으니 나는 구원에 돌아가도 원귀가 될 것이네. 어찌하겠는가, 어찌하겠는가. 내가 그나마 살았던 것은 모두 그대의 은덕인데 그 만분의 일도 갚지 못하고 이 몸이 또 죽어 그대에게 슬픔을 끼치니 더욱 원통하고 한스럽다. 약간의 물건을 보내니 그것을 팔아 비녀와 모시 값으로 사당에 매안하는 비용으로 쓰기를 진정 바라고 바란다. 다시 얼굴을 보지 못하고 급히 목숨을 끊으려니 일이 어렵고 마음도 괴롭다네. 후록을 남겼으니 유언으로 시행하면 다행이겠네. 가장 바라는 것은 편안히 살다 돌아와 훗날 저승에서 만나는 것이네.

후록

작은 술항아리 하나, 수만향 비녀 하나, 족두리 하나, 은가락지 한 쌍, 붉은 비단 상의 둘, 모시 적삼 하나, 모시 단삼 하나, 신발 둘, 모시 큰창옷 둘, 모시 작은창옷 하나, 가자향 하나, 칠한 궤 하나, 자물쇠가 있는 장식한 칠궤 하나. 이것들을 팔아서 매안할 때 쓰고 신발 한 쌍은 두덕에게 주면 좋으리라.[19]

---

19 我之悲疚, 日往日深, 下隨夫子, 此心之定, 更無他念. 而但貽不孝於父主外祖父母, 永絕後嗣, 而祠宇未得埋安, 因爲無後之人, 雖歸九原, 當爲冤鬼. 奈何奈何. 我之所以偶

윤씨의 유모는 '외가의 여종'恭人外家婢子이었다. 윤씨가 어려서 외가에서 자랄 때부터 키워 준 실질적인 인물인 것이다. 이 외가 여종인 유모에게 윤씨가 유서를 남긴 이유는 제사를 지내는 대수代數가 다한 신주를 땅에 묻는 '매안'埋安을 부탁하기 위해서였다. '매안'은 제사를 받는 후손의 대가 끊긴 경우 그 신주를 4대 이내에서 항렬이 가장 높은 사람의 집으로 옮기는데, 그 대의 항렬에 있는 모든 사람이 죽으면 완전히 그 대가 다 끝났으니 무덤 앞에 신주를 묻는 것을 말한다.

윤씨의 친모 청풍 김씨가 4세의 딸을 남기고 일찍 죽고 나서 이 집안의 유일한 후손은 외손녀인 윤씨 하나였던 것으로 보인다. 그는 일찍 죽은 모친에 이어 자신까지 죽음으로써 외조부모 가문의 한 대가 끊기게 된 상황임을 유념하고는 살아생전 자신이 청풍 김씨의 외손으로서 할 수 있는 마지막 도리인 '매안'을 부탁하고자 했던 것이다. 그리고 이렇게 하게 된 마지막 의례를 초라하지 않게 치를 수 있도록 그 비용을 자신의 유품을 판 돈으로 마련할 것을 하나하나 지시한 것이다.

이런 유서의 내용은 윤씨를 낳아 준 친모 청풍 김씨의 가문과 친

生, 皆君恩德, 而未報其萬一, 此身又捐, 貽君悲念, 尤切寃恨, 有若干物送付, 賣之束價, 筭與苧, 價用作祠宇埋安之資, 至望至望. 更不相見, 徑絶性命, 事則難矣, 懷亦惡矣. 修置後錄, 幸旋遺託. 至望安過後, 逢泉臺. 後錄. 小酒缸一, 水瓔珦釵一, 簇頭里一, 銀戒指一雙, 緉緋上衣二, 苧裌衫一, 苧單衫一, 鞋二, 苧大氅衣二, 苧小氅衣一, 茄子香一件, 色櫃一, 粧飾漆櫃具鎖金一, 賣用於埋安時, 而鞋一部則, 給于斗德, 好矣.「遺乳母書 卽恭人外家婢子也」

42

모라는 존재에 대한 기억을 부각시킨다. 원래 「언행종용록」에서는 윤씨가 두 명의 계모, 이씨와 성씨에게 효성을 다했던 모습만을 강조했기에 죽은 친모 김씨의 존재감은 거의 없는 것이나 마찬가지였다. 그러나 윤씨는 유서에서 '어머니의 가계'인 외가의 종이자 어머니를 대신해 자신을 길러 준 '유모'를 지목해 유서를 남김으로써 '친모와 외가의 존재'를 불러내고 있는 것이다. 이는 「종용 언행록」에서는 드러나지 않았던 윤씨의 모습, 즉 그가 친모의 존재를 늘 기억하고 있었으며 친모의 죽음 후 외가의 후손으로서 자신이 해야 할 역할에 대해서도 끊임없이 생각하고 있었음을 보여 준다고 할 수 있다.

이렇게 '유모'라는 존재는 윤씨의 친모와 외가의 존재감을 강하게 전달해 주는 매개체 같은 역할을 하고 있지만, 이 존재 자체가 윤씨에게 또한 중요한 감정적 친애의 대상임도 분명하다. 외가의 일을 부탁하는 사이사이, 두 사람의 긴밀했던 심정적 교류의 흔적들 또한 분명하게 나타나 있기 때문이다. "내가 그나마 살았던 것은 그대 덕분"이라거나 "다시 만나 보지 못하고 죽는 것이 한스럽다"라는 말 속에는 어려서 자신을 키워 주고 보살펴 준 존재에 대한 고마움과 그리움이 깊이 전해진다. 마지막 부분에 "가장 큰 바람은 잘 살다가 돌아와 나중에 저승에서 만나는 것"이라는 말에서도 그런 감정을 더욱 진하게 확인할 수 있다.

(2) 형님

죽은 후 가사 범백은 모두 형님 뜻대로 하시고, 중간솥은 점열에게 주시며, 금이는 형님 생각대로 주실 수 있는 것을 주시면 좋겠습니다. ······ 장롱과 유기 등은 다행히 잘 두었으니 앞으로 후사를 정하면 기다렸다가 전해 주시기를 바라고 바랍니다. 점열은 제 장례 후에 가고 싶은 대로 가게 하시되 다만 환곡을 많이 먹었으니 추수를 기다려 갚은 후에 그 스스로 가게 하십시오. 여기서는 결코 살지 않게 하시고 제 삼년상이 끝나는 것도 기다리지 말게 해주십시오. ······ 아우의 집안일을 자기 물건처럼 보시기를 꺼리지 말아 주십시오. 혹 주변에서 사람들이 시비하는 말이 있어도 개의치 마시고 죽은 사람 부탁을 저버리지 마시기를 매우 바라고 바랍니다. ······ 초종에 들어가지 않은 남색 치마가 있으니 일곱 폭은 우리 형님이 세월 가며 쓰실 곳에 쓰시고 두 폭은 아우의 과두裹頭(수의 중 시신의 머리를 싸는 부분)에 써주십시오. 또 새 옷감이 있으니 잘라 관 속에 베개와 요로 써주시고 남는 것이 있으면 보공補空(관의 빈 곳을 채우는 것)에 써주시기를 바랍니다. 아아, 마침내 목숨을 끊으려니 이것이 진실로 어렵습니다. 마음속 또한 망극하여 실로 캄캄합니다. ······ 점열이 가기 전에는 일을 돌봐 줄 것이나 오직 형님만 믿겠습니다.[20]

---

20 身後家事凡百, 兄皆主張, 中鼎給于点烈, 今伊則隨兄意, 可給之物, 給之好矣. ······ 衣籠鍮器等件, 幸善收置, 待他日定嗣後, 交手付與, 是望是望. 点烈則弟葬後任其所之, 但多食還穀, 待秋備納後, 使之自去, 而此處則, 決不可居ま. 無令待我三喪之畢焉. ······ 但以弟之家事, 視若自己物, 勿以爲嫌, 雖或有傍人之是非, 亦勿爲意, 無負將死者

손윗동서이자 형님에게 남긴 유서이다. 여기서 윤씨는 부모님
이나 양가 당숙들에게 보인 공적인 어조와 사뭇 다르게 친근함을
담은 어조로 사후의 일들을 하나하나 부탁하고 있다. 자신을 '아우'
弟로, 형님을 '우리 형님'吾兄으로 부르는가 하면, 자기의 죽음 후 가
사의 모든 일을 '형님 뜻대로 하라', '아우의 집안일을 자기 물건처
럼 생각해 달라', '형님이 세월 가며 쓰실 곳에 쓰시라'고 하면서 완
전히 형님의 의사대로 해도 된다는 뜻을 여러 번에 걸쳐 밝힌다. 이
런 태도는 이들이 생전에 맺어 왔던 관계가 매우 긴밀하고 가까운
것이었으며, 서로에 대한 확고한 애정과 신뢰로 다져진 것이었음
을 짐작하게 한다.

특히 이렇게 자신의 유산과 유품에 대한 의사 결정을 형님에게
전적으로 위임한다는 태도는 시댁 당숙에게 남긴 유서에서의 내용
과 확연한 대조를 이룬다. 시댁 당숙에게 남긴 유서에서 윤씨는 '집
안일 전부와 토지 수확에 대한 모든 것을 큰동서에게 맡겼습니다'
凡百家事, 土地收穫, 盡付伯姒라고 하여 자기 유산의 결정권에 대해 시가
의 남성들이 개입할 수 있는 여지를 차단하고 온전히 형님에게만
권한을 위임했음을 통보하듯 말하고 있기 때문이다. 실제로 그는
자신의 유산에 대해 다른 사람들의 관여가 있을 것을 예상한 것처
럼, 형님에게 '아우의 집안일 처리에 대해 혹시 주변에서 시비하는

之託, 甚望甚望. …… 弟有藍裳不入於初終者, 其七幅則補用於吾兄歲月之需, 二幅則
爲弟裹頭之用, 又有新件(衤+薦)衣, 裁割爲送中之枕與褥, 餘用於補空爲望. 嗚呼, 將
欲徑絶性命, 事固難矣, 懷亦罔極, 而實冥矣. …… 点烈未去之前, 隨事顧念, 惟兄主是
恃耳.「兄主前永訣書」

말이 있어도 개의치 마십시오.'라는 말도 남기고 있다.

　형님을 대상으로 한 이 유서에서 또 한 가지 중요한 당부 사항은 앞서 부친에게도 말했던 '여종 점열 모녀'에 대한 부탁이다. 부친 대상 유서에서와 차이가 있다면 그들 모녀의 상황을 자세히 설명하면서 향후 거취에 대해 더 상세한 부탁을 남기고 있다는 것이다. 핵심은 점열 모녀를 그 동네에서 멀리 가서 살게 도와주라는 것이었다. 다만 그때 여종 점열이 '환곡'을 많이 받았으니 추수 때 그것을 꼭 갚게 하고, 반드시 떠나게 해야 한다는 것, 자신의 삼년상을 살지 말게 해달라는 것을 특별히 신신당부하고 있다.

　멀리 떠나라는 것은 여종 모녀가 속량한 후 새로운 삶을 살기 위해서는 그 인근 마을에서 완전히 벗어난 새로운 지역으로 가야 좋을 것이라는 판단으로 보인다. 그럴 때 환곡을 많이 빌렸다는 이유로 다시 이 고을로 불려 올 일이 없게 하려면 추수 때 반드시 그것을 다 갚고 가도록 해야 한다는 것이다. 여종 점열의 평소 태도로 보아 자신의 삼년상을 꼭 치르려고 할 테니 못하게 해달라는 것도 형님에게 따로 남긴 중요한 부탁이었다.

　이 형님 대상 유서에서만 볼 수 있는 또 다른 부탁은 자신의 염습과 장례에 대한 구체적인 요청들이다. '우리 내외 상식은 하지 말고 삭망에만 대충 차려 달라'든가, '남색 치마 일곱 폭은 형님 쓰시고 남은 두 폭은 자신의 머리를 감싸 달라'든가, '새 옷감을 잘라 관 속의 베개와 요를 만들어 달라'는 세세한 부탁들은 같은 가문, 같은 신분의 여성이었던 형님만이 해줄 수 있는 일이었을 것이다.

　윤씨는 '형님'이라는 존재에게 죽음 앞에서의 공포와 두려운 심정을 좀 더 솔직하게 털어놓고 있기도 하다. '목숨을 끊으려니 정말 어렵다', '마음이 망극하고 캄캄하다'와 같은 무서움과 절망과 같은 솔직한 심정은 다른 어느 유서에서도 보기 어려운, 그러나 강제로 죽음 앞에 나서야 하는 개별자의 깊은 갈등과 흔들림을 진실하게 보여 주는 표현이기 때문이다. '동서간'이란 관계는 시가로 인해 맺어진 친족이기에 보통은 멀지도 가깝지도 않은 것이기 마련이지만, 윤씨에게 '형님'은 그런 복잡하고 차마 말하기 어려운 심경까지 털어놓을 수 있는 존재, 그만큼 의지하고 기대었던 존재였음을 보여 주는 대목이다.

(3) 늙은 여종 점열 모녀

점열에게 씀

날씨는 마침 염천이고 밖에는 바람이 심하니 …… 시신이 정결치 못해 분명 남의 눈에 보기 싫을 것이니 이것이 슬프다. 내가 죽은 후 삼년상 기다리지 말고 가을에 추수 수확하여 갚은 후에 네가 가고 싶은 대로 가라. 금이 면천하는 일은 문적으로 남겨 놓았으니 네가 갖고 와서 보여라. 목면 치마, 가위, 칼은 금이를 찾아서 주고 자물쇠와 작은 솥은 네가 사용하라. 강화 아기씨께 상의 드려 장례 때 일꾼들 삯만 주고 제물은 갖추지 말아라. 내 성품은 네가 잘 알 것이니 절대 크게 하지 말고 남편의 묘 옆에 장사 지내라. …… 날이 또 더워지니 이것이 민망하고 답답하다. 이 몸을 염습하는 것은 남의 손을 빌리면 내가 매우 수치스럽고 괴로우니 네가 진사님 부자와 함께 들어와 염하라. 말하자면 길겠지만 무슨 말을 하겠는가. 생각하면 비통하니 무슨 생각을 하겠는가. 다시 말

하지만 삼 년을 기다리지 말고 곧 가거라.[21]

점열의 딸 젊은 여종에게 씀

네가 나와 서로 만난 것은 열 살 전이었다. 명색은 노비와 주인이었으나
정은 동기와 같고 사랑하기는 부모 자식과 같았다. 함께 타향까지 와서
어려움을 견디며 지낸 것이 장차 이십 년인데 그 충성스러움이 한결같
기를 옛 사람들보다 더한 것이 많았으나 내가 죽음을 앞두니 심신이 흔
들리고 생각이 못 미쳐 백에 하나도 기록하지 못했다. 너의 소생은 남매
라고 하나 세 살 먹은 아들은 어릴 때 이미 병에 걸려 생사를 분간하지
못하며, 또 한 아들은 (속량을) 허락했으니 열한 살 된 금이가 훗날 마
땅히 번창할 것이다. 훗날 후사 정하기를 기다려 다만 금이 한 몸의 값
으로 사십 냥을 한씨 가문 양반에게 줄 테니 만약 이것이 적다고 한씨
윤씨 양가 자손 중에 금이의 소생에 대해 혹 시비나 다른 말이 있거든
이 유서를 갖고 가서 변증하라.[22]

---

21 適當炎天, 房多外風, 京質成斂, 易致多日, 侍體不潔, 必厭人眼, 是可悲也. 我死之後,
無待三喪, 秋糧輸納後, 任汝所之. 今伊之免賤, 書留文跡, 汝其拽見, 木裳剪刀, 推給今
伊, 鎖金小鼎, 汝其用之, 稟議于江華阿只氏, 葬時只供軍人, 勿備祭物, 吾之素性, 汝則
知之, 切勿侈大, 卽葬于主君墓側, …… 日又向熱, 是用悶鬱, 此體斂束, 若待他手, 則
吾甚愧赧, 汝與進士主父子, 皆入斂之. 言之長也, 亦復何言. 思之悲哉, 亦復何思. 更無
待三年之畢焉, 而卽去也.「遺点烈書」

22 爾我相逢在十歲前, 名雖奴主, 情如同已, 愛亦如子. 偕至他鄕, 備經艱難, 將逝卄年, 而
其忠如一, 邁于古人者, 亦多有之, 而余當長逝, 心身迷短, 百不記一. 爾之所生, 雖曰甥
妹, 三歲兒子, 已嬰奇疾, 不但生死之未分, 而一子則許給, 十一歲今伊, 後當蕃昌. 待日
後定繼嗣, 只以今伊一身價, 四十兩, 納于韓門兩班, 而若以此爲少, 韓尹兩家子孫中,
或有是非雜談, 於今伊所生者, 持此遺書, 以爲卞正事.「点烈小婢遺書」

여러 통의 유서를 통해 윤씨가 가장 간절하게 바라고 원했던 것은 바로 이들, 늙은 여종 점열의 모녀 삼대가 면천하는 것, 그리고 이들이 이주하여 멀리 가서 살게 하는 것이었다. 특히 점열의 딸인 젊은 여종, '점열 소비小婢'의 11세 딸 '금이'의 완전한 속량을 보증하는 것은 모든 유서를 통틀어 가장 강조하고 있는 핵심 사안이었다.

윤씨와 이들은 어떤 관계였던 것일까. 이를 짐작하게 해주는 열쇠는 점열의 딸에게 남긴 유서에서 찾아볼 수 있다. '너와 내가 만난 것은 열 살 전'이었으며 '명색은 노비와 주인이었지만 형제나 부모 자식과 같았다'는 표현이 그것이다. '유모'가 외가에서 여덟 살까지의 윤씨를 길러 준 양육자였다면, '점열'은 친가에 온 여덟 살의 윤씨를 그 후 쭉 도맡아 돌봐 준 인물이며 그의 딸 '점열 소비'와 윤씨는 같이 자라면서 '노주간'이지만 실제로는 '형제처럼, 부모 자식처럼' 살아온 사이였던 것이다.

'타향에 함께 와서 이십 년간 어려움을 참고 지냈다'는 말을 보면 윤씨가 장성하여 시집 갈 때가 되었을 때 이들 모녀 역시 윤씨와 같이 옮겨가서 생활을 함께했던 것으로 보인다. 낯선 시집에서의 삶을 시작할 때에도 함께했던 이들이 바로 점열 모녀였던 셈이다. 점열의 딸은 서로 '여덟 살을 전후하여 만나 이십여 년을 함께 살아왔다'고 했으니, 윤씨가 유서를 쓰고 자결했을 때의 나이인 33세와 비슷한 정도의 나이였을 것으로 짐작된다. 자연히 '점열'은 윤씨에게 어머니 정도의 연배의 여성이었을 것이다.

윤씨가 남편과의 사이에서 아들이든 딸이든 소생을 하나도 두지 못했던 것에 비해 그녀와 동년배였던 '점열의 딸'은 삼 남매를

두고 있었다. 윤씨가 지키고자 했던 대상은 바로 그 삼남매 중에서
도 특히 딸 '금이'라는 소녀였던 것으로 보인다. '점열의 딸'에게 남
긴 유서에서 삼 남매 중 위아래의 두 아들은 하나는 아파서 잃은 듯
하고 하나는 이미 속량을 했다고 밝히면서, '이제 번듯하게 잘 살아
야 하는 것은 바로 열한 살 먹은 금이'임을 강조하고 있기 때문이
다.

그러나 이들의 완전한 면천과 이주가 그리 간단한 일은 아니었
던 것 같다. 가장 딱딱한 어조로 쓰였던 시댁 당숙에게 남긴 유서에
서의 한 대목이 그것을 보여 준다.

저의 장례에 들어가는 것은 친정 당숙과 상의하여 조속히 입관하여 주
시면 천만다행이겠습니다. 가사의 일체와 토지 수확은 모두 큰동서께
부탁하였으니, 다만 삭망에만 진설하여 구획하여 처리하는 도리대로 해
주십시오. 죽은 자의 부탁이 세월 갈수록 흔적이 사라지겠지만 나중에
쾌흥이 장성한 뒤 반드시 후사를 정하여, 죽으면서 한 이 유언을 잊지
마시기를 진정 바라고 바랍니다. 점열은 삼년상 기다리지 말고 환곡 갚
기가 끝나기를 기다려 그가 가고자 하는 대로 가게 하십시오. 금이를 속
량하게 하여 그 값을 흥이 부친에게 전해 주시고 장래에 쾌흥이에게는
여종 춘이를 대신 주게 하십시오. 다시는 다른 의논이 없게 이 말을 따
라 시행해 주시기를 매우 바라고 바랍니다.[23]

---

23 日後快興長成後, 雖亡人之遺託, 年久痕迹如掃, 而必定繼嗣, 無忘臨死之言, 至祝至祝.
点烈無待三年喪畢, 而待其還穀了, 當任其所之, 今伊則贖身, 使之絢價, 傳于興伊父親,

'쾌흥'과 '흥이 부친'이라는 인물에 대해서는 다른 유서에서의 관련 언급이 없어서 추가적인 정보를 더 알기는 어렵다. 그러나 시댁 당숙에게 남긴 유서에서만 등장하고 있으니 아마도 시댁인 한씨 가문 쪽의 인물들인 것은 틀림없을 것이다. 윤씨는 시당숙에게 '삭망에만 제사를 간단히 지내라'는 부탁을 자신의 뒤를 이을 '후사'인 '쾌흥'에게도 반드시 지키도록 전하라고 말하고 있다. 즉 '쾌흥'은 시댁에서 남편의 후사로 거론되고 있던 친지의 젊은 남성들 가운데 한 명이었던 것이다.

눈길이 가는 대목은 '흥이 부친'에게 금이를 속량한 값을 주고 대신 '쾌흥'에게는 '여종 춘이'를 주게 하라는 부분이다. 이는 점열의 손녀 '금이'가 이미 인근의 한씨 집안이었던 '쾌흥'의 집안에 여종으로 팔려 가 있었으며 이를 되찾아 오기 위해 속신 비용을 그에게 지급해야 했던 상황이었음을 생각하게 해준다.

여기서 속량의 비용뿐만 아니라 '금이를 대신할 여종으로 춘이'까지 주게 하라는 말은 '쾌흥'과 그의 부친이 금이를 쉽게 내주지 않을 것을 예상한 반응처럼 보인다. 윤씨는 시댁 당숙에게 그렇게 추가 조건을 붙여서라도 '다른 말이 없게', '이 말대로 시행하게 하라'고 신신당부를 하고 있다. 이는 그만큼 이 문제의 해결에 이견이나 분쟁의 소지가 있을 만한 상황이었음을 보여 주는 것으로, 윤씨가 자기의 부친에게 남긴 유서에서부터 모든 유서에 걸쳐 '죽는 자의 마지막 소원'으로 '점열 모녀 삼대의 속량'을 거듭하여 말하지

而將來快興則, 以春婢代給, 更勿異論, 一從是言, 施行至望至望.「叔主前 舅家從叔叔」

않으면 안 될 만큼 민감하고 갈등적인 사안이었음을 알게 해준다.

그런 사안에 대해 윤씨는 유서라는 생애의 마지막 말을 통해 금이를 속량하여 종이라는 신분에서 벗어나게 할 것이라는 약속과 보증의 말을 남긴다.

훗날 후사 정하기를 기다려 다만 금이 한 몸의 값으로 사십 냥을 한씨 가문 양반에게 줄 테니 만약 이것이 적다고 한씨 윤씨 양가 자손 중에 금이의 소생에 대해 혹 시비나 다른 말이 있거든 이 유서를 갖고 가서 변증하라.

그는 한씨든 윤씨든 양 가문의 누구라도 금이의 속량비가 부족하다든가 시비가 있다든가 다른 말이 나오게 되면 '내 유서를 가져가 변증하라'고 단호하게 말하고 있다. 죽는 자의 마지막 소원에 대해, 그것도 문서로 남겨 놓은 기록에 대해, 누구도 다른 말을 할 수는 없을 것이라는 판단을 담은 말인 것이다.

윤씨는 나이든 여종 점열에게 주는 유서에서는 이렇게 말하고 있다. '남의 손을 빌리지 말고 네가 직접 나를 염해 달라', '내 성품은 네가 잘 알 것이다'라고. 그에게 나이 든 여종 '점열'은 누구의 손으로도 대신할 수 없는 자기의 시신 수습을 망설임 없이 부탁할 수 있는 유일한 인물, 길게 설명을 덧붙이지 않아도 누구보다 자기를 잘 알고 이해하는 인물이었다. 삼년상을 치르지 말라는 말도 거듭거듭 하지 않으면 기어코 자기 무덤 곁에서 삼 년을 지키려고 들었을 특별한 의리를 가진 인물이 바로 늙은 여종 '점열'이었다.

이런 이들의 관계의 내용은 신분제상의 상하 관계를 넘어서는 것, 혈연 이상의 무게와 유대감을 가진 것이지 않았을까. 그래서인지 모든 유서에서 유산, 후사, 외가 제사, 자신의 장례와 부부의 제사 등의 일을 하나씩 둘씩 부탁했던 윤씨는 마지막 유서, 즉 점열의 젊은 딸에게 남긴 유서에서는 아무것도 부탁하지 않는다. 다만 하나하나 그의 소생인 남매들을 짚어 보면서 '세 살 아들은 병들었고 또 한 아들은 면천했으니 이제 금이가 정말 잘 살아야 한다'면서 그 면천을 보증하겠다고 약속하고 다짐할 뿐이다.

이렇듯 윤씨 유서는 도덕적으로 완벽한 「종용 언행록」에 실린 '열녀 윤씨'의 생애 재현에서는 전혀 드러나지 않았던 관계들을 조명하게 해준다. 그것은 상층 양반의 예법이나 가문의 질서에서는 전혀 포착될 수 없는 뜻밖의 이면의 관계들, 동서와 여종들과의 관계였다. 이것이 의미하는 삶의 진실은 무엇인가. 그것은 남편을 따라 죽는 것이 당연했던 조선 후기 가부장제 질서 속에서도 여성들 사이에 형성된 밀착된 관계, 상호적인 보살핌과 돌봄을 공유하는 관계, 공감과 유대를 나누는 여성들끼리의 관계 속에서, 혹은 그 사이에서 윤씨의 내밀한 삶이 이루어졌으리라는 사실이다.

6. 원본 없는 윤씨의 유서,
   이중 번역을 통해 읽어 내는 여자들의 관계

여기서는 윤씨 유서의 한글 원본이 전하지 않는 상태, 즉 윤씨의 유서가 한문으로 번역된 상태로만 남아 있다는 지점으로 돌아가 그 의미를 되짚어 보는 것으로 마무리를 삼고자 한다.[24] 원래 윤씨가 아홉 통의 유서를 남길 때는 분명히 한글로 썼을 텐데 왜 가문의 기록인 『애종용』에는 그것을 한문으로 번역한 상태로 남긴 것일까 하는 근본적인 의문이 남기 때문이다. 한글 자체를 싣지 않는 것이 원칙이었다면 윤씨가 지은 한글 가사 「명도자탄사」도 한문으로 번역해야 했을 텐데 이 작품은 그대로 한글로 실려 있다는 점도 의문을 더하게 만든다.

사실 정확한 이유는 알 수 없다. 그러나 거칠게나마 추정을 해보자면 「명도자탄사」의 내용과 유서 내용의 차이가 혹시 그런 결과를 만든 것은 아닐까. 「명도자탄사」의 시작 부분을 보기로 하자.

때는 신유년(1801)이요 계절은 삼월이구나

태양이 유정하니 곳곳마다 봄 소식이로다

세월이 어린 곳에 두견화 만발하니

천 봉우리 만 그루 나무에 가지마다 향기로다 (중략)

섬돌 앞에 혼자 서서 평생을 돌아보니

내 집에 남편 잃은 재앙은 참혹하기도 하구나

우연히 병이 깊이 들어 일 년을 고생하더니

---

24 김정경은 윤씨 유서가 한문으로 번역되어 있다는 점을 의식하면서 이렇게 언급하고 있다. "남원 윤씨의 유서를 한문으로 옮길 때 남성의 시각에서 여성의 목소리가 손질되었을 가능성을 배제하지 않을 수는 없지만 지금 남아 있는 유서가 남성에 의해 번역된 것뿐이기에 이런 한계에도 불구하고 이를 연구 대상으로 삼지 않을 수 없다." 김정경, 위 논문, 15쪽.

원인이 이미 깊고 증세가 가볍지 않구나

편작 같은 명의가 세상에 없으니 화타 같은 명의가 있겠느냐

내 정성이 부족하여 하늘과 귀신을 감동치 못하였네

원수로다 원수로다 이 달과 이날이 원수로다

이 몸이 섬긴 하늘 이날에 무너지니

애닯도다 이내 목숨

칼이 없어 못 죽는가 끈이 없어 못 죽는가

위에서 볼 수 있는 것처럼 4·4조의 운율을 기본으로 하는 가사 형태의 「명도자탄사」는 기본적으로 서정시로서의 장르적 성격을 갖고 있다. 이는 구체적인 상황이나 이야기를 전달해 주기보다는 오로지 정서적인 상태의 표현, 즉 슬픔과 비통함이라는 감정의 표현에만 집중하는 성격을 갖고 있는 것이다.

이에 비해 윤씨의 유서들은 자기 생애에서의 중요한 인물과 서사적 재현에 '여성들', 동서와 유모, 여종과 같은 이들을 불러내고 그들과의 관계와 이야기를 전면에 드러내고 있다. 또한 유교적인 여성 규범인 조용히 따르는 '종용함과 순응'의 태도와는 반대로 오히려 금이의 면천과 점열 모녀의 이주에 대해 적극적으로 자기 주장을 내세우고 그것을 반드시 관철시키고자 하는 의지를 전달하고 있다.

이런 윤씨 유서의 내용은 남성 중심의 유교 질서에서 받아들이기에 사실 난감한 것이었을 수 있다. 임금과 신하의 군신 관계, 아버지와 아들의 부자 관계, 남성 간의 붕우 관계와 같이 전통적인 유교 사회에서 사회적으로 중요하고 의미 있는 관계는 남성들끼리의

것이었기 때문이다. 여성이 맺고 있는 관계에서도 사회적으로 의미가 있다고 인정될 만한 것은 '삼종', 즉 '남편, 아들, 아버지'와 같은 가부장 남성과의 관계일 때뿐이었다. 여성들 간의 관계는 보통 처첩 간이나 고부간처럼 부정적이거나 적대적인 것으로 상정되었으며, 그 외의 관계가 사회적인 맥락에서 조명되는 경우는 극히 드물었다.

그런 조선 사회에서 윤씨의 유서는 상층 양반 여성이 응당 생전에 가졌을 것이라고 기대되는 관계성을 거의 보여 주지 않았다. 아버지 앞으로 남긴 유서에서 불효함을 사죄하고 남동생에게 가문의 부흥을 다짐하는 말을 보이기는 했지만, 정작 남편의 존재는 아예 거의 언급되지 않고 동서와의 우애, 하층 여성들인 유모·여종과의 긴밀했던 유대 관계만이 부각되고 있다는 것은 곤혹스러운 일이었을 것이다. 그것은 유교 사회에서 이름 붙일 수 없는 관계, 사회적으로 포착되지도 않고 의미화되지도 않는 관계였기 때문이다.

더욱이 윤씨는 유서에서 남편을 따라 죽는 열녀다운 모습, '종용'한 모습을 체현한 듯하지만, 모든 유서에서 여종 모녀의 면천에 대해 자신의 의견을 따라 달라는 강한 주장을 내세우고 있었다. 이런 윤씨의 태도와 유서의 내용이 가문에서의 공적 기록을 남기고자 했을 때 적나라한 '한글 유서'의 상태로 전하기에 다소 껄끄럽게 받아들여졌던 것은 아닐까. 남성의 표기 체계인 한문으로 옮겼을 때 그것을 읽을 줄 아는 남성들의 눈에는 여성들 간의 우정과 의리라는 의미 자체가 보이지 않게 되는 효과, 여성들에게는 표기 체계의 장벽으로 인해 의미가 보이지 않게 되는 효과를 의도했으리라는 것은 다소 과한 해석일까.

한글 원본이 없는 윤씨의 한역된 유서 아홉 통. 이 자료는 고독하게 살았으나 주변의 여성들과 의외의 우정을 쌓으며 살아갔던 한 양반 여성의 생애를 보여 준다. 자신의 시신이 정결한 모습으로 발견되지 못할 것을 거듭 염려하고, 자기 장례비용은 자신의 전답으로 해결해 친정에 부담을 지우지 말 것을 신신당부하던 윤씨의 모습은 그가 얼마나 단정하고 염결한 성품의 인물이었는지를 잘 보여 준다. 처분할 물품 목록을 전하던 끝에도 문득 생각난 듯 '이것은 형님이 쓰시라', '신발 한 켤레는 두덕에게 주라'면서 사람을 챙기던 모습은 또한 그가 얼마나 인정이 많고 따뜻한 성품의 인물이었는지를 잘 보여 준다.

원본이 없기 때문에 원래 한글로 쓰였을 윤씨 유서의 언어가 정확히 어떤 감정을 표현하고 있었을지, 그 맥락과 진정한 의미는 무엇이었을지 완전하게 읽어 낼 수는 없을 것이다. 그러나 한역된 원문과 그것의 현대역이라는 이중 번역을 통해서 희미하게 읽어 낼 수 있는 윤씨의 삶은 남편을 따라 죽은 '열녀'라는 납작한 기호로는 도저히 설명할 수 없는 삶의 이면의 진실, 여자들의 관계의 진정성을 깊은 울림으로 전해 주고 있다.

참고문헌

길진숙, 「〈명도자탄사〉의 내면의식과 자탄적 술회」, 『한국말글학』 18, 한국말글학회, 2001.

김경미, 「열녀전을 통해 본 전통 부부윤리의 문제」, 『동양한문학연구』 16, 동양한문학회, 2002.

_____, 『가(家)와 여성』, 도서출판 여이연, 2012.

김정경, 「조선 후기 열녀의 순절의 의미화 방식 연구: 재녕 이씨, 남원 윤씨, 서녕 유씨, 서흥 김씨 유서를 중심으로」, 『국제어문』 55, 국제어문학회, 2011.

박경주, 「18세기 절명가사에 나타난 사대부가 여성의 순절의식 연구: 〈절명사〉와 〈명도자탄사〉를 중심으로」, 『국어국문학』 128, 국어국문학회, 2001.

이상보, 「〈명도자탄사〉 소고」, 『명지어문학』 8, 명지어문학회, 1976.2.

이홍식, 「조선후기 사대부 여성의 유서 창작 양상 연구」, 『한국고전여성문학연구』 29, 한국고전여성문학회, 2014.

진동혁, 「공인 남원윤씨의 명도자탄사 연구」, 『논문집』 19, 단국대학교출판부, 1985.

홍인숙, 「열녀 유서에 나타난 감정 규범과 감정 통제의 기제: 신씨부 유서에 나타난 순응과 위반의 감정 언어를 중심으로」, 『한국고전여성문학연구』 39, 한국고전여성문학회, 2019.

홍학희, 김기림 외 역주, 『19·20세기 여성생활사 자료집』 1~9권, 보고사, 2013.

황수연, 이경하 외 역주, 『18세기 여성생활사 자료집』 1~8권, 보고사, 2010.

황재문, 「〈종용록〉에 나타난 열녀 인식」, 『규장각』 22, 규장각한국학연구원, 1999.

『순조실록』, 한국고전종합DB.

2장

나는 내가 누구인지
말할 수 있을 때 내가 된다:

혜경궁 홍씨의 『한중록』을
중심으로

/ 김정경

1. 살아남은 자의 슬픔

『한중록』은 사도세자의 아내이자 정조의 어머니 혜경궁 홍씨 (1735~1815)가 자신이 보고, 듣고, 겪은 일들을 1795년부터 1806 년까지 약 10년에 걸쳐 쓴 글이다.[1] 『한중록』이라는 하나의 제목으로 불리기는 하지만, 실제로 이 작품은 단일한 한 권의 책이 아니라, 1795년에 쓴 「나의 일생」, 1805년의 「사도세자」, 1802년과 1806 년의 「친정신원」을 묶은 것이다.[2] 원본이 아직 발견되지 않아 『한중록』이라는 제목 역시 확실하지 않으며, '閒中錄' '閒中漫錄' '泣血錄', '한듕록', '한중록', '한듕만록', '혜경궁읍혈록', '읍혈록' 등 여러 이름의 이본 21종만이 남아 그 관심과 인기를 짐작하게 한다.

조선시대 사대부가에서는 죽은 남편을 따라 생을 마감하는 것이 아내의 도리라는 인식이 일반적이었기에, 어린 아들을 위한 일이었다고는 해도 혜경궁 홍씨가 삶을 선택하기란 결코 쉬운 일이 아니었다. 조선시대에 죽은 남편을 따르지 않은 여성들의 여생을 훔친 삶이라는 뜻의 '투생'이라고 부른 데서 알 수 있는 것처럼, 어떤 이유에서든 남은 여성들은 죄책감에서 벗어날 길이 없었으며, 이 같은 상황은 혜경궁의 경우에도 마찬가지였다. 『한중록』을 남

● 이 글은 「『한중록』「其一」의 주체 형성 과정 연구」, 『인문학 연구』 38, 인천대학교 인문학연구소, 2022를 수정 보완한 것입니다.

1 연구자들은 이 책을 其1, 2, 3, 4로 나누는데, 정병설은 이 가운데 기2와 기3을 하나로 본다. 혜경궁 홍씨, 『한중록』, 정병설 옮김, 문학동네, 2010, 443~445쪽.

2 각각의 제목은 핵심 내용을 토대로 정병설이 붙인 것이다.

편에 대한 미안함과 죄스러움의 고백인 동시에 살아남은 이유에 대한 변명으로 보는 까닭이 여기에 있다. 그녀는 왕이 될 아들의 적극적인 조력자로서 그리고 남편의 죽음에 관한 진실을 알고 있는 유일한 목격자로서 따라서 친정의 무죄를 입증할 타당한 증인으로서 자신의 삶과 기록을 정당화해야만 했던 것이다.

그러나 10여 년에 걸친 반복되는 글쓰기의 목적이 알려진 것처럼 열녀가 되지 못한 자신의 기구한 운명을 하소연하고, 친정 가문의 억울함을 토로하는 데에만 있었을까. 이 글은 그녀의 죄책감과 친정 가문에 대한 변명 이면에 그녀가 진정으로 하고 싶은 또 다른 이야기가 숨어 있을지 모른다는 의구심에서 출발한다.『한중록』은 당대에도 수십 편의 이본으로 재해석되었으며, 현재에도 끊임없이 다양한 장르와 매체에서 새롭게 태어나는 중이다.『한중록』이 과거에는 물론이고 우리 시대에도 계속해서 소환되는 것은 여전히 이 작품 안에 우리가 찾아야 하고 찾기를 원하는 진실이 감춰져 있기 때문은 아닐까. 이 글은 사도세자의 죽음에 얽힌 진실을 규명하기보다는, 사도세자의 죽음을 기록함으로써 혜경궁 홍씨가 진정으로 말하고 싶었던 것에 귀 기울이려는 시도이다. 필자는『한중록』을 통해 임오화변이라는 역사적 사건과 영조와 사도의 비극적 부자 관계가 아니라, 10년에 걸쳐 무언가를 말하려고 했던 혜경궁 홍씨라는 여성 작가의 곁에 다가서고자 한다.

이를 위해 이 글에서는 다양한 형태로 전해지는『한중록』가운데 버클리 대학 동아시아 도서관에 소장된 한글본『보장』을 정병설이 옮긴『한중록』의 제2부「나의 일생」(1795)을 중심으로 혜경궁이 쓴 삶의 기록을 들여다본다.「나의 일생」은『한중록』가운데 자서전적 성격이 가장 강한 글이므로, 혜경궁에 대한 가장 많은 이야기를 들려줄 것으로 기대되는데, 아버지 홍봉한과 영조 그리고 어머니 이씨 부인과 선희궁에 대한 서술에서 혜경궁이 생각하는 이들의 자신에 대한 바람과 그에 대한 혜경궁의 인식 또는 태도를 읽어 낼 수 있으리라 본다. 이 과정을 통해 타인이 자신을 바라보는 시선을 서술하는 과정에서 글쓴이가 자신을 어떻게 이해하고 있는지를 찾아내는 것이 이 글의 궁극적인 목표이다.

2. 사대부가의 여성 혹은 특별한 운명의 담지자

「나의 일생」은 혜경궁이 조카 수영의 부탁으로 1795년(정조19년) 회갑이 지난 후 자신의 일생을 회고하며 쓴 글이다. 이 글은 집필 계기를 밝힌 서두와 회고에 해당하는 본문, 그리고 혜경궁 주변 인물에 대한 기록까지 크게 세 부분으로 나눌 수 있는데,[3] 이 중 가장 많은 내용을 차지하는 본문은 다시 혜경궁이 사가私家에서 생활하던 어린 시절과 입궐 후의 이야기로 구분해 볼 수 있다. 이 장에서는 혜경궁의 어린 시절에 관한 기록 가운데, 가장 많이 언급되는 인

---

3 정병설 주석의 『원본 한중록』은 이 가운데 앞의 두 부분에는 '집필 동기', '나의 일생'이라는 제목을 붙였으며, 인물 소개 부분에는 '오빠 홍낙인', '세 남동생', '여동생', '이복일의 처' 등과 같이 인물을 알기 쉽게 설명하는 이름이나 관계를 제목으로 붙여 이해를 도왔다.

물인 아버지 홍봉한과 어머니 이씨 부인에 관한 서술을 중심으로 혜경궁의 자기에 대한 이해를 살펴보려고 한다.

혜경궁을 대하는 아버지 홍봉한의 태도에서 보이는 가장 큰 특징은 그녀를 출가외인으로 대한다는 점이다. 혜경궁의 기록에서 아버지는 그녀를 '딸'로서 귀하게 여기고 사랑하지만 어디까지나 자신과는 다른 곳에 속한 존재로 인식하고 있음이 잘 드러난다.[4] 혜경궁이 세자빈이 된 후 친정과 주고받은 편지를 반드시 세초하라고 당부하며, 바깥과 궁중의 구분이 엄격해야 한다고 강조한 사실은 딸에 대한 그의 이 같은 입장을 잘 보여 준다고 할 수 있을 것이다.[5] 어머니 이씨 부인의 태도에서도 그녀가 딸을 철저히 출가외인으로 대하고 있음이 잘 나타난다. 어머니는 궁궐로 들어가는 혜경궁이 자신과 작별하며 눈물을 보이자, 부모가 그립거든 울지 말고 차라리 효도할 생각을 하라며 꾸짖는데, 이제부터는 자신들이 아니라 궁궐의 시어른들을 부모로 모시고 그분들에게 정성을 다하라는 것이다. 이처럼 혜경궁의 친정 부모는 딸을 사랑하는 마음과는 별개로 시집간 딸을 더 이상 자신들에게 속한 존재로 생각하지 않는다.

혼인을 통해 남편의 가문에 속하게 된 여성이라는 점에서 혜경

---

4 실제로 홍 씨는 여동생이 태어났을 때를 서술하는 부분에서 "사룸이 싱즈ㅎ믈 깃거ㅎ되, 우리 집 졍니는 싱녀ㅎ믈 요힝이 너기니"(혜경궁 홍씨, 『원본 한중록』, 251쪽)라며, 여동생이 태어난 것을 부모들이 매우 다행히 여겼다고 서술하고 있다.

5 "외간 셔ᄉ가 궁듕의 드러가 홀일 거시 아니오, 문후ㅎ 외의 ᄉ연 만키 공경ㅎ는 도리의 엇더ㅎ니, 됴셕의 봉셔를 ㅎ거든 집 소식만 알고 됴희의 뻐 보ᄂ라", 같은 책, 151쪽.

궁과 어머니 이씨 부인의 처지가 비슷하다고 볼 수도 있을 테지만, 이어지는 글에서는 어머니와 딸이 각각 서로의 다름을 명확히 인지하고 있음을 알 수 있다. 다만 이씨 부인은 딸이 왕실과의 혼인으로 자신과 다른 신분이 되었다고 여기는 반면, 혜경궁은 자신의 남다른 운명과 자질이 전형적인 양반 가문 여성의 삶으로부터 자신을 떼어놓았다고 생각한다.

혜경궁은 사대부가 여성의 태도와 역할, 즉 며느리이자 아내, 그리고 어머니로서의 훌륭한 모습을 중심으로 이씨 부인에 관한 기억을 서술한다. 어머니는 제사와 시부모 봉양, 그리고 길쌈과 침선을 하느라 밤을 새우는 일이 허다했으며, 그러는 중에도 머리를 얹고 삼작저고리를 갖추어 입는 등 여성으로서의 몸가짐에 소홀함이 없었다. 이씨 부인은 조선시대 사대부가 여성들의 모범적인 삶을 적은 행장이나 규훈서에서 흔히 볼 수 있는 여성의 모습으로 묘사된다.

한편, 이씨 부인은 자신이 갖지 못했던 자격을 갖춘 여성으로 딸을 이해한다. 이씨 부인의 삶은 반가의 어떤 여성보다도 훌륭했지만, 그 훌륭함이 큰댁 사당에 절을 할 수 있는 자격을 주지는 못했다. 그러나 혜경궁은 입궐하기 전 종가의 사당에 인사를 올린다. 그리고 이를 본 이씨 부인은 딸에게 자신은 시집온 후 여자의 몸이라 큰댁 사당에 올라 절하지 못했는데, 딸 덕택에 사당을 가까이 볼 수 있었다고 말한다.

종가에는 당숙모 혼자 계신지라, 당숙모께서 날 반기시고 사당에 올라가, 조상의 신위를 보고 절하게 하니라. 원래 우리 집이 정명공주의 후손이라, 그 사당이 공주를 모신 사당이라서 후손이라도 감히 사당에 올라 절하지 못하고 다 뜰에서 절하였는데, 나는 이미 왕가의 몸이라 특별히 사당에 올라 절하니 마음이 찡하더라. 육촌들과 서로 슬퍼하며 떠나니라, 어머니께서 시집오신 후 여자의 몸이라 큰댁 사당에 올라 절하지 못하셨는데, 나로 인하여 사당을 가까이 보았노라 말씀하시더라.[6]

어머니는 딸인 혜경궁이 세자빈이 되어 자신은 여성이기에 할 수 없었던 일들, 즉 남성에게만 허용되던 것들을 할 수 있는 여성이 된 현실을 목도한다. 어머니의 이 같은 말은 반가의 여성과 왕실의 여성이라는 차이가 두 사람이 할 수 있는 행동의 범위를 결정하며, 같은 여성이라도 어느 집안의 며느리가 되느냐가 이후의 삶을 결정한다는 당대의 인식을 반영한다.

이처럼 홍봉한과 이씨 부인은 기본적으로 남/녀의 대립을 혜경궁의 정체성을 이해하는 핵심 구조로 보고 있다. 이들에게는 혜경궁이 여성이라는 것이 매우 중요한 자질이며, 특히 이씨 부인의 위와 같은 언술에서는 혜경궁이 여성이기 때문에 출가외인이 되어 왕실의 일원이라는 자격을 얻을 수 있고, 여성이기 때문에 남성들만이 할 수 있었던 일을 하게 된 것이 특별하다는 사실이 잘 드러난다. 여성이라는 자질이 유표적이지 않았다면 사당에 절을 한 행위 자체가 큰 의미를 갖는 것이 아니므로, 이런 일화는 이씨 부인 그리고 혜경궁에게 여성이라는 특질이 정체성을 구성하는 데 핵심적이

---

6 혜경궁 홍씨, 『한중록』, 175~176쪽.

라는 사실을 말해 준다.

주목할 것은 혜경궁은 왕실과 혼인을 하여 어머니와 다른 지위를 갖게 된 원인을 여성이라는 사실보다는 개별적인 존재로서의 자기 자신에게서 찾고 있다는 점이다. 혜경궁은 자신이 어느 집안과 결혼했느냐를 자신의 가치를 결정하는 절대적인 요인으로 보지 않는다. 그녀는 친정 가문과 시가의 사회적 위상 외에 자신의 삶을 결정하는 또 다른 작인이 있다고 여긴다. 이와 관련하여 사가에서 지내던 시절의 기록에 혜경궁의 남다름과 특별함에 대한 언급이 많다는 사실이 흥미롭다. 혜경궁은 여성이기에 남성인 아버지와 임금의 뜻에 따라 세자와 혼례를 올리고 왕실의 일원이 될 수 있었다. 하지만 어린 시절의 에피소드에서 가족들이 혜경궁에 대해 했던 언급을 상세히 기록한 것을 보면, 그녀는 자신이 남다른 특별한 자질을 가지고 태어났기에 세자빈이 될 수 있었다고 믿는다는 사실을 알 수 있다. 혜경궁은 스스로가 어떠한 집안 혹은 집단에 속해서 어머니와 다른 특별한 존재가 되었다기보다는 스스로 타고난 운명 때문에 남다른 존재가 되었다고 생각한다.

내 태어난 지 오래지 않아 할아버지께서 친히 와 보시고, 보통 아이들과 다르다 하시어 특별히 사랑하시니라.

삼칠일 후 집으로 들어오니 증조모께서 보고 귀중히 여기시며,

"이 아이는 다른 아이와 같지 않으니 잘 기르라"

하시고, 유모를 각별히 잘 택하리라 하시며 정하여 보내신 유모가 바로 우리 집 '아지'라 하니라. 할아버지께서 날 각별히 사랑하시어 내 할아버지 무릎을 떠날 때가 드물었느니라. 또 매양 할아버지께서 놀리시기를

"이 아이가 작은 어른이니 결혼을 일찍이 하리라"

하시니, 그때 어려서 들었던 일을 궁궐에 들어온 후 생각하니, 내 평생에 겪은 일이 비록 즐거 한 일이 아니로되, 두 분께서 그리하신 것이 무슨 선견지명이 계셨던지, 괴이한 일인 듯 매양 생각이 나더라.[7]

혜경궁은 가족들의 입을 빌려 자신이 보통의 아이들과 달랐음을 강조한다. 그녀의 특별함은 증조할머니, 할아버지, 아버지 등이 언급했는데, 특히 증조할머니나 할아버지는 그녀가 다른 아이와 같지 않다는 점, 따라서 각별히 대해야 한다는 점을 태어난 지 오래지 않아서부터 말씀하셨다. 어른들은 그녀에 대해 "작은 어른이니 결혼을 일찍이 하리라"라고 말하기도 했는데, 혜경궁은 증조할머니와 할아버지가 후에 자신이 궁궐에 들어갈 것을 미리 알고 그리 이야기했던 것 같다고 쓰고 있다.

별궁에 갖다 둔 병풍 세간 장식 중에 가지 모양의 왜진주 하나가 있었는데, 선희궁께서 주신 것이라. 원래 우리 집에 시집오신 선조 임금의 따님 정명공주께서 가지신 것으로, 공주께서 그 따님을 주셨는데, 그 집에서 팔았던지, 선희궁께서 당신 모신 궁인의 집을 통하여 사서 주시니라. 내 정명공주의 자손으로 궁궐에 들어와, 내 집의 옛 물건을 도로 가지니 우연치 않은 일이라.

조부께서 서화붙이를 사랑하셨는데, 그 가운데 네 폭 수병풍이 있더라.

---

7 같은 책, 161~162쪽.

1740년 돌아가신 다음 모셨던 하인이 가져가 팔았는데, 공교롭게도 선희궁께서 내인의 친척을 통해 사시어, 내 잠자는 침실에 치도록 보내시니라. 그것을 막내고모께서 알아보시고, 조부께 있던 것이 궁궐로 흘러가 그 손녀에게 다시 들어온 것이 희한한 일이라 하시며 찬탄하시더라. 또 선희궁에서 팔 첩의 자수 용 병풍을 보내어 쳤는데, 아버지께서 보시고 어머니와 두 누이님을 대하시어

"그 병풍의 용 빛깔이 1735년 빈궁 태어나기 전날 밤 꿈에서 본 것과 흡사하니, 그 용의 모습이 이와 같더라"

하시니라. 또

"그 꿈꾼 후 꿈을 믿지 않았더니, 이 병풍을 대하니 꿈속에 보았던 용과 같아 놀랍기 그지없다"

하시니[8]

위에서 인용한 부분은 혜경궁이 궁에 들어가서 선희궁에게 받은 물건이 과거 정명공주와 조부의 것임을 알고 놀란 일화와 선희궁이 준 병풍에 수놓인 용의 형상이 홍봉한이 혜경궁이 태어나기 전 꿈에서 본 것과 같다고 하며 신기해하는 내용이다. 이 일화들은 모두 혜경궁이 궁궐에 들어온 것이 단지 우연한 사건이 아니라 필연적이었음을 말해 주는 것으로, 궁궐에는 그녀가 태어나기 전부터 그녀의 자리가 마련되어 있었다는 혜경궁의 믿음을 뒷받침한다.[9] 이 특별함과 남다름은 또래의 아이들에 비해 뛰어나다는 의미

---

8 같은 책, 182쪽.

로 이해될 수도 있지만, 대체로 세자빈이 되려고, 즉 사가의 일반인이 아닌 왕실의 사람이 될 운명이었기에 이런 특질을 지녔던 것으로 이해된다. 이렇게 보면 혜경궁이 왕실의 일원이 된 것은, 그녀의 노력에 의한 것이라거나, 그녀가 속해 있는 집단의 사회적 성격 때문이 아니라 그녀 개인의 운명 때문이라고 할 수 있을 것이다.

아버지와 어머니는, 여성으로서 가지는 자질 그리고 궁궐의 여성으로서 갖게 된 속성을 통해 혜경궁을 이해한다.[10] 하지만 혜경궁은 왕실의 여성 혹은 아버지의 딸이라는 사회적 지위만으로 스스로를 이해하려 하지 않는다. 혜경궁에게는 자신의 개인적인 특별함이 자기 이해에 매우 핵심적인 역할을 하고 있다. 혜경궁은 여성이기에 출가외인이 되어야 하고, 왕실의 여성이기에 양반가의 부인이 할 수 없는 행위를 할 수 있었던 것이지만, 한편으로는 다른 누구도 아닌 자신이었기에 이런 일들을 할 수 있었다고 여긴다. 이

---

9 임희진 역시 태몽 부분을 언급하며 혜경궁 홍씨가 "자기 자신이 평범한 사람과는 다름을 기록함으로써 특별한 존재로서, 왕가의 식구가 될 수밖에 없는 운명으로 태어났음을 인식하고 있다"라고 하면서, 홍씨가 "정명공주의 후손으로서의 자부심" "왕가의 핏줄이라는 인식"을 지녔음을 강조한다. 임희진, 「『한중록』의 서사 형식과 작가의식: 「其一」의 자서전의 성격을 중심으로」, 한양대학교 대학원 석사학위논문, 2014, 24~25쪽.

10 홍봉한과 이씨 부인 그리고 영조의 혜경궁에 대한 이해와 태도를 다룬 부분에서 이 인물들에 의해 행해진 혜경궁에 대한 판단이나 언급은 어디까지나 서술자인 혜경궁이 이 글을 쓰는 과정에서 중요하다고 생각하여 취사선택한 것으로, 혜경궁의 시각에서 재구성된 것이다. 가령 홍봉한과 이씨 부인이 혜경궁을 여성으로서 가지는 자질을 통해 이해한다는 본고의 서술은 혜경궁의 판단에 따른 것이지 실제로 이들 부부의 생각이 그러하다는 것과는 거리가 있다. 즉, 우리는 혜경궁 부모의 그녀에 대한 생각과 태도가 서술된 부분을 통해 개인적인 특별함이라는 혜경궁의 자기 이해를 보다 명료하게 알 수 있다.

처럼 어린 시절에 관한 기록에는, 홍봉한과 이씨 부인으로 대변되는 이데올로기와 규범이 혜경궁을 사회적 존재로 호명하지만, 이 부름을 부정하며 특별한 운명과 그에 걸맞은 자질을 갖춘 개별적 존재, 즉 개인으로 스스로를 인식하려 분투하는 혜경궁의 모습이 뚜렷이 담겨 있다.

일반적으로 여성이라는 것을 강조하면, 이는 한 개인의 정체성을 집단의 구성원이라는 데에서 찾는 것으로 볼 수 있다. 그러나 혜경궁의 경우 우리는 여성임을 강조하면서도, 개인의 특별함을 더하여 그녀의 자질을 주어진 것이면서 개인적인 것[11]으로 이해할 수 있다. 혜경궁의 남다름은 그녀만의 고유한 내적 특질인 동시에 여성이라는 집단적 정체성과 결합하여 그녀의 특별함을 더욱 두드러지게 만든다는 것이다.

3. 사적인 관계와 공적인 지위

혜경궁이 궁에 들어온 다음 가장 중요하게 이야기되는 인물은 영조이다. 그녀는 남편인 경모궁과 아들인 세손보다 영조, 그리고 영조와 홍봉한의 관계에 대해 길고 자세하게 서술한다.[12] 영조는

---

11 조너선 컬러, 『문학이론』, 이은경·임옥희 옮김, 동문선, 1999, 174쪽.
12 남편인 경모궁에 대해서는 같은 책 1부 「내 남편 사도세자」에서 자세히 서술하고 있다.

간택 과정에서부터 자신이 며느리를 잘 택하였음을 여러 번 언급하며 혜경궁을 각별히 예뻐한다. 대례를 올리기 전 『소학』과 『훈서』를 보내 공부하게 하거나 친정어머니를 잃고 청선을 낳을 때 기운이 허약해진 것을 염려하여 보약을 쓰라고 하는 등의 배려는 모두 혜경궁에 대한 영조의 살뜰한 관심을 말해 준다. 영조는 폐백을 마친 후, 속옷 바람으로 남편을 보지 말 것과 수건에 연지를 묻히지 말라는 등의 경계를 하기도 했는데, 언제나 삼작저고리를 모두 갖춰 입었던 어머니를 떠올리게 하는 이 같은 가르침들은 영조와 혜경궁의 관계를 평범한 시아버지와 며느리 사이처럼 보이게 한다.

영조께서
"네 폐백까지 받았으니 훈계 한마디 하자"
하시니라.
"세자 섬길 때 부드러이 섬기고, 말소리나 얼굴빛을 가벼이 말고, 눈이 넓어 무슨 일을 보아도 그것들은 모두 궁중에서는 예삿일이니 모르는 체하고 먼저 아는 모습을 보이지 마라"
하시고,
"여편네 속옷 바람으로 남편을 뵐 것이 아니니, 세자 보는 데 옷을 함부로 헤쳐 보이지 말고, 여편네 수건에 묻은 연지가 비록 고운 연지라 해도 아름답지 않으니 묻히지 마라"
하시니라. 내 그 경계를 명심하여 받고, 속옷과 연지 일은 늘 마음에 두어 조심하니라.[13]

이처럼 영조는 며느리에게 한없이 자상했다. 하지만 영조는 며느리에게서 남편과 아들을 빼앗은 존재였다. 혜경궁이 세자빈이었음에도 중전도, 대비도 되지 못한 것은 경모궁을 죽음에 이르게 하고, 정조를 효장세자의 아들로 만든 영조 때문이었다. 영조의 은혜와 보호 덕택에 혜경궁은 목숨을 보존하고 정조는 왕위에 오를 수 있었지만, 이렇듯 자애로운 영조 때문에 혜경궁은 대비의 지위를 얻지 못했다.

누구보다 따뜻하게 혜경궁을 보살피면서도, 영조는 왜 그녀에게서 모든 것을 앗아갔을까. 혜경궁에 대한 영조의 이중적 태도를 이해하기 위해서는 홍봉한을 대하는 영조의 모습을 살펴볼 필요가 있다. 영조는 홍봉한이 언제나 자신을 도울 것이라 믿고 그를 곁에 두지만, 그런 한편으로 그가 언제든 자신에게 위협이 될 수 있다고 생각하여 그의 충심을 의심하고 때로 멀리한다. 영조가 "오늘 나라를 위하여 도울 이를 얻었다"[14]라고 할 때 홍봉한은 임금의 신하이며, 그에게 술을 따르며 "네 아비가 예를 안다"[15]라고 치하할 때 홍봉한은 며느리의 친정 아비. 영조에게 홍봉한은 때로는 위협이 될 수 있는 신하이면서 누구보다 믿을 수 있는 인척이었기에, 멀리하다가도 이내 곁으로 불러들이기를 되풀이할 수밖에 없는 존재였던 것이다.

혜경궁에 대한 영조의 이중적인 태도 또한 이런 관점에서 보면,

---

13 혜경궁 홍씨, 『한중록』, 187쪽.
14 같은 책, 170쪽.
15 같은 책, 190쪽.

좀 더 명확히 이해된다. 영조가 혜경궁을 지기구식知己舊識이라고까지 부르며 아꼈음에도 혜경궁의 모든 시련에 영조가 원인이라는 모순적 상황은 영조가 사실은 표면적으로 강조하는 것과는 다르게 그녀를 단순히 며느리로만 보고 있는 것은 아니라는 사실을 방증한다. 혜경궁의 아버지 홍봉한이 그러하듯, 영조에게는 혜경궁 역시 언제나 자신을 위협할 수 있는 신하이기도 했던 것이다.

그해 9월 영조의 탄신에, 내 자취를 움직이지 않고자 하나, 임금의 하교로 인하여 부득이 올라가니, 걸음걸음 망극하니 이를 것이 어이 있으리오. 내 남편 잃은 상제로서 머무는 집이 경춘전 남쪽 낮은 집이라. 이를 영조께서 고쳐 주시더니, 내 효성이 갸륵하다 하여 그 집 이름을 가효당이라 하고 친히 글씨를 써 현판을 해주시니라. 그때 영조께서
"네 효심을 오늘날 갚아 주노라"
하시니, 내 눈물을 드리워 받고 감당할 수 없어 불안해하더라. 아버지께서 이를 들으시고 감축하시어, 집안에서 주고받는 편지에 매양 그 당호를 쓰게 하시더라.[16]

경모궁이 죽은 뒤 며느리가 거처하는 곳에 "가효당"嘉孝堂이라는 이름을 붙이고 이것이 어디까지나 혜경궁의 "효심"을 갚아 준 것이라 강조한 것은 영조가 의도적으로 자신과 혜경궁의 관계를 '효'에만 묶어 두려 한다는 사실을 말해 준다. 폐백을 받으며 영조가 했던

---

16 같은 책, 214~215쪽.

가르침들은 모두 사가의 시아버지가 며느리에게 했을 법한 내용이었다. 처음으로 영조가 혜경궁을 꾸짖었던 일 또한 혜경궁이 평범한 여자들처럼 투기를 하지 않았기 때문이었다. 영조는 끝까지 혜경궁을 자기의 며느리로만 대하려 했다. 그러나 혜경궁은 장차 왕이 될 세손의 어미라는 자신의 역할을 절대로 잊지 않았다.

> 그날
> "세손을 경희궁으로 데려가 가르치시길 바라옵니다"
> 말씀드리니,
> "네 세손 보내고 견딜까 싶으냐"
> 하시기에, 눈물을 드리워
> "떠나 섭섭하기는 작은 일이요, 위를 모셔 배우기는 큰일이니이다"
> 하여 올려 보내나, 모자 이별하는 마음이야 오죽하리오. 세손이 어미를 차마 떠나지 못하여 올라갈 적 울고 갔으니, 내 마음이 칼로 벤 듯하나 참고 보내었더라.[17]

혜경궁은 경모궁이 죽은 뒤 가장 먼저 세손을 경희궁으로 보냈다. 남편을 잃고 누구보다 아들에게 의지했을 그녀는 살을 베는 듯한 아픔에도 불구하고 아들을 영조와 선희궁에게 보낸다. 혜경궁이 아들을 영조에게 보낸 것은 아들이 장차 왕이 되는 데 가장 필요한 것을 행한 것이다. 그녀는 아들과 함께 지내고 싶은 사사로운 마

---

17 혜경궁 홍씨, 『한중록』, 213쪽.

음보다는 장차 왕의 어미가 될 사람으로서 우선해야 할 가치 또는 의무가 있다고 믿고 그에 따라 행동한다.

1764년 2월 세손을 효장세자의 아들로 하라는 처분은 너무도 망극하여, 그때 마음은 이 년 전 그 일을 당할 때와 다름이 없더라. 내 질긴 목숨을 끊지 못하고 지탱하였다가 이런 일까지 당한 것이 한이 되나 또 능히 죽지 못하고, 선희궁이 과히 슬퍼하시니 내 도리어 선희궁을 위로 하였노라.[18]

그러나 영조는 어미의 품을 떠나 경희궁에 머무는 세손을 효장세자의 자식으로 만든다. 이로써 혜경궁은 더 이상 세자의 아내도, 세손의 어머니도 아니게 된다. 영조의 처분은 권력자로서 자신에게 위협이 될 수 있는 상대를 경계하는 것으로서, 혜경궁의 정치적 입지를 빼앗는 것이다. 영조는 혜경궁을 살려 주었지만, 죽고 싶은 상태로 살게 해주었을 뿐이다. 혜경궁은 세손의 어미로 자신을 자리매김하려 했지만 영조에게 그녀는 왕의 부인 혹은 임금의 어머니로서의 자격을 갖지 못한 존재여야 했다. 그래서인지 궁 안에서 혜경궁의 정치적 입지는 내내 그리 확고했다고 보기 어렵다. 이는 영조의 계비인 정순왕후와 혜경궁이 내린 언교의 수에서 뚜렷이 드러난다. 언교는 언서에 비해 정치적 성격을 강하게 지니는데, 정순왕후는 42건, 혜경궁은 7건의 언교를 내렸다. 이조차도 정순왕

---

18 같은 책, 215쪽.

후의 경우에는 "죄인의 처벌에 관한 기사 등 국가 정무에 대한 것"
이 많았다면, 혜경궁은 자신의 회갑연과 관련된 것으로 정치적 성
격을 지니지 않은 것이 대부분이었다. 혜경궁은 대비나 대왕대비
가 아니었기에 왕실 내에서의 정치적 위상과 권위가 이들과 달랐
던 것이다.[19] 혜경궁이 궁궐 안에서 임금의 은혜에 감사하면서도
언제나 죽고 싶어 한 것은 자신에 대한 영조의 이 같은 태도와 밀접
한 관계가 있다.[20]

이상의 내용을 통해 우리는 혜경궁이 자신을 규정하는 당대의
권력과 규범들에 어떤 태도를 보였는지 알 수 있다. 이는 물론 그녀
가 자신을 출가외인으로 여기는 친정 부모 그리고 사적 관계에만
묶어 두려는 임금에게서 벗어나 특별하고도 공적인 역할을 확보한
여성이 되기 위해 의식적으로 노력했음을 주장하는 것은 아니다.
다만 그녀의 서술 속에서 자신이 추구하는 공적 자아와 사회가 요

---

19 이남희, 「혜경궁홍씨(惠慶宮洪氏)(1735~1815)의 삶과 생활세계: 언간(諺簡)과 언교
  (諺敎)를 중심으로」, 『열린정신 인문학 연구』 37, 인문학연구소, 2020, 249쪽 참조.
20 "임오 첫녀름의 미처는 수세 더욱 망조ᄒ니 내 몸이 합연ᄒ야 아름이 업고져 시브니
  몬져 자처ᄒ고져 여러 가지로 혜아리되 ᄎᆞ마 셰손을 ᄇᆞ리디 못ᄒ야 칼과 노을 여러
  번 ᄆᆞᆫ디되 명단ᄒᆞ 쾌ᄉᆞ를 ᄒᆞ디 못ᄒ고 날을 보닐 즈음의 션친이 초슌간의 엄디롤 만
  나셔 동교로 츌외ᄒᆞ시니 더욱 아모리ᄒᆞᆯ 바롤 모르더니, 십삼일의 텬디합벽ᄒᆞ고 일월
  이 회식ᄒᆞᄂᆞᆫ 변을 만나니 ᄎᆞ마 엇디 살 ᄆᆞ움이 이시리오. 칼을 드러 명을 결ᄒᆞ려 ᄒᆞ더
  니 방인의 아ᄉᆞ믈 인ᄒᆞ야 ᄯᅳᆺ ᄀᆞ치 못 ᄒᆞ고, 도라 싱각ᄒᆞ니 십일셰 셰손의게 텹텹ᄒᆞᆫ 디
  통을 ᄭᅵ치디 못ᄒᆞ고, 내 업ᄂᆞᆫ 셩ᄎᆔᄒᆞᆯ 길히 업ᄉᆞᆯ ᄲᅮᆫ 아니라, 션군의 병환 가온되 다
  못 ᄒᆞ오신 효롤 내 일누가 이셔 셩은을 갑ᄉᆞ고 셰손을 보호ᄒᆞ고져 ᄒᆞ야, 스스로 결ᄒᆞᆯ
  의ᄉᆞ를 그치나, 내 완명의 질김과 무디ᄒᆞ믈 붓그리ᄂᆞᆫ ᄒᆡ야 미ᄉᆞ지젼의 어이 니ᄌᆞ리
  오." 혜경궁 홍씨, 『원본 한중록』, 201쪽.

구하는 사적 자아 그리고 여성이라는 보편성과 개인이라는 특수성 사이에서 갈등하는 주체의 모습을 읽어 낼 수 있음을 말하려는 것이다.

4. 투생으로서의 죽음, 투생으로서의 삶

「나의 일생」에는 자신을 향한 사회의 요구를 외면하는 혜경궁의 모습이 담겨 있다. 하지만 혜경궁의 이런 저항이 완벽하게 성공했다고 보기 힘든데, 이는 「나의 일생」 전체에 걸쳐 반복적으로 서술되는 그녀의 죄책감 때문이다. 혜경궁은 남편인 경모궁을 따라 죽지 못한 것 그리고 자신으로 인해 아버지와 형제들을 비롯한 홍씨 가문이 시련을 겪게 된 것에 커다란 죄책감을 느낀다.

이리하여 지아비를 위해 따라 죽는 열녀가 되지 못했을 뿐만 아니라, 효도에도 마음을 저버린 사람이 되니, 스스로 그림자를 보아도 낯이 뜨거우니라. 더욱이 집안이 엎어진 일을 생각하다 화가 치밀 적이면 등이 뜨거워 자지 못하고 벌떡 일어나 앉아 벽을 두드리며 잠을 이루지 못하니, 내 이렇게 지내기를 몇몇 해나 하였는지 모르니라.[21]

---

21 혜경궁 홍씨, 『한중록』, 243쪽.

경모궁이 죽은 뒤, 혜경궁은 아들을 위해 삶을 선택한다. 세자의 죽음은 세손의 지위마저 불안정하게 만들고, 혜경궁은 아들을 지켜 왕위에 오르게 하는 것이 자신의 과업이라고 생각한 것이다. 때문에 갑신 이월에 세손을 효장세자의 아들로 하는 처분에도 "능히 죽지 못하고", 마음이 끊어질 듯한 아픔에도 선희궁과 세손을 위로하며 목숨을 부지한다. 하지만 이런 혜경궁과 다르게, 선희궁은 경모궁을 따라 죽음에 이른다.

1764년 7월 경모궁의 삼년상을 마치는 제사를 지내니, 선희궁께서 아랫대궐로 오시어 경모궁의 신위를 사당에 들이는 모습을 보시고 윗대궐로 돌아가시니라. 그리고 그달 세상을 버리시니, 선희궁께서 평소 영조를 위하여 슬픈 빛을 나타내지 않으시나, 당신 설움이 마음에 병을 만들어 그 병환으로 몸을 마치시니, 내 아픔이 또 어떠하리오.[22]

선희궁이 경모궁을 공경하는 태도는 일반적인 모자 관계에서는 찾아볼 수 없는 것이었다. 그녀는 아들에게 언제나 지극한 존대를 했고, 아들은 이런 어미를 늘 두려워하고 조심했다. 선희궁은 혜경궁에게도 규훈서의 내용과 궁궐의 일들에 대해 엄격한 가르침과 교훈을 주었다.[23] 예컨대 혜경궁의 친정어머니가 세상을 떠났을 때,

---

22 같은 책, 215쪽.

23 사대부가 여성의 수신서로는 주로 『소학』과 『내훈』, 『여범』, 『내칙』, 『여사서』, 『열녀전』 등을 들 수 있다. 이 가운데 가장 기본적인 책은 『소학』이었다. 17세기 이후 사대부가 여성은 이런 수신서를 읽으면서 유교 윤리를 내면화했다. 장시광, 「조선 후기

의복을 제대로 갖추지 않았음을 꾸짖었던 것은 선희궁의 엄격함을 보여 주는 일화다. 또한 영조가 정성왕후 다음으로 정순왕후와 가례를 올리던 때에도 선희궁은 이 모든 일들에 정성을 다하며 나라를 위해 기뻐하는 모습을 보인다.[24] 이 같은 선희궁에 대한 혜경궁의 감정은 "이는 여편네가 능히 할 수 있는 일이 아니더라"라는 구절에 잘 드러난다.

혜경궁에게 선희궁은 보통의 여편네와는 다른 여성, 그러므로 친정어머니와는 다른 존재였다. 선희궁은 여성이지만 여성을 뛰어넘는 존재로서 왕실에 걸맞은 인물이며 누구보다 예에 충실하여 혜경궁의 모범이었다. 그러나 궁궐의 예법과 임금의 안위를 가장 우선시하던 선희궁은 경모궁의 입묘를 보고 난 뒤 갑작스레 세상을 떠난다.

결과만을 두고 보면 경모궁의 죽음에 선희궁과 혜경궁이 상반된 대응을 한 것 같다. 하지만 선희궁의 죽음을 단지 아들을 잃은 슬픔으로만 읽는 것은 충분하지 않아 보인다. 선희궁은 세자의 어미로서 궁궐 내에 공적인 지위와 역할이 분명한 여성이었으며, 따라서 세자가 왕이 될 때까지 그를 돕는 것이 그녀 평생의 과업이었

대하소설과 사대부가 여성 독자」, 『동양고전연구』 29, 동양고전학회, 2007, 154~155쪽.

24 "선희궁겨오셔 안식을 변치 아니ᄒ오시고 내가 근심ᄒ고 넘녀ᄒᄂ 색슬 보오시고 명성왕후 아니 겨오신 후ᄂ 이 대례ᄅᆞᆯ 힝ᄒ와 곤위ᄅᆞᆯ 뎡ᄒ옵ᄂ 거시 다힝한 일이라 ᄒᄉ쇠고, 타연이 션됴의셔 드오시니 유싁이셩으로 하례ᄒ오시고 가례ᄅᆞᆯ 출히오시기ᄅᆞᆯ 몸소 ᄒ오셔 아니 졍셩되오시미 업ᄉ오시고 궁듕 모양이 될 일을 진심으로 깃거ᄒ오시니, 셩궁을 위ᄒ오신 덕힝이 거록ᄒ오시니라." 혜경궁 홍씨, 『원본 한중록』, 196쪽.

다. 그러나 왕이 될 아들이 목숨을 잃었고, 이제 자신에게는 죽은 세자의 장례를 예법에 맞게 치르는 일만이 남았다. 자신을 공적인 영역에 머물 수 있게 해준 세자가 세상에 없으므로, 선희궁의 죽음은 세상에 존재할 이유가 없어졌다고 여긴 그녀가 자신의 공적 업무를 완수한 후, 자신의 삶을 마친 것으로 이해할 수 있다.

얼핏 이는 〈열녀전〉의 여성들이 죽은 남편의 장례를 치르고, 자신에게 남은 의무들을 모두 행한 뒤 남편을 따라 목숨을 끊는 것과 유사해 보인다. 하지만 열녀가 죽음으로써 자신의 과업을 완수한다면,[25] 선희궁의 경우에는 죽음 이전에 공적인 지위 혹은 역할이 완료된다는 점에서 차이가 있다. 선희궁의 삶과 죽음은 공적인 역할을 행함으로써 궐내에 존재하고자 했던 여성의 욕망과 깊이 관계되며, 따라서 영조와의 사적인 관계에만 만족하려 하지 않았던 혜경궁의 욕망과 동일한 맥락에 놓인다. 선희궁은 공적 역할을 다 했으므로 죽음을 택했고,[26] 혜경궁은 공적 역할이 남아 있기에 삶을 택했다는 차이가 있을 뿐이다. 즉, 선희궁의 죽음은 죽음 그 자

---

25 열녀의 경우, 죽은 남편의 장례를 정성껏 치르고 시부모들을 봉양하고 자식을 거두는 등의 희생적이고 헌신적인 행동을 보인 뒤, 목숨을 끊는데, 이 행위들은 순절을 할 수 있는 자격을 획득하기 위한 시련의 과정으로 볼 수 있다. 즉, 열녀들에게는 죽음 그 자체가 목적이다. 김정경, 「종법질서의 확산과 규율의 내면화: 한글 유서를 중심으로」, 『조선후기 여성한글산문연구』, 서강대학교출판부, 2016, 112쪽.

26 이에 대해 홍씨는 선희궁의 설움이 심중의 병이 된 것이라 이해한다. "갑신 칠월의 담계스를 디느웁고 선희궁겨오셔 느려오오셔 입묘ᄒ오시는 양을 보오시고 도라가오셔 오릭디 아니ᄒ오샤 하셰ᄒ오시니 셩궁을 위ᄒ오셔 비싥을 나타닉디 아니ᄒ오시나 당신 셜우신 거시 심듕의 질이 일우셔 그 병환이 나사 몸을 ᄆᆞ츠오시니 내 디통이 또 엇더ᄒ리오." 혜경궁 홍씨, 앞의 책, 205~206쪽.

체를 목적으로 하는 열녀의 순절보다 공적인 역할과 의무가 존재의 이유임을 보여 준다는 점에서 혜경궁의 투생偸生에 더 가깝다.

그런데 선희궁의 죽음은 그녀가 공적인 역할에 충실한 결과이지만, 그녀의 지위가 세자라는 정치적 통로가 존재할 때에만 유효하다는 한계를 보여 주는 것이기도 하다. 선희궁은 경모궁이 없다면 왕실에서 정치적 지위와 역할을 얻지 못하는 존재였다. 정조가 왕위에 오른 뒤에도 혜경궁이 과업을 성취했다는 기쁨을 누리지 못하는 이유, 세자의 조력자 역할에 충실했던 선희궁과 자신을 완전히 동일시하지 못한 이유가 여기에 있다. 혜경궁은 선희궁처럼, 세자를 통해서만 공적인 지위와 역할을 얻는 것에 만족하지 못했던 것이다.

5. 조력자에서 주인공으로

선희궁이 세상을 떠난 뒤, 궁궐의 상황은 크게 변하여 세손에 대한 위협이 점점 커지면서 홍씨 가문도 점차 위기에 놓인다. 그리하여 선희궁이 죽은 이후 혜경궁은 더욱 자주 아버지와 형제들에 대한 죄책감을 토로한다.

선희궁 돌아가신 후 궁중 인심도 달라지고, 정처도 어머니의 가르침을 받지 못해 그러한지 행동이 점점 어긋난 것이 많으니라. 나와 세손 사이를 이간하려 들기도 하고, 또 세손과 외가 사이에 험한 말을 지어내

기도 하여 일을 점점 난처하게 만드니라. 이로써 내 아니 겪은 일이 없
으니 운명을 스스로 탄식하노라.[27]

어머니가 안 계시자 화완옹주는 세손과 혜경궁 사이 그리고 세
손과 외가 사이를 이간한다. 여기에 정순왕후의 친정은 홍씨 가문
을 모함하여 홍봉한을 위기에 빠트린다.[28] 가문에 위기가 더해져
아버지 홍봉한의 거취까지 위험에 처하게 되자 혜경궁은 막내 동
생에게 편지를 하여 화완옹주의 양자 정후겸과 사귈 것을 권하는
데, 아버지를 구하기 위한 것이었다고 해도 막내 동생에게 원치 않
는 일을 하게 했다는 점에서 이 역시 그녀에게 죄책감을 더한다.[29]
궁에 들어온 후, 아버지와 남자 형제들이 척리라는 이유로 남들
처럼 가진 재능과 뜻을 온전히 펴지 못한다고 이를 늘 안타깝게 여
기던 혜경궁은[30] 이렇듯 아버지가 화완옹주 그리고 정순왕후 측근

---

27 혜경궁 홍씨, 『한중록』, 216쪽.
28 "뎡쳐는 모자와 외가를 니간하고, 귀듀의 당은 저희 집이 우리 집만 못한가 쎠려 해하
기를 도모하니, 내 집의 위티하기 묘모의 이시나" 같은 책, 209쪽; "인셰예 사라 묘하
미 업고 졈졈 위황하니 내 집을 위한 근심이 쏘 쓸는 둣하니 슉소의 마음을 노치 못할
다라." 혜경궁 홍씨, 『원본 한중록』, 211쪽.
29 "녯사름은 위친하야 죽는 효자도 이시니 즉금 경식이 친을 위하야 죽어 폭빅하여야
올흐디 그리 못 하는 지경은 후겸이와 사괴여 문호의 화를 구하는 거시 올흐니라" 같
은 책, 212쪽.
30 "션친이 귀히 되신 후로 블초한 내 몸으로 근신하시믈 다 펴지 못하오시니, 일마다 내
잇는 연괴니 어느 일이 괴롭지 아니리오." 같은 책, 164쪽; "션친이 대과하오신 후 옥
당을 수양하오시고 요딕 문임은 죄 닙수오시믈 흐하야 아니 드니오시니 션친 가지오
신 지학을 펴지 못하오시니 이 쏘한 닉 연괴니 마양 불안하더라." 같은 책, 185쪽.

들에 의해 위험에 처하자 더 커다란 마음의 짐을 지게 된다. 게다가 자신은 물론이고 친정 식구들 모두 세손이 왕위에 오르는 것을 보기 위해 목숨을 아끼지 않았는데, 그렇게 지켜 온 세손이 왕이 되었음에도 가문의 위기가 없어지기는커녕 더욱 심해지자 "죽어 보지 말고자"하는 생각뿐이다.

영조께서 돌아가시고 간신히 기른 세손이 왕위에 오르시는 모습을 보니 어미의 마음으로 어찌 귀하고 기쁘지 않으리오. 하지만 지극한 아픔은 마음에 있고 집안의 화색은 천만 가지로 박두하니, 내 가슴을 어루만져 애통하며 죽어 보지 말고자 하니라. 그러나 정조를 버리지 못하니, 영조 임금과의 사사로운 정도 지극하지만 새 임금 위하는 것 또한 대의니, 아픔을 서리서리 담고 사니라. 그러다 1776년 7월 작은 아버지께서 사사되심을 보니, 우리 집안이 망한지라. 내 지위에 이 어찌 된 일인고.[31]

만약 세손의 어미라는 자리에 자신을 자리매김하고 그 역할에 충실하여 세손이 임금의 자리에 오르는 것을 보는 것이 혜경궁이 경모궁을 따르지 않고 살아남은 이유였다면, 정조가 임금이 된 이후 그녀의 삶은 평안해야만 한다. 하지만 정조가 임금이 되고 나서도 그녀의 갈등과 죄책감은 줄어들지 않는다. 정조가 왕위에 올랐지만, 작은아버지는 사사되었고, 이후에도 친정 가문에 대한 모함

---

31 혜경궁 홍씨, 『한중록』, 237쪽.

은 계속되었다. 이에 혜경궁은 아버지의 억울함을 드러내기 위해 죽고자 했으며, 영조의 발인이 끝난 뒤에는 아버지와 사생을 같이 하려 칩거했다. 이처럼 혜경궁이 친정 식구들의 시련에 스스로 목숨까지 끊으려 한 것을 보면, 그녀가 친정 가문을 자기 정체성의 근간으로 삼고 있으며,[32] 좀 더 구체적으로는 자신을 아버지, 그리고 오빠의 대리인으로 여기고 있다고도 할 수 있다. 그리고 이런 관점에서는 가문이 겪는 시련이 모두 해결되어야만 그녀의 죄책감이 사라질 것으로 예상할 수 있다.

그러나 뜻밖에도 혜경궁이 가진 가문에 대한 죄책감은 그녀가 자신의 운명에 대해 갖게 된 확신으로 면죄부를 얻는다. 혜경궁이 자신의 삶을 최초로 긍정한 순간, 다시 말해 자신이 죽지 않고 살아남은 이유를 깨닫는 순간은 순조가 태어난 바로 그때, 자신의 생일이다. 혜경궁은 아들이 임금이 되는 것을 보기 위해서, 또는 홍씨 가문의 억울함을 풀기 위해서 모진 목숨을 이어간 것 같지만, 정조가 왕위에 올랐음에도 시련에서 벗어나지 못한다. 그리고 홍씨 가문의 누명이 모두 풀리지 않았음에도 순조가 태어난 순간 죄책감에서 벗어나 자신의 생을 긍정한다. 이렇듯 혜경궁이 예상과는 다르게 자신의 삶에 만족하는 계기는 정조의 등극도 친정 식구들의 복권도 아닌 순조의 탄생으로 마련된다. 순조가 자신과 같은 날 태

---

32 최기숙, 앞의 논문, 125, 131쪽; 임희진 역시 홍씨에게 친정은 자기 자신이자, 자신을 표현할 수 있는 모든 것이며 자부심의 근간이라 할 수 있다고 본다. 임희진, 앞의 논문, 28쪽.

어났음을 알고, 자신에게 벌어진 모든 일들이 선택의 문제가 아니라 이미 정해진 운명이었음을 깨닫게 되면서, 혜경궁은 지금껏 경모궁의 죽음과 가문의 위기에 대해 지녔던 죄책감에서 벗어난다.

내가 생일이 되면 날 낳으시느라 애쓰신 부모님을 추모할 뿐 아니라, 이내 몸이 세상에 나와 집안을 위태롭게 한 무궁한 불효를 슬퍼하였더라. 임금의 효성으로 이 슬픔은 참고 지냈지만 굳이 생일을 차리고자 하는 마음은 없더라. 그런데 생각 밖에 내 생일날 이 경사가 생기니, 저 하늘이 나를 불쌍히 여기시어 이날에 큰 경사를 주신 듯하더라. 그래서 온 나라가 이날을 귀히 여기게 하시고, 나 스스로 이날을 감히 미워하지 못하게 하신 듯하니라. 이에 나도 스스로 몸을 어루만져 하늘이 불쌍히 여기심을 알아, 이후로 죽고 싶은 마음을 그치고 살아갈 뜻을 두니라. 이로써 불효는 더욱 심하나 나라 경사를 기뻐하고 하늘이 주시는 복을 받고 천명을 기다리며 내 평생에 죽고자 하는 마음을 돌이키니라. 내 나라 경사를 즐거워하는 줄 알 것이라.[33]

혜경궁은 정조와 같은 태몽을 가졌으며, 순조와 같은 날에 태어난 여성이었다. 순조가 태어나기 전까지 그녀는 정조의 조력자이자 홍씨 가문의 대리인으로서 살아야 한다고 믿었다. 하지만 정조의 즉위가 그녀 삶의 행복한 종결이 되지는 않았으며, 홍씨 가문의 억울함이 모두 풀리지 않았음에도 그녀는 행복한 결말을 맞았다.

---

33 앞의 책, 249~250쪽.

결국 그녀의 자기 서사에서 종결[34]의 지점은 후에 왕이 될 손자가 자신과 같은 운명을 지녔다는 사실을 알게 된 순간이다. 순조와 자신의 생일이 같다는 사실을 통해 혜경궁은 하늘이 자신을 특별한 존재로 여기고 있음을 다시 한번 확인한다. 자신의 생일에 순조가 태어난 것은 하늘이 결코 자신을 남편과 함께 죽었어야 할 존재라거나 남편의 죽음과 관련된 사건의 죄인으로 여기지 않는다는 사실의 확실한 증거라는 것이다.

혜경궁의 삶을 「나의 일생」의 결말을 중심으로 돌이켜 보면, 뛰어난 인물이 될 것을 예언하는 태몽을 가지고 세상에 나와 온갖 시련을 극복하고 마침내 원하던 것을 성취한 주인공의 일대기라고 요약할 수 있을 것이다. 그리고 이런 사실에서 우리는 「나의 일생」이, 남장을 하고 과업을 수행하는 여성 주인공이 등장하는 소설의 줄거리와 비슷하다는 것을 발견할 수 있다. 혜경궁은 〈열녀전〉 속의 여성을 따르지 못해 좌절했지만, 장차 왕이 될 손자와 자신이 같은 운명을 지니고 있음을 깨닫고, 자신의 삶을 긍정하기에 이른다.

---

34 "문학에 있어 현재는 결말에 이르러 비로소 그 의미를 온전하게 드러낸다"(피터 브룩스, 『플롯 찾아 읽기』, 박혜란 옮김, 강, 2011, 156쪽). "이야기가 종결되는 순간 앞선 이야기들은 그 의미를 온전히 드러내고, 이미 이 사실을 충분히 알고 있는 우리는 이야기를 시작하는 순간부터 종결을 고려하지 않을 수 없다. 즉, 모든 서사는 종결에 대한 인식과 함께 시작된다"(김정경, 「노년기 여성 생애담의 죽음의 의미화 양상 연구: 서사구조와의 상관성을 중심으로」, 『한국고전여성문학연구』 27, 한국고전여성문학회, 2013, 285쪽). 또한 서사의 종결은 이야기의 절정이나 해결이 성취되는 결말로서, "텍스트가 독자에게 특정한 '진리'나 지식 형태를 이해하고 받아들이도록, 일정한 세계관을 타당하고 자연스러운 것으로 받아들이도록 설득하는 방식"이다. 알 웹스터, 『문학이론연구입문』, 라종혁 옮김, 동인, 1999, 97쪽.

혜경궁은 열부 혹은 자모慈母라는 세상의 부름에 답하는 대신 과업을 성취하는 여성 주인공이 등장하는 소설의 호명에 응답하는 것으로 당대의 규범적 질서가 부과한 죄책감에서 벗어난다.

물론 이는 혜경궁이 자신의 삶과 순조의 삶을 동일한 것으로 인식했다기보다는 그때까지 반복되던 호명과 그에 대한 불응이 순조의 탄생으로 더 이상 되풀이되지 않는다는 데에서 미루어 짐작할수 있는 사실이다. 시아버지와 남편은 물론이고 그녀가 지켜 내어마침내 왕위에 오르게 된 아들조차 혜경궁의 결핍을 채워 줄 수는없었다. 홍씨 가문의 번성함 또한 그녀가 궁극적으로 바라는 바는아니었다.[35] 남편과 가문에 대한 죄책감과 자기 운명에 대한 원망과 탄식은 자신의 생일에 왕이 될 손자가 태어난 순간 사라진다. 혜경궁은 자신의 운명이 장차 왕이 될 손자의 운명과 동일하며 따라서 손자의 성취가 곧 자신의 성취가 될 것임을 깨닫고 나서, 즉 자기 삶의 종결의 지점을 발견하고 나서 비로소 자기 삶을 긍정한다.

「나의 일생」에서는 혜경궁을 평범한 여성으로 대하며 사적인관계에 묶어 두려 하는 기존 질서와 이로부터 벗어나 공적인 장에서 정치적 목소리를 내고자 하는 여성의 욕망이 끊임없이 부딪친

---

35 "너히 각각 쇼과도 못 ᄒ고 폐칩ᄒ야 무용ᄒ 사름들이 되니 앗기는 인졍이 업스랴마는 나는 죠곰도 다시 내 집이 벼슬ᄒ기를 ᄇ라디 아냐, 션친의 튱셩이 나타나오시고 ᄌ손이 보젼ᄒ야 나라흘 뫼셔 태평ᄒ 일월을 누리기를 ᄇ라고, 너희 튱셩을 힘쓰고 근신 념퇴ᄒ야 급뎨를 아냐시나 착ᄒ 쳑니로 나라히 밋비 너기시믈 ᄇ라고" 홍씨는 조카 수영에게 집안의 사람들이 벼슬을 하지 않고 물러나 착한 척리로 남기를 바란다고 적고 있다. 혜경궁 홍씨, 『원본 한중록』, 239쪽.

다. 이때, 열녀의 길을 따라야 한다는 요구는 당대 사회가 여성에게 요구하는 자아 이상Ego-ideal에, 세손을 지켜야 한다는 의지는 개인이 스스로에게 바라는 이상적 자아ideal-ego에 대응한다.[36] 그리고 이런 자아 이상과 이상적 자아 사이의 갈등과 대립은 경모궁과 선희궁의 죽음을 거쳐, 순조의 태어남으로 해소된다. 그것은 이 사건이 혜경궁의 욕망이 남성이라는 우회로를 거치지 않고, 즉 자아 이상의 길을 따르기보다는 자신이 직접 남편 혹은 아들이 성취하려는 지위와 역할에 서고자 하는 것임을, 다시 말해 이상적 자아에 충실하려는 것임을 깨닫게 해주기 때문이다.

6. 여성의 독서 경험과 자기 정체성 형성

자서전을 쓰는 것은 자신의 삶을 반복하기 위해서이다. "반복은 이전 순간에 대한 회상인 동시에 변주"[37]이기 때문에, 자서전의 작

---

36 "상상적 동일시와 상징적 동일시 간의 관계(이상적 자아와 자아 이상 간의 관계)는 (미출간 강의에서의) 밀레의 구분을 빌리자면 '구성된' 동일시와 '구성하는' 동일시 간의 관계와 같다. 간단히 풀이하자면 상상적 동일시는 그렇게 되면 우리가 우리 자신에게 좋아할 만하게 보이거나 '우리가 그렇게 되고 싶은' 이미지와 동일시하는 것이고, 상징적 동일시는 우리가 관찰당하는 위치와 우리가 우리 자신을 바라보게 되는 위치와 동일시하는 것이다. 이 경우는 우리가 우리 자신에게 사랑하고 좋아할 만한 것으로 보이게 되는 위치와의 동일시이다." 슬라보예 지젝, 『이데올로기의 숭고한 대상』, 이수련 옮김, 새물결, 2013, 176쪽.

자는 자기 삶을 반복함으로써 의미를 부여하고 주도권을 획득한다. 그런데, 이런 반복이 올바른 종결을 찾기 위한 과정에서 필연적으로 발생하는 시행착오의 되풀이, 즉 언제나 종결과 깊이 관련되는 이유는, 인간이 항상 중간에 있기 때문이다. 자서전의 작자는 자기 삶에 대한 기원이나 종점에 대한 직접적인 지식이 없으므로, 경험에 의미를 부여할 종결에 상응하는 상상물을 찾는 것이다.[38]

예를 들어, 혜경궁이 영조와 정조 그리고 홍봉한이 요구하는 자아 이상을 계속해서 거부하고 선희궁이라는 이상적 자아와의 동일시에도 만족하지 못하는 것은 올바른 종결의 지점을 찾지 못한 데에서 비롯되는 반복으로 볼 수 있다. 그리고 순조와의 동일시 이후 이전의 갈등과 결핍에서 완전히 벗어나는 것은 이를 작품의 종결로 보기에 충분하다. 즉, 혜경궁이 겪은 일련의 사건들은 순조의 탄생이라는 행복한 결말을 맞음으로써 이를 위한 시련이었다는 의미를 사후적으로 획득한다.

모든 의미가 결말에 의해 좌우된다는 이 같은 관점에서[39] 「나의 일생」을 보면, 이 작품을 혜경궁이 자신을 향한 호명에 계속해서 불응하는 것을 반복하다가 새로운 부름에 응답함으로써 종결되는

---

37 혜경궁 홍씨, 『한중록』, 163쪽.
38 Frank Kermode, *The sense of an Ending: Studies in the Theory of Fiction* (New York: Oxford Univ. Press, 1967), p. 7; 피터 브룩스, 앞의 책, 157쪽 참조.
39 "순간들은 우연히 차례로 쌓이다가 멈추었다. 순간들은 이야기의 끝에서 포착되는데, 끝에 이르면 순간들은 이전의 순간들을 하나씩 하나씩 끌어들인다." Jean-Paul Sartre, *La Nausée*(Paris: Gallimard, 1947), pp. 59~60; 피터 브룩스, 앞의 책, 155쪽 참조.

이야기로 볼 수 있다. 그리고 이런 혜경궁의 자기 생애 이야기가 당시 사대부가 여성 및 왕실 여성들이 즐겨 읽었던 소설의 플롯, 즉 신이한 과정을 거쳐 태어나고, 어린 시절 시련을 겪지만, 마침내 이를 극복하여 성공하는 전형적인 영웅의 일대기와 매우 유사하다는 사실을 알게 된다.[40]

조선 후기 사대부가 여성들이 즐겨 읽었던 일군의 작품들은 내외분별의 이념에 의해 가내에 갇힌 여성들의 사회적 활약을 핵심 모티프[41]로 하는데, 「나의 일생」은 공적인 영역에 자리하려는 여성의 분투를 그린다는 점에서 이 소설들과 모티프를 공유한다. 특히 이 작품들에서 여성 주인공들의 신이한 태몽이 그들의 범상치 않은 능력과 위기의 성공적인 해결을 암시하는 것과 마찬가지로,[42] 텍스트에 서술된 혜경궁의 태몽은 그녀의 특별함의 근거라 할 수 있다. 물론 시작-태몽-의 의미는 과업의 성취 혹은 결핍의 해소에 의해 유의미한 방식으로 결정되기 때문에 혜경궁의 태몽은 텍스트의 서사적 종결 지점에 이르러서야 그 의미가 분명해진다. 순조의

---

40 1890년 이전에 태어난 여성들 가운데, 한글을 읽을 줄 아는 여성은 6%에 불과했으니 전체 인구 중에 독서 가능한 여성 인구는 3%가 채 되지 않는다. 그리고 이들 대부분은 사대부 여성일 것이다. 류준경, 「영웅소설의 장르관습과 여성영웅소설」, 『고소설연구』 12, 한국고소설학회, 2001, 13쪽.

41 정병설, 「여성영웅소설의 전개와 〈傳張兩門錄〉」, 『고전문학연구』 19, 한국고전문학회, 2001, 211쪽.

42 "〈홍계월전〉에서는 양부인이, 세존의 지시로 왔다는 선녀를 보는 태몽을 꾸고 홍계월을 낳는다. 또 〈옥주호연〉에서는 부친 유원경이 부처로부터 세 개 구슬을 받는 꿈을 꾸고 세 딸을 낳는다." 최윤희, 「〈남정팔난기〉의 여성 영웅과 영웅성 발현 양상」, 『한국고전여성문학연구』 7, 한국고전여성문학회, 2003, 297쪽.

탄생으로 혜경궁이 자기 삶에 가지고 있던 의구심과 회의를 모두 거두고, 순조와의 동일시에 적극적으로 응함으로써 혜경궁의 태몽은 그녀의 영웅성을 암시 또는 예고하게 된다는 것이다.

또한 지금까지 되풀이되었던 열녀 그리고 평범한 아내 혹은 며느리로서 존재하라는 호명과 그에의 불응은 이 같은 서사적 종결을 통해 비범한 주인공에게 닥친 시련(과 극복)이라는 의미를 부여받는다. 그녀의 영웅적 행위는 경모궁의 실패와 정조의 성취라는 맥락 안에서, 숱한 위기를 극복하고 종국에는 살아남아 자신의 운명을 깨닫는 데에서 찾을 수 있다.[43]

혜경궁이 기존 질서의 부름, 단적으로 열녀가 되어야 한다는 목소리를 외면하고 장차 왕이 될 인물과 스스로를 동일시하게 된 데에는 당대에 인기 있던 소설의 독서가 중요하게 작용했을 것이다. 이는 당대 사대부가 그리고 왕실 여성들의 독서 문화에 그녀가 깊이 연루되었다고 짐작하기 때문이다. 시어머니 선희궁[44]이 신마 소설이나 영웅 소설 등을 읽고 보관한 기록을 보면 그녀와 가까웠던

---

43 남편보다 뛰어난 능력을 지니고 전장에서 공을 세우며 그보다 높은 벼슬을 한 여성 영웅들의 모습은 경모궁보다 나은 자질을 가진 존재로서, 그가 이루지 못한 과업을 달성한 이로 스스로를 자리매김한 홍씨와 매우 유사해 보인다.

44 "궁중 여성의 소설 문화는 18세기인 영조대 영빈 이씨와 완산 이씨에 이르면 창조적인 변형을 겪으며 보다 더 폭넓어진다. …… 영빈 이씨는 소설을 통해 다단한 인생사의 시름을 잊거나 규범서를 편찬하여 생존의 수단으로 삼기도 하였다. 즉 낙선재본 번역 소설 가운데 〈손방연의〉(신마 소설)와 〈무목왕정충록〉(영웅 소설)에 '영빈방'(暎嬪房)이라는 인장이 찍혀 있는데, 그녀는 이 같은 신마와 영웅적인 내용의 소설을 보면서 현실적인 시름을 달랬던 듯하다." 정창권, 「조선조 궁중여성의 소설문화」, 『여성문학연구』 11, 한국여성문학회, 2004, 309쪽.

혜경궁 역시 국문 소설을 매우 활발히 향유했을 것으로 예상할 수 있다.[45] 여동생인 이복일의 처가 어머니를 잃고 크게 슬퍼하는 것이 『유씨삼대록』의 슬픈 대목을 읽은 것과 관련이 있을 것으로 보는 대목에서도 이런 정황은 잘 드러난다.[46] 두 딸 청연, 청선 공주 그리고 정조의 후궁 의빈 성씨 등이 국문 소설 『곽장양문록』을 필사했다는 기록 또한 그녀의 독서 문화를 짐작하게 해준다.[47] 당시 영빈 이씨, 정조의 후궁인 의빈 성씨, 화빈 윤씨 외에도 다수의 궁중 여성들이 소설을 읽고 필사하며 이를 통해 고유한 문화를 창출했던 것이다.[48] 이처럼 친정에서 그리고 궁궐에서 한글로 된 일기와 소설 등을 매우 자주 접할 수 있는 환경에 속해 있었기 때문에,[49]

---

45 박혜인, 「죽음 앞에서 삶을 기록하다. 『한중록』과 혜경궁 홍씨(惠慶宮 洪氏)」, 『이화어문논집』 51, 이화어문학회, 2020, 662쪽.

46 "명툑 겨울의 선비 여힌 후 처엄으로 계례를 드리고 드러오니 형데 만나 셜워흔 일 싱각ᄒ며 말슘이 미ᄎ면 눈물 이러니라. 그ᄯ 드러와 『뉴시삼대록』을 보고 칙말의 슬푸믈 보고 슬허ᄒ기, 심시 약ᄒ야 그러흔가 일ᄏ랏더니라." 혜경궁 홍씨, 『원본 한중록』, 254~255쪽. 특히 유씨 삼대록에는 여성 인물 설초벽이 남장을 하고 과거에 급제하는 내용이 나오는데, 이것은 혜경궁의 자기 인식이 여성 영웅 소설의 독서와 상관성이 있으리라는 이 글의 추론을 뒷받침하는 근거라 볼 수 있을 것이다. 김정경, 「〈한중록〉의 이야기 세계와 가능 세계」, 『한국고전연구』 62, 한국고전연구학회, 2023, 146쪽 참조.

47 박혜인, 앞의 논문, 662쪽.

48 조선조 궁중 여성 …… 이들은 비록 궁궐 밖의 독서계와 지속적으로 교유하며 소설의 발달을 촉진시켰지만, 한편으론 자신들만의 독자적 전통을 유지하고 있었다. 이를 토대로 그녀들은 『계축일기』와 『한중록』 같은 실기 문학, 『내훈』이나 『여범』 같은 규범서 등을 저작하거나, 주체적인 변용을 통해 『중국소설회모본』과 같은 또 다른 문화양식을 창출하기도 하였다. …… 이들이 향유한 소설은 중국의 통속 연의 소설뿐만 아니라 국내의 창작 소설까지 두루 망라하고 있었다. 정창권, 앞의 논문, 315쪽.

『한중록』은 이 작품들을 독서한 경험과 매우 밀접한 관계를 갖는다고 할 수 있다.[50] "뛰어난 능력으로 소위 공적 영역에서 활약하는 여성 인물이자, 시가에 순종하지 않는 부인-며느리이며, 효성스러운 딸이자 충성스러운 신하로 형상화"[51]된 주인공이 등장하고, 점차 "여성이 남성보다 뛰어난 능력을 지녔음을 보임으로써 독자의 관심과 흥미를 끌려는 방향으로 변화"[52]하게 된 소설들의 독서 경험이 혜경궁의 자기 이해와 자기 삶의 플롯, 무엇보다 자기 삶의 "종결에 상응하는 상상물"을 발견하게 해준 것이다.

지금까지 혜경궁 홍씨가 자신의 삶에 어떤 형식을 부여하고, 인식의 주체로서 독자적인 세계를 창조하여 자아 정체성을 구성하는

---

49 「나의 일생」에서 혜경궁은 작은어머니에게 한글을 배웠다는 사실을 두 번이나 언급한다. 텍스트에 자신의 학업에 대해서는 언급이 많지 않은데, 가령 가례를 올리기 전 영조가 건넨 소학 등을 아버지에게 배웠다는 정도가 전부이다. 그러나 한글을 배운 사실은 명시하고 있으며, 서두의 집필 동기를 적은 부분에서도 자신의 필적을 남긴다는 언급이 있는 것으로 보아, 한글로 쓰기를 하는 행위에 대해서 자각이 있었던 것 같다. 실제로 홍씨에게 한글을 가르친 홍인한의 부인 평산 신씨, 즉 홍씨의 작은어머니는 역대 사서 및 시문에도 능통하여 『동국역대총목』을 한글로 번역할 정도였다. 또한 평산 신씨의 올케는 『의유당관북유람일기』의 작자 의령 남씨였다. 그 밖에 홍씨의 5대조가 『계축일기』와 관련된 정명공주라는 사실은 그녀가 친정에서 한글 일기에 익숙했으리라는 짐작을 가능하게 한다. 박혜인, 앞의 논문, 661~662쪽 참조.

50 이에 대해 정창권은 『계축일기』나 『한중록』 같은 실기 문학이 창작될 수 있었던 것은 궁중 여성들이 중국의 통속 연의 소설뿐만 아니라 국내의 창작 소설까지 두루 망라하며 소설 문화의 지평을 넓힌 데에 기인한다고 주장한다.

51 전기화, 「조선후기 여성영웅소설 〈정수정전〉 재고」, 『한국고전여성문학연구』 37, 한국고전여성문학회, 2018, 207쪽.

52 최윤희, 앞의 논문, 322쪽.

지 알아보았다.[53] 특히 「나의 일생」이 완결된 구조를 가졌으며 그 것이 당대에 인기 있던 소설과 매우 유사하다는 점에서 이 소설의 독서가 당대 여성들의 자기 삶에 대한 새로운 이해를 가능하게 했 을 것으로 보았다. 한 개인의 자기 삶에 대한 이해는 자기를 둘러싼 문화적 맥락과 불가분의 관계이며 우리는 이를 마스터 플롯[54]을 통 해 읽어 낼 수 있는데, 여성 주인공의 성취를 핵심으로 하는 소설의 서사 구조가 당대 여성들이 자기를 인식하는 데 매우 핵심적인 마 스터 플롯으로 작용했으리라는 것이다. 따라서 「나의 일생」은 사 대부가 여성의 독서 체험이 이들이 생산·향유한 한글 일기와 소설 에서 발견할 수 있는 새로운 자기 이해 방식과 밀접하게 관련되어 있음을 말해 주는 텍스트라고 할 수 있겠다. 필자는 지금까지의 논 의를 토대로 조선 후기 여성들의 독서 경험과 그들의 자기 이해 간 의 상관성에 대한 논의를 계속해서 이어가려고 한다.

---

53 "여성의 글쓰기는 여성의 삶에 형식을 부여함으로써 여성이 인식의 주체로서 독자적 인 세계를 창조하며, 자신의 삶을 이야기하는 과정에서 자아의 정체성을 구성하는 언 술 행위이다." *The Personal Narrative Group, Interpreting Women's Lives* (Bloomington: Indiana University Press, 1989), p. 4: 김성례, 「한국 무속에 나타난 여성 체험: 구술 생애사의 서사 분석」, 『한국여성학』 7, 한국여성학회, 1991, 10쪽에서 재인용; 한경희, 「유예된 여성」, 『인문학연구』 36, 인천대학교 인문학연구소, 2021, 63~88쪽 참조.
54 마스터 플롯이란 "다양한 형태로 반복되며 우리의 근저에 위치한 가치, 희망 그리고 공포에 대해서 말하는 스토리들"로서 "특정한 문화에 관련되어 있을수록 매일 매일 의 삶에 실제적인 힘을 크게 행사한다." H. 포터 애벗, 『서사학 강의 : 이야기의 모든 것』, 우찬제 외 옮김, 문학과 지성사, 2010, 99, 101쪽.

참고문헌

김성례, 「한국 무속에 나타난 여성 체험: 구술 생애사의 서사분석」, 『한국여성학』 7,
한국여성학회, 1991.

김정경, 『조선후기 여성한글산문연구』, 서강대학교출판부, 2016.

_____, 「〈한중록〉의 이야기 세계와 가능 세계」, 『한국고전연구』 62,
한국고전연구학회, 2023.

_____, 「노년기 여성 생애담의 죽음의 의미화 양상 연구: 서사 구조와의 상관성을
중심으로」, 『한국고전여성문학연구』 27, 한국고전여성문학회, 2013.

류준경, 「영웅소설의 장르관습과 여성영웅소설」, 『고소설연구』 12, 한국고소설학회,
2001.

박윤호, 「한일 여류일기문학의 자기서사적 특징」, 『일본어교육』 64,
한국일본어교육학회, 2013.

박혜숙·최경희·박희병, 「한국여성의 자기서사(1)」, 『여성문학연구』 7,
한국여성문학회, 2002.

박혜인, 「죽음 앞에서 삶을 기록하다. 『한중록』과 혜경궁 홍씨(惠慶宮 洪氏)」,
『이화어문논집』 51, 이화어문학회, 2020.

알, 웹스터, 『문학이론연구입문』, 라종혁 옮김, 동인, 1999.

애벗, H. 포터, 『서사학 강의: 이야기의 모든 것』, 우찬제 외 옮김, 문학과 지성사, 2010.

이남희, 「혜경궁홍씨(惠慶宮洪氏)(1735~1815)의 삶과 생활세계: 언간(諺簡)과
언교(諺敎)를 중심으로」, 『열린정신 인문학 연구』 37, 인문학연구소, 2020.

임희진, 「『한중록』의 서사형식과 작가의식:「其 一」의 자서전의 성격을 중심으로」,
한양대학교 대학원 석사학위논문, 2014.

장시광, 「조선후기 대하소설과 사대부가 여성 독자」, 『동양고전연구』 29, 동양고전학회,
2007.

전기화, 「조선후기 여성영웅소설 〈정수정전〉 재고」, 『한국고전여성문학연구』 37,
한국고전여성문학회, 2018.

정병설, 「여성영웅소설의 전개와 〈傳張兩門錄〉」, 『고전문학연구』 19, 한국고전문학회, 2001.

정창권, 「조선조 궁중여성의 소설문화」, 『여성문학연구』 11, 한국여성문학회, 2004.

지젝, 슬라보예, 『이데올로기의 숭고한 대상』, 이수련 옮김, 새물결, 2013.

최기숙, 「자서전, 전기, 역사의 경계와 언술의 정치학: 『한중록』에 관한 제안적 독법」, 『여/성이론』 1, 도서출판여이연, 1999.

최윤희, 「〈남정팔난기〉의 여성 영웅과 영웅성 발현 양상」, 『한국고전여성문학연구』 7, 한국고전여성문학회, 2003.

컬러, 조너선, 『문학이론』, 이은경·임옥희 옮김, 동문선, 1999.

한경희, 「유예된 여성」, 『인문학연구』 36, 인천대학교 인문학연구소, 2021.

혜경궁 홍씨, 『원본 한중록』, 정병설 주석, 문학동네, 2010.

_____, 『한중록』, 정병설 옮김, 문학동네, 2010.

Nussbaum, Felicity A., *The Autobiographical Subject: Gender and Ideology in Eighteenth-Century England*, Baltimore and London: The Johns Hopkins University Press, 1989.

3장

여성과 유배:

분성군부인 허씨의
『건거지』에 나타난
자기 재현

/ 조혜진

1. 분성군부인 허씨의 『건거지』

『건거지』巾車志는 분성군부인盆城郡夫人 허씨許氏(1645~1722)가 두 아들의 유배에 동행한 내용을 적은 한글 일기이다. 작자는 소현세 자昭顯世子(1612~45)의 셋째 아들 경안군慶安君 이회李檜(1644~65)와 혼인하여 임창군臨昌君 이혼李焜(1663~1724)과 임성군臨城君 이엽李燁 (1665~90)을 낳았다. 양반의 딸이었던 김해 허씨金海許氏는 종실의 일원이 되면서부터 고초를 겪게 되는데, 소현세자 집안의 하나 남 은 아들이었던 남편이 요절한 데다 아들들도 어린 나이에 역모에 연루되어 유배를 가게 되었기 때문이다.

이 작품은 여성이 자신의 유배 체험을 직접 적고 있으며 왕실 여 성이 한글로 자신의 경험을 기록한 매우 드문 자료라는 점에서 주 목받기 시작했다. 박현순이 조선 시대 일기를 개관하면서 『건거지』 를 처음으로 학계에 소개한 이후,[1] 정우봉은 작자를 고증하고 창작 동기를 밝혔으며, 이 작품에 나타난 한글 일기의 특징을 밝혔다.[2] 한편 최지녀는 『건거지』에 나타난 여성 유배 체험의 특징을 밝혔다.[3]

● 본 원고는 조혜진, 「〈건거지〉에 나타난 여성의 자기 재현」, 『한국고전여성문학연구』 46 , 한국고전여성문학회, 2023을 수정하여 실었습니다.

1 박현순, 「문집을 통해 본 조선시대의 일기와 일기쓰기」, 『조선시대사학보』 79, 조선시 대사학회, 2016, 110쪽.

2 정우봉, 「분성군부인 허씨의 한글 일기 『건거지』 연구(1)」, 『한국고전여성문학연구』 34, 한국고전여성문학회, 2017; 정우봉, 「분성군부인 허씨의 한글일기 『건거지』 연구 (2)」, 『한국고전여성문학연구』 36, 한국고전여성문학회, 2018; 정우봉, 『조선 사람 들, 자기 삶을 고백하다』, 세창출판사, 2021, 101~138쪽.

『건거지』는 왕족 여성이 자신의 유배 체험을 묘사하고 있는 독특한 글이라는 점에서 창작 동기를 구체적으로 검토할 필요가 있다. 그런데 선행 연구에서는 『건거지』가 가문 내부에 보이기 위하여 기록된 것이라고 평가된 바 있다. 가령, 정우봉은 분성군부인이 자신의 고희古稀를 맞아 집안의 시련을 증언하고 숙종肅宗(1661~1720, 재위 1674~1720)에게 감사를 표하는 한편 무엇보다 후손에게 종실로서 자만하지 말라고 경계하기 위해 글을 썼다고 분석했다.[4] 물론, 이 작품에는 왕에 대한 감사도 포함되어 있으나 어디까지나 종실로서의 의사 표현이라고 볼 수 있을 것이다.[5] 그러나 이 작품은 가문 내부뿐만 아니라 가문 외부에 보이기 위해 쓴 글일 가능성이 크다. 작자가 박사수朴師洙(1686~1739)에게 『건거지』의 본문을 한문으로 번역하라고 직접 지시했다는 점과 본문의 뒤에 아들들의 유배 과정에 대한 한문 기록을 국문으로 번역하여 수록했다는 점이 그것을 방증한다. 그로 인해 최지녀는 이 작품에 가족사의 기록과 가문의 복권이라는 정치적 목적이 있다고 평가하기도 하였다.[6]

이 작품은 분성군부인이 자신의 기억을 기록한 것으로 인생의 장면마다 나타나는 자신의 모습이 형상화되어 있다. 따라서 작자

---

3 최지녀, 「『건거지』에 나타난 여성 유배 체험의 양상」, 『어문연구』 46(2), 한국어문교육연구회, 2018.

4 정우봉, 앞의 논문, 2017, 192~193쪽.

5 정우봉은 분성군부인이 왕의 은혜에 감사하며 왕실에 충성하며 살겠다는 다짐을 보이고자 했을 것이라고 평했다(정우봉, 앞의 책, 2021, 110쪽).

6 최지녀, 앞의 논문, 201쪽.

의 기억을 따라서 자신을 어떻게 재현하고 있는지를 살펴봄으로써 이 작품의 창작 동기를 재검토해 보고자 한다. 자기 재현self-representation이란 자기self를 재현representation하는 행위라고 볼 수 있다. 먼저 'self'는 '자기' 또는 '자아'로 번역되는 단어이다. 최근의 연구에 따르면 인간에게 자기는 여러 가지로 존재하고 환경에 따라서 각기 다른 자기로 바뀔 수 있다.[7] 영문학자 시도니 스미스Sidonie Smith가 지적한바, 글쓰기에 나타나는 자기는 자기에 대한 역사적 관념들과 작자의 스토리텔링 과정을 통해서 구성된 문화적·언어적 허구라고 할 수 있다.[8] 즉, 현실의 자기는 막연하고 복잡하므로 언어로 완전하게 서술될 수 없다. 따라서 글쓰기에 나타나는 자기는 작자의 의도와 글의 형식에 의해서 재구성되었다는 것이다.[9]

한편 'representation'은 라틴어 'repraesentatio'에서 비롯된 용어로, "다시re 현전케 하는 것praesentatio"을 뜻한다. 이 용어는 일차적으로 실물이 바로 앞에 있지 않거나 스스로 표현하지 못하는 경우, 그것을 표현하거나 대리하는 행위를 가리킨다. 철학에서는 주로 '표상'으로 번역되고 정치학에서는 '대표'로 번역되는 것과 달리 예술에서는 '재현'으로 번역된다. 예술이 인생을 표현하기 위

---

7 브루스 후드, 『지금까지 알고 있던 내 모습이 모두 가짜라면』, 장호연 옮김, 중앙북스, 2012, 199~200쪽.

8 Sidonie Smith, *A Poetics of Women's Autobiography: Maginality and the Fictions of Self-Representation*, Indiana University Press, 1987, pp. 45~46.

9 조혜진, 「조선후기 여성의 자기 서사 연구」, 서울대학교 박사학위논문, 2022, 55~58쪽 참조.

해서는 인생의 창조와 인생의 재현이 종합되어야 하는데, 이 중에서 인생의 창조는 이상적인 세계를 만들어 내는 것을 가리키는 반면, 인생의 재현은 현실 세계를 정확하게 인식하여 표출하는 것을 말한다. 현대 비평에서는 재현이 단순히 현실을 반영하는 것이 아니라 기존의 문화적 규범에서 구축되어 나오는 것으로 보고, 재현을 정치적인 것으로 이해한다.[10]

그렇다면 자기 재현이란 무엇인가? 작자가 자기 자신을 재현하는 행위라고 할 수 있다. 작자는 자신에 대하여 일부를 선택하거나 배제하는데 이는 의식적으로 이루어질 수도 있고 무의식적으로 이루어질 수도 있다. 자기 재현은 자기 자신을 있는 그대로 반영하는 행위라기보다는 문화적 규범에 순응하거나 저항하면서 자기 자신에 대한 새로운 인식을 구축하는 행위이다.[11] 특히 공적인 영역에서 활동이 제한된 사람들이 자기 재현을 했다는 것은 정치적인 행위라고 볼 수 있다. 따라서 왕족이지만 여성이었던 분성군부인이 자기 재현을 했다는 점에 주목할 필요가 있다.

분성군부인은 『건거지』에서 자기를 어떻게 재현하고 있을까? 이 작품에서 작자는 자신을 다양한 모습으로 재현하고 있다. 분성군부인은 때로는 자신의 강인한 모습을 적기도 하고, 때로는 나약

---

10 정호웅, 「재현」, 『문학비평용어사전 (하)』, 한국문학평론가협회, 국학자료원, 2006, 767~768쪽.

11 질 들뢰즈와 펠릭스 가타리에 따르면 언어는 정보를 전달하는 것이 아니라 명령을 전달하는 것이다(질 들뢰즈·펠릭스 가타리, 『천개의 고원』, 김재인 옮김, 새물결, 2001, 149~165쪽 참조).

한 내면을 드러내기도 한다. 그런데 이런 다양한 면모 가운데 중점적으로 드러나는 것이 있다. 이를 크게 ① 집안의 여가장 ② 정쟁의 희생자 ③ 적소의 이방인 등 세 가지로 나누어 살펴보고자 한다.

2. 집안의 여가장으로서 자기 재현

현전하는 조선 시대 기록에서 여성이 가족을 대표하여 외부에 의사를 표현하는 경우를 찾아보기 어렵다. 여성이 올린 상언이나 소지가 일부 남아 있을 뿐이다. 특히 여성이 자신에 대해서 적은 글에서는 그 모습을 더욱 찾아보기 어렵다. 그러나 분성군부인은 남편이 요절한 데다 어린 두 아들을 지켜야 하는 상황에서 가족을 대신하여 의사 결정을 할 수밖에 없었다.

『건거지』는 분성군부인이 집안에 닥친 불행에 관하여 적은 기록이다. 1679년(숙종 5) 봄에 강화도에서 소현세자의 장손이자 경안군의 장남이 진짜 성인이며 나라의 종통이라고 적은 흉서가 발견되는 사건이 발생한다.[12] 경안군의 두 아들은 역모에 가담하지는

---

12 『숙종실록』, 숙종 5년 3월 19일, "임금이 흉서(凶書)를 국청(鞫廳)에 내려 제장들에게 보냈는데 흉서에 이르기를, "아! 오늘이 이 어떤 때인가? 혼란이 더없이 심한 날이다. 어지럽던 조정을 혁폐하여 종묘사직을 붙들어야 할 텐데 합당한 사람이 없는 것이 한이구나. 아! 오늘의 위정자(爲政者)는 위로 임금을 속이고 아래로 백성을 저버려 외구(外寇)를 계도(啓導)하고 백성을 괴롭혀 성을 쌓으니, 이 무슨 심술(心術)인

않았으나 사태를 진정시키기 위해 귀양을 가야 하는 처지가 된다. 이에 분성군부인은 두 아들을 지키기 위해서 그들과 함께 유배길에 나선다.

정우봉은 화자가 처음에는 절망과 한탄에 빠지는 수동적인 인물이었다가 점차 유배 가는 상황에 현명하게 대처하는 능동적인 인물로 변했다고 평가했다.[13] 그러나 작품에 나타나는 화자는 초반부터 집안의 여가장으로서 자신을 그리고 있다. 혼란의 와중에서도 집안을 건사하기 위해 식구들을 다독이는 모습이 나타난다.

이 작품은 기미년己未年 봄이 되자 도성에 소란이 일어났다는 서술로부터 시작된다. 여종은 화자에게 도성 밖으로 피란하는 사람이 많다며 우리도 피란하는 것이 좋겠다고 권유한다. 그러나 화자는 자신의 집안은 나라에 목숨이 달렸다고 말하며 사사롭게 피란

가? 이번 13일은 곧 계해년(癸亥年) 반정(反正)한 날이다. 이날을 기하여 쳐들어갈 것을 의논하였는데, 서울로 들어가는 길에 나루터 둘이 있으니, 하루 전날 비변사에 정문(呈文)을 올리고 각각 수백 인을 보내되 미리 배와 노를 준비하여 건넌다. 대중들을 한 곳에 모으고 다 모인 뒤에 영(令)을 내리기를, '사기(邪氣)가 대궐을 범했으므로 중들로 하여금 불경을 외어 쫓아내야겠기에 급급하게 불러들였다. 소현세자(昭顯世子)의 손자 임천군(林川君)은 곧 경안군(慶安君)의 아들인데 지금 안국동(安國洞)에 살고 있다. 이분이 진짜 성인이며 또 나라의 종통(宗統)이다. 오늘 당쟁의 화가 이에 이른 것도 다 종통이 순서를 잃었기 때문이다. 나라 사람들 치고 그 누가 이 군(君)을 세워 국통(國統)을 바로잡고 붕당을 없애기를 원하지 않으리요마는, 시세(時勢)에 눌려 세울 수 없었던 것이다. 이제 제공(諸公)이 만약 이 임금을 세워 종통을 바로잡고 붕당을 제거한다면, (……) 종묘 사직을 위해서도 다행이며 국가를 위해서도 다행이다.'"(조선왕조실록, http://sillok.history.go.kr/id/ksa_10503019_005, 검색일 2023/07/25).

13 정우봉, 앞의 논문, 2018, 146쪽.

하지 않겠다고 선언한다.

내가 말했다.

"우리 집은 나라에 목숨이 달렸으니 만일 변이 있으면 나라와 더불어
존망(存亡)을 함께하리니 어찌 먼저 사사로이 피란하겠다고 이르리오."[14]

위의 인용문에서 화자가 자신의 집안은 나라와 존망을 같이 한
다고 말한다. 이 선언은 무엇보다 자신들이 왕족이라는 데에서 기
인하는 것이다. 그러나 작자가 『건거지』의 서술을 여기에서부터
시작하는 데 주목할 필요가 있다. 분성군부인이 이 장면부터 작품
을 시작하는 것은 자신의 집안이 왕실에 떳떳하다는 것을 드러내
려는 의도라고 할 수 있다.

한편 화자는 임창군 형제가 귀양길에 나설지도 모르는 급박한
상황에서도 자신이 식구들에게 의연한 모습을 보이면서 그들을 안
정시키고 있음을 기록하고 있다.

임창군 형제와 모든 비복이 나를 맞아 다투어 복창군의 말을 물었다.
나는 짐짓 부드러운 말로 대답하였다.
"이 불과 괴이한 놈의 허망한 말이다. 결국 우리와 무슨 관계가 있겠는가?"

---

14 "내 닐오딕, "우리 집은 나라희 목숨이 둘녀시니 만일(萬一) 변(變)이 이시면 나라흘
더브러 존망(存亡)을 흔가지로 흐리니 엇지 몬져 수수(私私)로이 피란(避亂)홀 말을
니르리오" 흔딕"(『건거지』, 9a~9b쪽. 한자 병기와 인용 부호는 모두 인용자가 첨가
한 것이다. 이하 인용문에서 모두 동일하다).

모든 사람이 다 믿지 않는 표정이었다. 나는 더욱 얼굴빛을 부드럽게 하고 웃으면서 일렀다.

"일이 대단하면 내가 어찌 태연하게 말하리오?"

얼굴빛을 태연하게 하니 비로소 귀영과 모든 종이 말했다.

"대부인 말씀이 이러하시니, 무슨 근심이 있으리오? 우리도 각각 돌아가서 자자."

이에 흩어져 갔다.[15]

위의 인용문에서 화자는 자신의 초조한 기색을 숨기고 애써 부드러운 표정을 보인다. 화자의 태연한 태도에 비로소 종들이 흩어져서 자러 간다. 이는 화자에게 조정의 사정을 알려준 복창군福昌君 이정李楨(1641~80)이 비복들조차 강화도의 흉서 사건을 알지 못하게 하라고 당부했기 때문이기도 하지만 식구들의 불안함을 잠재우기 위해서이기도 하다. 이처럼 분성군부인은 식구들을 안정시키기 위하여 태연함을 가장하는데, 작자의 태도에 따라서 식구들의 반응도 달라지기 때문이다. 이것은 제주도로 유배 가는 과정에 자신의 근심과 슬픔을 숨기는 것으로 나타나기도 한다.

---

15 "님창(臨昌) 형뎨(兄弟)와 모든 비복(婢僕)이 날을 ᄆᆞᆽ ᄃᆞ토아 복창(福昌)의 말을 뭇거늘 닉 짐짓 눅은 말노 ᄃᆡ답(對答)ᄒᆞ야 니로ᄃᆡ, "이 불과(不過) 고이(怪異)ᄒᆞᆫ 놈의 허망(虛妄)ᄒᆞᆫ 말이라. 필경(畢竟)이야 므엇시 관계(關係)ᄒᆞ리오?" 하나ᄃᆡ 모든 사ᄅᆞᆷ이 다 밋디 아닛ᄂᆞᆫ 빗치 잇거늘 닉 더욱 ᄉᆡᆨ(色)을 나초고 우어 닐오ᄃᆡ, "일이 ᄃᆡ단ᄒᆞ면 닉 말이 어이 ᄌᆞ약(自若)ᄒᆞ리오?"ᄒᆞ고 ᄉᆞᄉᆡᆨ(辭色)을 타연(泰然)ᄒᆞ니 귀영과 모든 종들이 비로소 닐오ᄃᆡ, "ᄃᆡ부인(大夫人) 말슴이 이러ᄒᆞ시니 므슴 근심이 이시리오? 우리도 각"(各各) 도라가 자쟈."ᄒᆞ고 흐터져 가거늘"(『건거지』, 15a~15b쪽).

또한 선행 연구에서 지적한바, 분성군부인은 유배지로 향하기 전에 숙종의 어머니인 명성왕후明聖王后(1642~83)에게 편지를 올려 두 아들의 유배지를 같은 곳으로 해달라고 간청하거나, 제주도로 향하는 과정에서 의금부도사가 두 아들을 갈라놓으려고 하자 필사적으로 반대하기도 한다. 이때 분성군부인은 각기 다른 설득의 방식을 활용하여 자신의 요구를 관철하고 있다. 먼저, 명성왕후에게 편지를 올릴 때는 주로 정서적 설득을 시도하고 있다.[16]

오후에 비로소 제주도로 유배 가게 되었다는 말을 들었다. 그런데 임창군은 제주로, 임성군은 대정으로 각각 유배지를 정한다고 하였다. 내가 죽음을 두려워하지 않고 자전께 편지를 올렸다.

'두 자식에게 목숨을 의지하여 살았더니 이제 망극한 일을 만나 천 리나 떨어진 절해고도에 자식들을 보내게 되었으니 모자가 떨어진다면 서로 생사를 모를 것이므로, 제가 자식들을 따라서 함께 가고자 하였습니다. 들자니 형제의 유배지를 따로 정한다고 하시니 정신이 어지러워 아무 말도 못 하겠습니다.'

---

16 김윤희는 아리스토텔레스의 수사학에서 설득의 방법적 요소를 분석하였다. 그는 에토스는 청중에게 자신을 믿을 수 있는 사람으로 보이는 역할을 하고, 파토스는 청중이 각 상황에 적절한 감정을 가지도록 하는 역할을 하며, 로고스는 말 자체로 논증하는 역할을 한다고 평가하였다[김윤희, 「고대 연설에 나타난 설득의 방법적 요소(pistis)에 관한 연구」, 『인문과학연구』 34, 강원대학교 인문과학연구소, 2012, 263~281쪽]. 실제로 설득이 이루어지는 과정에는 에토스, 파토스, 로고스를 명확하게 구분하기 어려울 것이다. 그러나 에토스와 파토스는 대체로 정서적 설득 방식이라고 볼 수 있으며, 로고스는 대체로 논리적 설득 방식이라고 볼 수 있다.

자전께서 답장을 내리셨다.

'천만뜻밖에 흉악한 사람이 위험한 말을 하였으나 나라에서 조금이나마 의심하겠는가? 그러나 조정 대신들이 다투어 따지니 주상께서 소문을 막으시고 임창군 형제를 지키려고 저 어린 것들을 절해고도로 보내는 것이니 주상의 참담한 마음을 어찌 다 이르겠는가? 부인의 사정을 생각하니 내 마음이 더욱 불안하도다. 편지를 읽자마자 주상께 임창군 형제의 유배지를 같은 곳으로 정해 달라고 청하였네. 임성군은 아직 장가들지 못했으니 사정이 더욱 딱하므로 어린 비복들 가운데 그대들이 부릴 만한 사람을 데려가고 그 밖에 형제의 잔심부름을 할 사람도 데려가라고 하셨네. 주상의 뜻이 이러시므로 편지를 보내니 참혹하다는 말밖에 무슨 말을 하겠는가? 오직 절해고도에 무사히 도착해서 잘 지내기를 바란다네.'

사랑하는 어머니가 어린 자식을 염려하시는 것처럼 말씀이 간절하시고 봄빛이 그윽한 골짜기에 퍼지는 것처럼 은덕이 끝이 없어서 감격하여 흐느끼지 않을 수 없었다. 다시 글을 올려 성은에 감사하였다. 나중에 위리안치(圍籬安置)하라는 명령이 내려와 곧장 자전께 편지를 올리니 답을 내리셨다.

'주상께서 형제 처자가 따로 떠나는 것을 불쌍히 여기셔서 이미 가족들이 함께 가도록 명령하셨다. 비록 환란 중에 있지만, 부인이 거느리고 있을 테니 내 마음에 자못 위안이 될 것이로다.'

이 전교를 받자 마침내 임금의 은혜를 입은 듯하여 근심하고 위태로운 마음이 처음보다는 잠깐 풀린 것 같더라.[17]

위의 인용문에서 화자는 두 아들이 각각 다른 곳으로 유배 가게
되었다는 말을 듣고, 명성왕후에게 편지를 올려 두 아들을 같은 곳
으로 유배 보내 달라고 애원한다. 이때 자신이 남편이 죽고 나서 두

17 "오후(午後)의 비로소 졔주(濟州)로 뎡빅(定配)ᄒᆞᄂᆞᆫ 말을 드ᄅᆞ디 '님셩(臨城)은 디
뎡(大靜)으로 다 각″(各各) 빈소(配所)를 뎡(定)ᄒᆞᆫ다' ᄒᆞ여ᄂᆞᆯ ᄂᆡ 죽기를 무릅뼈 ᄌᆞ
뎐(慈殿)의 글을 올녀 글오디, '두 ᄌᆞ식(子息)으로 더브러 목슘을 의지(依支)ᄒᆞ여 사
라ᇃ더니 이졔 망극(罔極)ᄒᆞᆫ 일을 만나 쳔니졀도(千里絶島)의 저희를 보ᄂᆡᆸ게 되엿
ᄉᆞ오니 피ᄎᆞ(彼此)의 싱ᄉᆞ(生死)를 서ᄅᆞ 모ᄅᆞ올디라. ᄌᆞ식(子息)을 ᄯᆞᆯ와 흔가지로
가려ᄒᆞᆸ더니 듯ᄌᆞ오니 형뎨(兄弟) 빈소(配所)를 각″(各各) 뎡(定)ᄒᆞ여 겨오시다
ᄒᆞ오니 황난(慌亂)ᄒᆞ미 아모라타 못ᄒᆞ리로소이다.' ᄒᆞ엿더니 ᄌᆞ뎐(慈殿)ᄭᅥ서 글을
ᄂᆞ리와 답(答)ᄒᆞ시디, '쳔만의외(千萬意外)예 흉인(凶人)이 위험(危險)ᄒᆞᆫ 말을 ᄒᆞ나
나라히 일노뻐 조곰이나 의심(疑心)ᄒᆞ리오마ᄂᆞᆫ 묘뎡(朝廷)이 녁ᄶᅵᆼ(力爭)ᄒᆞ기로 말
미아마 쥬상(主上)이 인언(人言)을 막으시고 저희를 보젼(保全)ᄒᆞ려 ᄒᆞ샤 뎌 어린
것들노 ᄒᆞ여곰 멀니 졀희(絶海)에 보ᄂᆡ시나 샹심(上心)의 참연(慘然)ᄒᆞ시믈 어이 다
니ᄅᆞ리오. 부인(夫人)의 뎡ᄉᆞ(情事)를 싱각ᄒᆞ니 ᄂᆡ ᄆᆞ음이 더욱 뎡(靜)키 어렵도다.
글월 쓰든 즉시(卽時) 샹(上)ᄭᅴ 통ᄒᆞ여 임의 형뎨(兄弟)로 ᄒᆞ여곰 빈소(配所)를 흔
가지로 뎡(定)ᄒᆞ여시디 아은 오히려 취쳐(娶妻)를 못ᄒᆞ여시니 뎡ᄉᆞ(情事) 더욱 가긍
(可矜)ᄒᆞ다. 년쇼비복(年少婢僕) 듕(中)의 가(可)히 브럼즉흔 니를 ᄃᆞ려가고 이
밧 ᄯᅩ 형뎨(兄弟) 흔가지로 ᄉᆞ환(使喚)ᄒᆞᆯ 쟈(者)도 가합(可合)ᄒᆞ니로 ᄃᆞ려가라. 우
ᄯᆞ디 이런 고로 긔별(奇別)ᄒᆞᄂᆞᆫ 참혹(慘酷)흔 밧긔 무슴 말이 이시리. 오직 쳔니댱
도(千里長途)의 무ᄉᆞ(無事)히 가 조히 디ᄂᆡ믈 ᄇᆞ라노라' ᄒᆞ여 겨시니 말숨의 쓰디 간
측(懇惻)ᄒᆞ야 ᄉᆞ랑ᄒᆞᄂᆞᆫ 어미 어린 ᄌᆞ식(子息)을 넘녀(念慮)ᄒᆞ ᄀᆞᆺ고 은덕(恩德)이 호
탕(浩蕩)ᄒᆞ야 봄비치 그윽흔 골의 펴짐 ᄀᆞᆺ트니 감읍(感泣)흔 츅슈(祝壽)를 이기디
못ᄒᆞ리러라. 다시 글을 올려 셩은(聖恩)을 ᄉᆞ례(謝禮)흔 후(後) 'ᄯᅩ 위리안티(圍籬安
置)ᄒᆞ리라' ᄒᆞ여ᄂᆞᆯ 즉시(卽時) 글월노 ᄌᆞ뎐(慈殿)ᄭᅴ 알외오니 디답(對答)ᄒᆞ오시디,
'샹(上)의 쓰디 형뎨(兄弟) 쳐ᄌᆞ(妻子ㅣ) 각″(各各) ᄯᅥ나ᄂᆞᆫ 일을 에엿비 넉여 임의
명(命)ᄒᆞ여 흔가디로 가게 ᄒᆞ니 비록 환난(患亂) 듕(中)이나 부인(夫人)이 ᄯᅩ흔 거
나려 이실디라. ᄂᆡ ᄆᆞ음이 ᄌᆞ못 위로(慰勞)ᄒᆞᆯ 빅 이실리로다.' ᄒᆞ여 겨오시니 이 뎐교
(傳敎)를 어드므로브터 거의 ᄆᆞ춤ᄂᆡ 쳔틱(天澤)을 닙사올 듯ᄒᆞ야 근심ᄒᆞ고 위틱(危
殆)흔 ᄆᆞ음이 처음보ᄃᆞ가ᄂᆞᆫ 잠간 플닌듯 ᄒᆞ더라"(『건거지』, 22a~23b쪽).

아들을 의지하여 살아가고 있었다며 만약 두 아들을 절해고도로 보내면 서로 생사조차 알지 못할 것이라고 한탄한다. 이처럼 화자는 명성왕후에게 '어머니'라는 공통점을 상기시켜 공감대를 형성함으로써 자신의 목적을 달성하려고 한다. 이는 청자를 특정한 감정 상태로 만드는 정서적 설득의 방식이라고 볼 수 있다.

한편 의금부도사에게 자신의 주장을 펴기 위해서는 주로 논리적 설득의 방식을 활용하고 있다.

1 공주(公州)에 이르러 임창군의 병이 심해져서 잠깐 조리하고자 하였다. 의금부도사는 왕정에 기한이 있으므로 처음에는 허락하지 않으려고 하였다. 내가 서리를 불러 병세가 걱정된다고 말하며 길을 멈추고 잠깐 조리하고자 한다고 간청하였다. 이에 서리가 그대로 고하니 도사가 멈추는 것을 허락하였다. 그러나 다른 도사가 이미 임성군을 먼저 데려가서 뱃나루에서 우리를 기다리려고 하였다. 내가 다투어 말하였다. "'형제가 함께 유배 가라'라고 말씀하신 임금의 덕(德)이 있느니라. 만일 병자가 오랫동안 아파서 뒷바라지하기 어려우면 병자가 아닌 사람은 마땅히 먼저 가야 할 것이다. 그러나 임창군은 하루 이틀만 지나면 땀이 나고 열이 내려서 즉시 출발할 수 있을 것이니 어찌 이 상황을 보지 않고 이렇게 급하게 서두르는가?"18

---

18 "공쥬(公州) 니르러는 님창(臨昌)의 병(病)이 듕(重)ᄒ니 도ᄉ(都事ㅣ) 왕뎡(王程)의 흔(限)이 이심으로써 처음은 허(許)치 아니ᄒ더니 내 셔리(書吏)를 불너 병졍(病情)이 가히 근심됨을 니르고 머므러 잠간 됴리(調理)홈을 간쳥(懇請)ᄒᆫ딕 셔리(書吏) 그딕로 고(告)ᄒ니 허(許)ᄒ여 머물르딕 다른 도ᄉ(都事ㅣ) 임의 님셩(臨城)을

② 내가 겨우 입을 열어 말했다.

"갈 길이 앞으로 얼마나 남았는가? 사람들이 죽게 생겼다."

의금부도사가 즉시 뱃사람에게 물었다.

"앞에 쉴만한 섬이 있느냐?"

뱃사람이 대답했다.

"추자도楸子島가 멀지 않습니다."

그날 저녁에 그 섬에 도착했다. 원래 뱃멀미가 뭍에 내리면 곧장 나으므로, 정신을 겨우 차려 여염집을 빌려 머물렀다. 집이 좁고 더러워 몸을 굽혀 겨우 들어갔다. 사방의 벽을 싸서 조그만 문을 내어놓았는데, 들어가 앉으니 몸을 움직일 곳이 없을 정도였다.[19]

①에서 의금부도사는 임창군이 병에 걸리자 형제를 떨어뜨려 임성군을 유배지로 먼저 보내려고 한다. 이에 화자는 두 아들을 같

난화 몬져 드려가 뒤풍ᄒᆞᄂᆞᆫ 고ᄃᆡ가 기ᄃᆞ리물 보야거늘 내 ᄃᆞ토아 닐오ᄃᆡ, '형뎨(兄弟)로 ᄒᆞ야곰 ᄒᆞᆫ가지로 가라' ᄒᆞ오시ᄂᆞᆫ 덕(德)이 잇ᄂᆞ니라. 만일(萬一) 병(病)이 여러 날 미류(彌留)ᄒᆞ여 디ᄃᆡ(支待)ᄒᆞ기 어려우미 이시면 병(病) 드러 아닌 ᄌᆞᄂᆞᆫ 진실(眞實)노 맛당이 몬져 ᄒᆡᆼ(行)ᄒᆞ미 이시려니와 이ᄂᆞᆫ ᄒᆞ로이틀만 ᄒᆞ면 ᄯᅳᆷ을 늬고 즉시(卽時) 길히 오를 거시니 엇디 이 형셰(形勢)를 다라 보지 아니ᄒᆞ고 촤박(催迫)ᄒᆞ기를 이러ᄐᆞ시 급(急)히 ᄒᆞ나뇨?"(『건거지』, 29b~30b쪽).

19 "늬 겨우 입을 여러 니로ᄃᆡ, "온 길히 쟝ᄎᆞᆺ 언머나 ᄒᆞ뇨? 아마도 죽게 ᄒᆞ엿다." ᄒᆞ니 도ᄉᆞ(都事ㅣ) 즉시 션인(船人)ᄃᆞ려 무로ᄃᆡ, "젼두(前頭)의 수염즉ᄒᆞᆫ 셤이 잇ᄂᆞ냐?" 답(答)ᄒᆞᄃᆡ, '츄ᄌᆞ되(楸子島ㅣ) 머지 아니타' ᄒᆞ더니 그날 져녁의 그 셤의 득달(得達)ᄒᆞ니 원ᄂᆡ(元來) 슈질(水疾)이 무퇴 ᄂᆞ리면 즉시(卽時) ᄒᆞ리ᄂᆞᆫ디라. 졍신(精神)을 겨우 뎡(靜)ᄒᆞ야 여념(閭閻)집을 어더 니ᄅᆞ니 집이 좁고 더러워 출입(出入)ᄒᆞ기를 겨우 굽프려ᄒᆞ고 ᄉᆞ벽(四壁)을 두루짜 조고만 문만 내엿ᄂᆞ디라. 드러가 안ᄌᆞᆫ 후ᄂᆞᆫ 몸을 두루혈 고ᄃᆡ 업더라"(『건거지』 37a~37b쪽).

이 데려가기 위하여 의금부도사에게 자신의 의견을 논리적으로 개진한다. 먼저, 숙종이 형제를 함께 유배 보내라고 명령하였다는 것을 상기하게 하며, 임창군의 병이 금방 나을 수 있는데 임성군을 먼저 데려가려고 재촉하는 이유가 무엇이냐고 항의한다. ②에서 화자는 제주도로 배를 타고 들어가는 길에 의금부도사에게 사람들이 죽게 생겼다고 잠시 배를 멈추자고 제안한다. 이에 도사는 뱃사공에게 물어서 추자도에 잠시 머무르기로 한다.

이처럼 화자는 유배 가는 과정에 적극적으로 개입하는 모습을 보여 주고 있다. 이때 상황에 따라서 상당히 전략적인 모습을 보여 주고 있다는 것이 특징적이다. 이는 당대 다른 여성의 기록에서는 거의 찾아보기 어려운 양상이다.

요컨대, 분성군부인은 『건거지』에 유배 과정에서 자신의 주도적인 역할을 기록하고 있다. 이는 무엇보다 집안의 어른이 없는 데다 남편마저 요절한 상황이었기 때문으로 보인다. 이로 인해 작자는 작품에서 집안의 여가장으로 그려지고 있다.

3. 정쟁의 희생자로서 자기 재현

『건거지』에서 인상적인 장면 가운데 하나는 분성군부인이 다양한 방법으로 끊임없이 집안의 무죄를 주장한다는 것이다. 작자는 가족들의 말이나 유배 가는 길에 들었던 구경꾼들의 말을 기록하면서 자신들의 무죄를 주장한다. 먼저, 임창군이 자신들이 죄가 없다고 말하는 대목을 보기로 한다.

임창군이 집에 들어와 얼굴에 수색이 가득하여 내게 무언가 말하려다
가 차마 하지 못했다. 내가 여러 번 물어보니 마지못해 말했다.
"어떤 사람이 우리 형제가 집에 있는지 없는지를 물어보고 갔습니다.
이는 분명히 좋은 조짐이 아닙니다. 그러나 우리 형제가 조금도 지은
죄가 없으니 나라인들 어찌 죄가 없는 사람을 죽이겠습니까? 어머님께
서 평소에 죽음을 쉽게 여기십니다. 저와 동생이 설사 위험한 땅에 빠
지더라도 모름지기 나중을 보아 결단하시고 가볍게 과도한 행동을 하
지 마소서."
내가 이 말을 듣자 마음이 땅에 떨어지는 듯하였다. 그러나 저희를 위
로하려고 짐짓 사색을 부드럽게 하라며 위로하였다. 임창군은 나이가
더욱 어려서 겁을 내어 울음을 그치지 않았다. 이에 임창군이 말했다.
"이 아이로 인하여 반드시 큰일이 나리로다. 너무 겁내지 말아라. 우리
가 무슨 죄로 죽겠느냐?"
임창군의 사색이 태연하였다. 이는 비록 나를 위로하기 위해서이었으
나 임창군과 임성군의 나이가 다르기 때문이었다.[20]

---

20 "님챵(臨昌)이 드러와 ᄂ치 수식(愁色)이 ᄀ득ᄒ야 말을 ᄒ고져 ᄒ딕 ᄎ마 못ᄒ여 ᄒ
거늘 닉 여러 번(番) 무르니 마지 못ᄒ야 닐오딕, "ᄒᆞᆫ 사름이 와 우리 형뎨(兄弟) 집
의 이시며 업ᄉ물 탐문(探問)ᄒ고 가니 이 결단(決斷)코 조흔 쓰디 아니라. 그러나
우리 조곰도 저쥰 죄(罪) 업ᄉ니 나라힌들 엇지 무죄(無罪)ᄒᆞᆫ 사람을 주기시리오? 어
마님이 평일(平日)의 죽기를 수이 녁이ᄂᆞ니라. 우리 등(等)이 설사 불측(不測)ᄒᆞᆫ
ᄯᅡ히 ᄲᅡ질디라도 모로미 나종을 보아 결단(決斷)ᄒ고 가ᄇᆞ야이 과도(過度)ᄒᆞᆫ 거조
(擧措)를 마르소셔." ᄒ거늘 내 이 말을 드르매 ᄆᆞ음이 써러디는 듯ᄒ딕 아직 져희를

위의 인용문에서 화자는 임창군의 입으로 집안의 무죄를 주장한다. 유배가 결정되기 전에 임창군이 외출했다 돌아와 화자에게 무언가 말하려고 한다. 임창군은 어떤 사람이 형제의 거처를 탐문하고 갔다면서 자신들이 곤경에 처하더라도 어머니는 쉽게 목숨을 버리지 말라고 당부한다. 그는 자신들이 죄를 지은 적이 없으므로 나라에서 무죄한 사람을 죽이지 않을 것이라고 말한다.

화자는 백성들마저 화자의 집안에 죄가 없다고 생각한다고 쓰고 있다. 임창군과 임성군이 유배 가게 되자 구경꾼이 모이는데, 구경꾼 중에는 어린 왕족들이 무슨 죄가 있겠냐고 한탄하는 사람도 있었다.

우리 일행이 겨우 성문을 나가서 나루에 이르러 가마를 부리게 했다. 아이들과 도사들이 타게 될 배가 나루에 도착했다. 물색이 다 슬픔을 돕는 듯하여 모래와 물거품이 어지럽고 따라오는 제비와 물새가 지저귀었다. 먼 산을 바라보고 돌아올 기한을 생각하니 언제가 될지 몰랐다. 슬픈 마음이 솟아나니 시름과 원망을 이기지 못하였다. 성 안팎에서 모여든 사람들이 늙은이를 붙들고 어린이를 이끌어 무리 지어 강가에 가득하였다. 그중에서 학식이 있는 사람이 말했다.

위로(慰勞)ᄒ려 ᄒ야 짐즛 사식(辭色)을 누기고 펴라 위로(慰勞)ᄒ되 님셩(臨城)은 나히 더욱 어린디라 겁(怯)녀여 울기를 그치지 아니ᄒ니 님창(臨昌)이 ᄃ라 닐오디, "이 아히로 인(因)ᄒ야 반다시 큰일이 나리로다. 너모 겁(怯)ᄒ지 말나. 우리 무슴 죄(罪)로 주그리오?" ᄉ긔(辭氣) 타연(泰然)ᄒ니 이 비록 날을 위로(慰勞)ᄒ는 일이나 ᄯ혼 나히 너도ᄒ 줄 알니라라"(『건거지』, 13b~14a쪽).

"저렇게 어린 나이에 죄도 없이 벌을 받으니 진실로 가련하구나."

또한 우리 때문에 슬퍼서 통곡하는 사람이 강가에 많았다. 비록 말세의 인심이지만 기특하였다.[21]

화자는 백성들이 유배 가는 자신들을 구경하러 나오면서 그 가운데 학식 있는 사람이 임창군과 임성군이 어린 나이에 죄없이 벌을 받게 되어서 가련하다고 한탄했다고 말한다. 이처럼 백성들조차 자신들을 안타까워하고 눈물을 흘렸다고 기록하고 있다.

한편 화자는 자신의 꿈을 구체적으로 적음으로써 자기 집안의 무죄를 밝히고자 하기도 한다. 먼저, 추자도에서 낯선 생활을 겪으면서 차라리 목숨을 버리고자 할 때 조상들이 꿈에 나와 문제를 해결해 주겠다고 했다고 기록하고 있다.

이때 나의 서러움은 나라를 원망하고 조정을 한탄하는 것이 아니었다. 다만 '내가 전생에 무슨 악업을 쌓아서 이렇게 고초를 겪는가.'라고 생

---

21 "겨우 성문(城門)의 나 진두(津頭)의 니르러 교 (轎子)를 브리올 아희들과 도 (都事) 등(等)의 탈 비 딘두(津頭)의 다허시니 물식(物色)이 다 슬프믈 돕 듯 모리와 물거품이 어 럽고 라오 져비 물식 지져괴니 먼 뫼흘 라보고 도라올 긔흔(期限)을 각 니 지속(遲速)이 업 디라. 늣거운 회(懷抱ㅣ) 소 나니 수한(愁恨)을 이긔디 못 녀라. 셩듕셩외(城中城外)예 모든 사 이 늘그니를 붓들며 어리니를 잇그러 무리 지어 강두(江頭)의 득 야 그즁(中) 유식(有識) 사 은 닐오 , "뎌 어린 나희 무죄(無罪)히 죄(罪)에 빠디니 진실(眞實)로 가련(可憐)타." 고 혹 눈믈을 쓰리며 위(爲) 야 슬허 통곡(痛哭) 니 강변(江邊)에 몌엿시니 말세(末世) 인심(人心)이나 또 긔특(奇特) 더라"(『건거지』, 27a~27b쪽).

각하며 또 한편으로 '이제 유배지까지 절반밖에 못 갔는데도 벌써 끊임 없는 괴로움을 천만 가지로 겪었구나. 가만히 앞일을 생각하니 더욱 아 득하구나. 언덕에 오르지 못하고 바다에 빠져 죽는 것보다 차라리 이 땅에서 먼저 죽어서 해골이라도 서울과 가까운 곳에 묻히는 것이 낫겠 다.'라고 생각했다. 이렇게 생각하니 가슴이 미어지어 소리 내어 통곡 하였다. 일행 상하가 울지 않는 사람이 없었다. 게다가 내가 자결할까 염려하여 내가 차던 칼과 주머니 속의 비상砒霜을 다 치웠다. 내 온몸을 주물러 겨우 잠이 들었다. 꿈속에서 여러 선조가 다 모이셨다. 비록 생 전에 뵙지 못했으나 모습이 완연하고, 우리 남편도 곁에 계셨다. 선조 들이 모두 나를 위로하셨다.

"어찌 이렇게 과도하게 슬퍼하느뇨? 우리가 마땅히 여기저기에 청원하 여 끝내 근심이 없게 하리라."[22]

---

22 "이쩍 셜우미 나라흘 원망(怨望)ᄒᆞ며 됴졍(朝廷)을 흔(恨)ᄒᆞ미 아니라 다만 '젼싱 (前生)의 므슴 악업(惡業)을 빠하 이러틋 고초(苦楚)를 밧ᄂᆞ고' ᄒᆞ며 쏘 싱각ᄒᆞ니 '이제 온 길히 반(半)이 못ᄒᆞ여셔 볼셔 무흔(無限) ″ 괴로오믈 쳔만(千萬) 가지로 겻 것ᄂᆞ지라. 가만히 젼두(前頭)를 혜아리미 더욱 묘망(渺茫)ᄒᆞ니 언덕의 오ᄅᆞ디 못ᄒᆞ 고 ᄒᆡ즁(海中)의 빠져 죽ᄂᆞ니 츨하리 이 싸히셔 몬져 죽어 ᄒᆡ골(骸骨)이나 셔울 갓가 온ᄃᆡ 무팀만 ᄀᆞᆺ지 못ᄒᆞ다' ᄒᆞ야 이러틋시 싱각ᄒᆞ매 촌댱(寸腸)이 믜여져 소리ᄒᆞ야 통 곡(痛哭)ᄒᆞ니 일힝(一行) 상히(上下ㅣ) 아니 울니 업고 쏘 ᄂᆡ 자결(自決)홀가 념녀 (念慮)ᄒᆞ야 ᄂᆡ 추던 칼과 힝즁의 쓰던 비상(砒霜)을 다 츼우고 온몸을 쥐믈러 겨우 잠 을 들미 쑴의 녈위(列位) 션영(先靈)이 ᄃᆞ 모드시니 비록 젼일(前日)의 다 뵈옵디 못 ᄒᆞ여시나 의형(儀形)이 완연(完然)하고 우리 ᄌᆞ셔[갸]도 쏘흔 겻ᄒᆡ 겨사 다 위로(慰 勞)ᄒᆞ여 니ᄅᆞ샤ᄃᆡ, "엇지 이러틋시 과도(過度)히 슬허ᄒᆞ뇨? 우리 맛당이 두루 쳥 (請)ᄒᆞ야 ᄆᆞᄎᆞᆷᄂᆡ 근심이 업게 ᄒᆞ리라"(『건거지』, 38a~39a쪽).

위의 인용문에서 화자는 자신이 전생에 무슨 악업을 지어 이렇게 고초를 받는지 생각하다가 차라리 여기서 죽어서 시신이라도 서울과 가까운 곳에 묻히고 싶다고 생각했다고 말한다. 이에 큰 소리로 통곡하였는데 일행들이 모두 통곡하다가 자신이 자결할까 염려하여 칼과 비상을 빼앗았다고 적었다. 그런데 겨우 잠이 들자 꿈에 선령들이 나와 너무 슬퍼하지 말라며 자신들이 청원하여 문제를 해결해 주겠다고 말했다고 한다.

그뿐만 아니라 자신의 꿈에 임금이 나와서 제주도에 귀양 간 사람들이 풀려날 것이라고 말했다고 쓰기도 한다.

기미년 음력 10월에 갑자기 꿈을 꿨다. 꿈속에서 영문도 모르게 대궐로 들어갔다. 주상께서 새문에서 들어오시며 옥색의 기쁜 기운을 띠어 말씀하셨다.

"지난번 제주에 유배 갔던 사람들이 모두 죄를 벗었으니 반드시 집으로 쉽게 돌아올 것이다."

내가 그 말씀을 듣고 일어나 손을 비비고 눈물을 흘리며 끊임없이 축수하다가 깨어났다. 마음속으로 의아하여 그 의미를 풀지 못하여서 근심스러웠다.[23]

---

23 "긔미(己未) 초동(初冬)의 홀연(忽然) 꿈을 어드니 가는 거시 업시 대월 드러갓는지라. 상(上)이 식문으로브터 드러오오시며 옥식(玉色)의 깃븐 긔운을 씌여 니루시디, "뎌젹 제쥬(濟州) 갓던 이 다 버서시니 반드시 수이 도라오리로다." 흥시겨늘 늬 그 말숨을 듯줍고 니러나 손을 뭉괴고 감누(感淚)를 드리워 무궁(無窮)이 튝슈(祝壽)ᄒ다가 씨치니 심듕(心中)의 의ᄋ(疑訝)ᄒ고 히득(解得)지 못ᄒ야 민″(悶悶)ᄒ더

위의 인용문에서 화자는 꿈에 임금이 나와 제주도에 귀양 간 사람들이 혐의를 모두 벗었으니 서울로 돌아오게 될 것이라고 말했다고 한다. 이처럼 꿈을 구체적으로 기록하는 것은 자신이 역모를 저지른 죄인이 아니라 정쟁의 희생자일 뿐임을 드러내려는 것이라고 볼 수 있다.[24] 또한 자신이 병을 치료하러 서울에 잠시 머물렀을 때도 내전에서 "문안 편지를 평소와 같이 보내라"라고 전했다고 적기도 한다. 두 아들은 여전히 유배지에 있지만 내전에서는 자신의 집안을 더 이상 죄인으로 취급하지 않았다는 의미이다.[25]

게다가 "주상께서 병술년 옥사를 재논의할 뜻을 조정 신료에게 물으시니 회의하는 날 하늘에서 비가 내려서 내가 신명이 감응함이 있는 줄 알았다"[26]라며 병술년 옥사를 재논의하려 할 때 하늘에

니"(『건거지』, 55b~56a쪽).

24 조수미는 이광희(李光熹, 1688~1746)의 유배일기 『태화당북정록』(太和堂北征錄)에 나타난 꿈의 양상을 검토하면서 유배객의 내면 풍경을 살펴보았다. 이광희는 3년 동안 유배 생활을 하였는데, 이 일기에 꿈을 총 52차례나 기록하였다. 그 내용은 가족과 집에서 재회하는 꿈과 과거 및 귀양에 대한 꿈으로 나눌 수 있다(조수미, 「유배일기 『태화당북정록』에 기록된 '꿈'의 양상 연구」, 『민족문화논총』 57, 영남대학교 민족문화연구소, 2014, 337~361면). 분성군부인도 유배 생활 동안 여러 꿈을 꾸었으리라 짐작되는데, 이 중에서 무죄에 관련된 꿈을 중점적으로 기록하였다는 점에 주목할 필요가 있다.

25 "궐내(闕內)에 왓소오믈 알외온즉 안흐로서 '글월노 문안(問安) ᄒ기를 상시(常時)와 ᄀᆞ치 ᄒ라' ᄒ시니 이ᄂᆞᆫ 다시 죄인(罪人)의 집으로 딕졉(待接)지 아니ᄒ심을 뵈시ᄂᆞᆫ ᄯᆞ더라"(『건거지』, 64a쪽).

26 "병술년(丙戌年) 옥ᄉᆞ(獄事) 실히을 뜻을 지졍(朝廷) 신뇨(臣僚)의게 뭇ᄌᆞ오시니 회의(會議)ᄒᄂᆞᆫ 날 하날이 비를 나리오니 신명(神明)의 감응(感應)ᄒᄆᆞ 잇ᄂᆞᆫ 쥴을 알니러라"(『건거지』, 71a쪽).

서 비가 내렸다며 신명조차 소현세자 집안의 무죄를 알고 있다고
암시한다. 이때 병술년의 옥사는 소현세자의 아내인 민회빈愍懷嬪
강씨姜氏(1611~1646)가 사사 당한 사건을 말하는 것이다. 1646년
(인조 24) 1월 3일 인조의 수라상에 있는 전복에서 독이 발견된다.
독살 사건의 배후가 밝혀지지 않자 인조는 강빈이 심양에서 왕위
를 바꾸려고 홍금적의紅錦翟衣를 만들고 내전內殿의 칭호를 사용했다
며 강빈을 배후로 지목하였다가 끝내 강빈을 서인으로 폐출시켜
사사하라는 명을 내렸다. 숙종이 뒤늦게 이 사건을 재논의하고자
하니 그날 비가 내렸다는 것이다.

이처럼 분성군부인은 집안의 무죄를 주장함으로써 자신들이 역
모를 저지른 죄인이 아니라 정쟁의 희생자일 뿐이라는 점을 강조
한다.

4. 적소의 이방인으로서 자기 재현

『건거지』에서 가장 인상적인 부분은 여성이 추자도와 제주도의
유배 생활을 직접 기록했다는 점이다. 정우봉은 『건거지』에서 화
자가 아들 형제의 병환, 환경에 대한 적응, 관아의 간섭과 통제, 열
악한 주거 공간 등으로 고통을 감내해야 했다는 것을 기록했다고
언급했다.[27] 한편 최지녀는 화자가 추자도와 제주도의 여성들과 맺
은 유대 관계에 주목하여 이것이 『건거지』의 특색이라고 보았다.[28]
이 작품에는 유배의 고초와 여성의 유대가 기술되어 있는 한편으

로 유배지의 풍속도 기록되어 있다.

먼저, 화자는 유배지의 무당을 관찰하고 있다.

추자도의 섬사람이 말했다.

"섬에 신당이 있어서 아주 영이합니다. 신당에 빌면 반드시 답이 있을
것입니다."

이에 바로 사람을 시켜 신당에 빌었으나, 안개가 걷히지 않아서 추자도
에 머무른 지 이미 오래되었다. 배에 타고 있던 사람들이 모두 근심하
고 민망해했다. 이때 제주도 배가 추자도에 도착하였다. 그 배에 무당
이 있어서 말했다.

"일행 가운데 두 여자가 서울에서 이별할 때 사람들이 준 옷을 가져왔
다. 수신이 여기에 연연하여 안개가 걷히지 않는 것이다. 이 여자들이
운수가 궂으니 배에 함께 타서 가지 못할 것이다. 먼저 두 사람의 옷을
물에 던지면 안개가 걷히고 배가 편하게 갈 것이니 오늘 당장 그렇게
하라."

또한 나에게 말했다.

"부인께서도 액이 있으십니다."

일행이 가지고 있었던 쌀과 비단, 옷을 내어 주어 무당이 시키는 대로
하였다. 그러나 이튿날에도 안개가 걷히지 않았다. 무당의 말이 망령되
다고 하였다. 이윽고 뱃사람이 높은 데 올라 바라보고 말했다.

---

27 정우봉, 앞의 논문, 2018, 144쪽.
28 최지녀, 앞의 논문, 197~201쪽.

"한라산 꼭대기 위에 바윗덩이만 한 구름이 있으니 날이 늦으면 안개도 걷히고 반드시 좋은 바람이 이 구름을 좇아서 일어날 것이다."[29]

위의 인용문에서 유배 일행이 추자도에서 제주도로 출발하려고 했으나 사방에 안개가 자욱하여 배를 띄우지 못한다. 이에 처음에는 추자도의 신당에 빌었으나 효과가 없었다. 그다음에 제주도에서 오는 배에 타고 있던 무당이 시키는 대로 하였더니 다음 날 아침에는 안개가 자욱했으나 오후에 점차 안개가 걷혀서 배를 띄울 수 있었다. 이처럼 유배지의 무당에 대한 태도는 처음에는 부정적이었으나 이후에는 중립적으로 바뀌고 있다고 볼 수 있다.

한편 유배지의 음식과 사람에 대해서도 구체적으로 기록하고 있다.

---

29 "섬 스룸이 닐오듸, "섬의 신당(神堂)이 잇셔 심(甚)히 녕이(靈異)ᄒ니 빌면 응당(應當)이 응(應)이 이시리라." ᄒ고 즉시 사룸으로 ᄒ여곰 비로듸 일즉 쏘혼 것지 아니ᄒ고 머무런지 임의 오란지라. 빈 가운듸 스룸이 다 근심ᄒ고 민망(憫惘)ᄒ여 ᄒ더니 맛춤 졔쥐(濟州ㅣ) 빈 다핫ᄂ지라. 그 빈에 무당이 이셔 니로듸, "힝즁(行衆)의 두 겨집스룸이 셔울셔 니별(離別)ᄒᆯ 졔 사룸의 준 옷슬 가져 왓ᄂ지라. 이것시 수신(水神)의 도라본 빈 되어 그러ᄒ고 이 사룸이 쏘혼 익(厄)이 구즈니 가히 빈예 흔가지로 못 갈 거시니 몬져 두 사룸의 옷슬 가져 물에 더지면 안기 사러지고 빈 편(便)ᄒᆯ 거시니 즉일(卽日)에 그리ᄒ라." ᄒ고, "부인(夫人)이 쏘혼 익(厄)이 잇ᄂ지라." 힝즁(行衆)의 다 못 미빅(米帛)과 오슬 너여 주어 져 니르ᄂ 듸로 ᄒ엿더니 이튿날도 오히려 안기 것지 아니ᄒᄂ니라. 무당의 말이 망영(妄靈)되다 ᄒ더니 이윽고 ᄉ공(沙工)이 놉흔 듸 올나 ᄇ라보고 닐오듸, "한라산 결뎡 우희 바리덩이만흔 구름이 이시니 날이 느즈면 안기도 것고 반드시 죠흔 ᄇ롬이 이 구름을 조ᄎ 이러나리라." ᄒ고"(『건거지』, 39b~40b쪽).

③ 그러나 이 땅의 풍속이 순박하여 귀양 온 사람이 만약 극악한 범죄를 저지른 죄인이라도 하더라도 모두 대접하였으며, 우리에게는 더욱 후하게 대접하였다. …… 제철 과일도 매번 갖다주었다. 삼사월에 익는 '삼등'이라는 과일은 크기가 버찌만 하였다. 가을에 열리는 것은 '틀'이라고 하는데 모양이 대추 같은데 맛이 아주 좋지 않았다. 오미자만 빛이 검고 맛이 무던하였다. 이 땅에 뱀이 아주 많아 견디기 어려웠다. …… 여름이 되어 지게문을 열면 모기가 무리 지어 들어와 방안에 가득했다. 사람을 물고 쏘니 살이 헐고 어린아이는 더욱 견디지 못했다.[30]

④ 이때 두 관기(官妓)는 의복이 서울과 다르지 않았다. 그러나 민간의 여자들은 비록 머리를 얹어도 틀어서 얹지 않았으며, 서너 살, 여덟아홉 살 아이라고 할지라도 다 머리를 얹었다. 사투리도 처음에는 듣기에 이상하더니 오랜 시간이 지난 후에는 무슨 말인지 알아들었다.[31]

---

30 "그러나 이 짜 풍속(風俗)이 순박(淳朴)호야 귀양 온 사람이 혹(惑) 악역(惡逆)의 간범(干犯)호니라도 쏘흔 다 딕졉(待接)호고 우리 향(向)호여는 더욱 후(厚)혼다라. (…중략…) 시졀(時節) 실과(實果)를 쏘흔 매양(每樣) 갓다가 주니 삼스월(三四月)의 닉는 삼등이란 실과(實果ㅣ) 크기 벗만 호고 가을의 여는 거슨 틀이라 호고 거동이 딕토끗트딕 마시 심(甚)히 죠치 아니호고 오미직(五味子ㅣ) 홀노 비치 검고 맛슨 무던호더라. 이 짜히 빅얌이 심히 만하 견딕기 어렵더라. (…중략…) 녀름을 당호야 지게를 열면 모긔 무리지어 드러와 방듕(房中)의 マ득호야 사름을 물고 쏘니 슬이 헐고 어린 아히는 더욱 견딕지 못호는지라"(『건거지』, 46b~47b쪽).

31 "이쩍 관기(官妓) 둘은 의복(衣服) 모양(模樣)이 셔울과 다른 줄 모르대 촌간(村間) 겨집들은 비록 머리를 언저도 트러 언지 아니호고 스오세(四五歲) 팔구세(八九歲) 아희라도 다 머리를 언고 스토리 호는 말도 처음은 드르미 고이(怪異)호던니 오란 후(後)는 알니러라"(『건거지』, 56b쪽).

124

③에서 화자는 제주도의 사람과 음식에 대해서 말하고 있다. 사람들은 순박하여 자신들에게 후하게 대해 주나 음식은 대체로 먹을 만하지 못했다고 기록한다. 또한 뱀이 심하게 많아서 견디기 어려웠다거나 모기가 너무 많아 고통스러웠다고 말한다. ④에서 화자는 의복과 방언에 대해서 말하고 있다. 관기의 의복은 서울과 같았으나 백성의 의복은 차이가 있었으며, 사투리를 처음에는 이상하게 생각했으나 점차 알아듣게 되었다는 것이다. 한편 자신의 비복이 일본으로 표류한 이야기를 쓰고 있기도 하다.[32]

이처럼 서울의 왕족으로서 쉽게 겪을 수 없는 일을 쓰면서 귀양지에서 느끼는 생경함을 기록하고 있다. 이런 기록은 화자가 유배지에서 이방인으로서 자신을 그리고 있음을 확인하게 한다.

5. 여성의 자기 재현과 인정 투쟁

『건거지』에서 분성군부인은 다양한 방식으로 자기를 재현하고 있는데, 이는 '집안의 여가장', '정쟁의 희생자', '적소의 이방인'이라는 세 가지 면모로 요약될 수 있다. 분성군부인의 집안은 소현세

---

32 "또 빈궁(嬪宮) 귀신(鬼神)의 제수(祭祀)를 출혀 망곡(望哭)호려 호디 유청(乳淸)이 이싸 소산(所産)이 아닌디라 유길과 수민을 보닉여 도라올 길히 유청을 무역(貿易)호여 오라 호엿더니 납월(臘月) 망간(望間)의 바다의셔 표풍(漂風)호디라"(『건거지』, 51b~52a쪽).

자의 적통을 이어받은 왕손으로서 언제든 역모에 휘말릴 수 있는 위험이 있었다. 작자의 시어머니 민회빈 강씨는 사사되었고, 남편 경안군도 형제들과 제주도에서 유배하였으며, 두 아들도 귀양살이 하였다. 이후 작자의 손자이자 임창군의 장남인 밀풍군密豊君 이탄李坦 (1688~1729) 역시 이인좌의 난에 휘말려서 자결한다. 이로 인해 작자는 두 아들이 죄도 없이 유배 갔다는 것을 확실하게 밝혀야만 하였을 것이다.

이는 『건거지』라는 제목에서도 드러난다. '건거'巾車라는 제목은 후한後漢 광무제光武帝 풍이馮異의 고사에서 비롯된 것이다. 『건거지』를 번역한 박사수는 제목을 붙인 이유를 다음과 같이 적었다.

옛날 한나라 대 풍이라는 사람이 건거라는 땅에서 광무제에게 잡혔는데, 황제가 그를 풀어 주었다. 풍이가 그 은혜를 잊지 않았기 때문에 끝내 광무제의 총애를 잃지 않아 후손에게까지 그 은혜가 미쳤다. 부인께서 그때 겪은 액운은 건거에서의 액운보다 심하다고 할 수 있고 오늘날 이 책을 기록하시는 뜻은 풍이가 은혜를 잊지 않는 것과 다르지 않다. 따라서 부인께서 융성한 복록을 누리는 것이 어찌 마땅하지 않으며, 앞으로 일어날 경사를 어찌 헤아리겠는가? 그러므로 사수가 부인께서 말씀하시는 것을 즐겨 듣고 부인을 위하여 한문으로 번역하여 책을 만들고 책 이름을 '건거'라고 하였다.[33]

---

33 "녜 한디(漢代) 풍이(馮異)란 사룸이 건거(巾車)짜히 잡히여 한광무(漢光武)의 프로 노히물 닙어 그 은혜(恩惠)를 닛디 아닌고로 ᄆ춤닉 총녹(寵祿)을 보젼(保全)ᄒ야

박사수는 분성군부인이 풍이보다 심한 고난을 겪었으며 풍이처럼 그 고난을 잊지 않았으므로 제목을 '건거'라고 했다고 밝히고 있다. 이를 통해 정우봉은 분성군부인이 현재에 자만하지 않고 고통스러운 과거를 잊지 말아야 한다는 것을 후손에게 전하고자 『건거지』를 창작했다고 보았다.[34]

그러나 이 해석은 『후한서』「풍이전」에서 풍이가 광무제에게 말한 두 가지 내용 가운데 한 가지에 집중한 것이라고 볼 수 있다. 풍이는 광무제에게 관중管仲이 제환공齊桓公에게 한 말을 언급하면서 "신도 황상께서 하북河北의 고난을 잊지 않으시기를 바랍니다. 소신은 감히 건거향巾車鄕의 은혜를 잊지 않겠습니다"라고 말한다.[35] 광무제가 하북에서 고난을 겪었을 때 자신이 도와준 것을 잊지 말라고 하면서 자신도 광무제가 건거향에서 자신을 잡았다가 다시 풀어 준 것을 잊지 않겠다고 말하는 것이다. 이처럼 풍이는 천자에 대한 당부와 자신의 다짐을 모두 말하고 있음을 알 수 있다.

따라서 분성군부인의 기록에 '건거'라는 이름이 붙었던 것은 분

미루어 훗ᄌ손(子孫)의게 이르니 부인(夫人)의 그쩌 익(厄)은 건거(巾車)의 익(厄)의셔도 심(甚)타홀 거시오 오날날 이 칙(册)을 긔록(記錄)ᄒ시ᄂᆞᆫ 쓰든 풍이(馮異)의 닛디 아님과 다르시미 업스니 그 셩ᄒ 복녹(福祿)을 누리시미 어이 올치 아니며 댱ᄂᆡ(將來)의 경ᄉ(慶事)를 ᄯᅩ 가히 측냥(測量)ᄒ랴? 이러므로 ᄉ쉬(師洙) 믄득 니르시 물 즐겨 듯ᄌ즙고 위(爲)ᄒ여 번문(飜文)ᄒ야 칙(册)을 민들고 칙(册) 일홈을 건거(巾車)라 ᄒ옵ᄂᆞ니"(『건거지』, 5a~5b쪽).

34 정우봉, 앞의 논문, 2017, 191~192쪽.

35 『後漢書』券47「馮異傳」, "臣聞管仲謂桓公曰: '願君無忘射鉤, 臣無忘檻車.' 齊國賴之. 臣今亦願國家無忘河北之難, 小臣不敢忘巾車之恩."

성군부인이 후손들에게 유배의 고통을 잊지 말라고 당부하는 것인 동시에 임금에게 자신의 집안이 죄가 없다는 것을 잊지 말라고 당부하는 것이라고 할 수 있다.

분성군부인은 『건거지』에서 집안의 무죄를 주장하는 한편, 집안을 건사하기 위한 자신의 신고辛苦를 기록하고 있다. 악셀 호네트는 모든 사회적 투쟁과 갈등이 인정 투쟁으로 이해될 수 있다고 보았다. 개인이 인정받고자 하는 근본 기대가 훼손되고, 그 개인적 훼손감이 한 집단에서 영향력을 발휘하게 되면 사적으로 존재하고 있던 무시에 대한 경험이 수면으로 드러나 집단적 '인정 투쟁'의 도덕적 동기가 발생한다는 것이다.[36] 분성군부인의 글쓰기도 인정 투쟁이라고 볼 수 있다. 소현세자가 의문사한 이후, 그의 집안은 몰락의 길을 걸었다. 특히, 분성군부인은 두 아들이 역모에 휘말림으로써 자신이 인정받고자 하는 기대가 완전히 훼손되었다고 할 수 있다. 이런 감정을 복구하기 위하여 분성군부인은 붓을 들 수밖에 없었을 것이다. 이처럼 분성군부인은 집안의 복권과 자기의 회복을 위한 인정 투쟁의 장으로 글쓰기를 활용했다.

---

36 악셀 호네트, 『인정투쟁』, 문성훈 · 이현재 옮김, 사월의책, 2011, 301~303쪽.

경안군과 분성군부인 허씨의 묘

경안군과 분성군부인 허씨의 묘비

민회빈 강씨의 영회원

참고문헌

김윤희, 「고대 연설에 나타난 설득의 방법적 요소(pistis)에 관한 연구」, 『인문과학연구』 34, 강원대학교 인문과학연구소, 2012, 259~286쪽.

들뢰즈, 질·펠릭스 가타리, 『천개의 고원』, 김재인 옮김, 새물결, 2001.

박현순, 「문집을 통해 본 조선시대의 일기와 일기쓰기」, 『조선시대사학보』 79, 조선시대사학회, 2016, 73~119쪽.

정우봉, 「분성군부인 허씨의 한글일기 『건거지』 연구(1)」, 『한국고전여성문학연구』 34, 한국고전여성문학회, 2017, 167~197쪽.

_____, 「분성군부인 허씨의 한글일기 『건거지』 연구(2)」, 『한국고전여성문학연구』 36, 한국고전여성문학회, 2018, 139~180쪽.

_____, 『조선 사람들, 자기 삶을 고백하다』, 세창출판사, 2021.

조수미, 「유배일기 『태화당북정록』에 기록된 '꿈'의 양상 연구」, 『민족문화논총』 57, 영남대학교 민족문화연구소, 2014, 337~361쪽.

조혜진, 「조선후기 여성의 자기 서사 연구」, 서울대학교 박사학위논문, 2022.

최지녀, 「『건거지』에 나타난 여성 유배 체험의 양상」, 『어문연구』 46(2), 한국어문교육연구회, 2018, 185~203쪽.

한국문학평론가협회, 『문학비평용어사전 (하)』, 국학자료원, 2006.

호네트, 악셀, 『인정투쟁』, 문성훈·이현재 옮김, 사월의책, 2011.

후드, 브루스, 『지금까지 알고 있던 내 모습이 모두 가짜라면』, 장호연 옮김, 중앙북스, 2012.

『건거지』(국사편찬위원회 소장본).

『조선왕조실록』(승정원일기, 〈sjw.history.go.kr〉).

『後漢書』

Smith, Sidonie. *A Poetics of Women's Autobiography: Maginality and the Fictions of Self-Representation*, Indiana University Press, 1987, pp. 1~224.

4장

스칸디나비아 공간과
근대 여성-되기:

최영숙의 유학 기록과
메리 울스턴크래프트의
스칸디나비아 서간문 겹쳐 읽기

/ 하인혜

죽음은 우리의 이야기를 제외한 모든 것을 앗아간다.

_짐 해리슨, 〈라슨의 홀스타인 황소〉

여성 영웅이 아닌 채로, 역사의 주변인이 아닌 채로, 그럼에도 역사와
호흡을 함께한 여성들은 역사의 어디쯤에 어떻게 기록될 수 있는가.
그러한 존재들을 기억하는 일은 과연 가능한가.

_소영현, 「애도하는 여자들: 페미니즘 서사의 역사 다시 쓰기」[1]

나는 약간의 평화와 '독립'을 갈망합니다! 우리 여성들이 동료
남성들에게서 부여받는 의무란 모두 새로운 족쇄지요. 그 의무란 건
우리가 타고난 자유를 박탈하고 우리를 지렁이 같은 존재로
일축시키고요. 나는 바닥을 기어 다니는 일 따위는 좋아하지 않습니다.

_울스턴크래프트가 출판업자이자 절친한 친구인 조셉 존슨에게 쓴
1787년 9월 13일 편지 중 일부[2]

---

1 소영현, 「애도하는 여자들: 페미니즘 서사의 역사 다시 쓰기」, 『현대문학의 연구』 74,
2021, 557쪽.

2 Wollstonecraft, Letters to Mr. Johnson, *The Works of Mary Wollstonecraft*
(London and New York: Routledge, 1989), Vol. 6, ed. Janet Todd, 354쪽.

1. 들어가며: 풍문이 되길 거부하는 근대 여성의 삶-죽음

이 글의 첫 제사題詞는 시인이자 소설가인 짐 해리슨(1937~2016)의 시 〈라슨의 홀스타인 황소〉Larson's Holstein Bull의 마지막 행이다.[3] 총 12행으로 이뤄진 짤막한 시에서 해리슨은 죽음을 애초 인간 안에 내재하고 자신의 때를 참을성 있게 기다리는 가능태로 그려낸다(1-2행). 실제 이 시에서 죽음은 그 힘을 발휘하기 전 대략 60년 동안 "어딘가 덜 떨어지는 시골 여자아이"angelic farm girl, 예컨대 황소에 들이받혀 부상을 입는 취약한 존재로 묘사된다. 죽음의 위력은 마지막 행의 급작스러운 전환에서 드러난다. 시 전체와 뚝 떨어져 마치 아포리즘처럼 기능하는 마지막 행에 이르러 시인은 죽음의 위력과 죽음 뒤에도 유효한 서사의 가능성 모두를 수용한다. 죽음이 인간의 신체와 영혼 모두를 앗아가는 폭군이라 하더라도 그 뒤에 인생이라는 이야기가 남는다는 사실은 필멸자인 인간에게 약간의 위무를 제공할 것이다. 여기에서 주목할 것은 죽음 뒤에 남는 이야기다. 어떤 이야기가 남는가? 누가 그 이야기를 기록하는가? 어떤 의도와 형식으로 직조할 것인가? 누구에게 그 이야기를 들려줄 것인가? 잠정 독자는 그 이야기를 들을 준비가 되어 있는가? 생전에 발표한 글이 상당수 남아 있는 여느 작가들과 마찬가지로 2016년 해리슨이 사망한 직후 그의 인생과 작품 전반에 대한 평가가 집중적으로 이루어졌고, 그에 대한 상반되거나, 때로는 정확하

---

3 Jim Harrison, *In Search of Small Gods*(Cooper Canyon Press, 2009).

지 않은 평가가 여러 매체의 지면을 채웠다. 고인에 대한 엇갈리는 사후死後의 평가나 해석보다 더욱 곤란한 것은 스스로를 위해 변론할 수 없는 고인을 납작하게 환원시키는 어떤 지점들일 것이다. 그렇기에 우리는 사후의 평온한 안식을 위해 자신의 인생을 자신의 글로 남기라는 권고까지 받는다.[4]

해리슨이라는 20세기 미국 남성 작가의 시를 경유했지만, 이 글은 사실 20세기 초에 출생한 근대 여성 지식인 최영숙과 18세기 중후반 영국에서 근대 페미니즘 사상가로 활동한 메리 울스턴크래프트(1759~97)의 글에 주목한다. 글 쓰는 '근대' 여성으로 이들이 활용한 언어, 집필 시기, 당대 지식 공론장이나 문학사에 남긴 족적과 공헌 면에서 두 여성이 지닌 무게감에는 상당한 차이가 있다. 사상가나 작가로서의 입지와 자의식만 놓고 보았을 때, 1790년대의 울스턴크래프트를 이제 막 유학 생활을 마치고 일제강점기 조선에서 실천적 지식인으로 활동할 포부를 갖고 귀국한 최영숙과 나란히 읽는 일은 어쩌면 현격히 체급 차이가 나는 선수를 한 시합에 붙이는 일처럼 보일지도 모르겠다. 그럼에도 최영숙과 울스턴크래프트는 스칸디나비아 국가에 체류한 경험이 있다는 점, 스웨덴(과 인접국가) 체류를 통해 새로운 근대적 지식을 체득하고 자신을 새로이 위치짓고자 하는 시도와 열망을 기록했다는 사실, 누구도 예기치 못한 시점에 황망하게 죽었다는 것, 그리고 이들의 죽음이 대체로

---

4 James R. Hagerty, *Yours Truly: An Obituary Writer's Guide to Telling Your Story*, New York: Citadel Press, 2023, xii.

남성 문인들에 의해 정리·회고되었다는 사실에서 접점을 갖는다. 가장 중요하게도, 이들은 20, 21세기에 이르러 여성주의 문학 연구자들의 복원 노력 덕분에 문학장으로 복귀했다. 최영숙과 울스턴크래프트는 이들이 각각 속한 사회에서 근대성을 담지한 대표 여성 지식인이자,[5] 월경越境을 시도하여 당대의 철학자나 사회 개혁자들과 왕성한 교류를 했다. 이 같은 삶의 궤적은 비교 문화적, 비교 문학적 분석을 요구한다. 앞서 언급한 것처럼, 이들 작가가 사망한 이후 유작으로 남은 지적 작업물을 폄훼하거나 지나치게 감성적인 서사로 환원시키려는 남성 작가들의 시도가 있었다는 점 역시 근대 여성의 글쓰기, 근대 여성 주체의 형성, 계몽주의적 자아를 확장하려는 여성들의 글쓰기를 가로막는 사회문화적, 정치경제적 장벽에 대해 고찰할 기회를 제공한다.

요약하면 최영숙과 울스턴크래프트는 공통적으로 국경 넘기[6]를

---

5 물론 이들을 호명하는 말은 다 다르다. 전자는 신여성으로, 후자는 블루스타킹으로 구분되었다. 18세기 영국의 블루스타킹에 대해서는 Elizabeth Eger ed. *Blueststockings Displayed: Portraiture, Performance, and Patronage, 1730~1830*, Cambridge: Cambridge University Press, 2013과 *Bluestockings: Women of Reason from Enlightenment to Romanticism* 참조.

6 최영숙의 국경 넘기는 개인적 호기나 공명심에서 추동되었다기보다, 독립적 계몽주체가 되는 방법에 골몰한 결과로 해석할 수 있다. 반면 울스턴크래프트의 국경 넘기는 표면적으로는 그의 당시 연인이었던 임리의 미수금 사업 자금을 회수하기 위해 시작되었다. 그러나 이 여행은 울스턴크래프가 프랑스혁명 직후 혁명 정신의 변질 과정을 목도하면서 누적된 (역사적, 사상적) 환멸과 임리와의 관계 ─ 개인적 열정의 출로 ─ 가 이미 끝났음을 알면서도 본인이 끝내지 못하는 데서 기인한 피로감에서 벗어나기 위한 시도로 읽어야 정확할 것이다.

통해 근대 지식을 체득하고자 했다. 이들은 각각 스칸디나비아 국가의 도시, 사회구조, 자연 풍광 등을 면밀히 관찰하면서 당대의 사상적·정치적 흐름을 진지하게 고찰한다. 두 작가의 스칸디나비아 체류기는 각 시대의 지성사적 맥락에서 이들이 근대 여성 지식인으로서 성장하고 인식 지평이 확장되어 가는 과정을 보여 준다. 흥미로운 것은 이런 계몽주의적 주체로서 인식을 확장해 가는 과정 안에 감상주의 언어가 끼어든다는 점일 것이다. 일견 양립 불가해 보이는 감상주의적 언어와 정서, 그리고 계몽주의적 주체 인식, 확립, 확장이 이들 글 속에서 양립하는 셈이다. 이어지는 본문에서 필자는 최영숙이 중국과 스웨덴 유학 중에 직접 남긴 기록을 울스턴크래프트의『스웨덴, 덴마크, 노르웨이에 짧게 체류하며 쓴 서간집』 *Letters Written during a Short Residence in Sweden, Norway and Denmark*(1796)[7]과 대별하며 읽어 나간다. 이런 겹쳐 읽기를 통해 스칸디나비아라는 지리적 공간이 최영숙과 울스턴크래프트에게 어떤 심리적 영향을 미

---

[7] 울스턴크래프트가 서간문 형식으로 쓴 스칸디나비아 기행문은 한국에서 2021년『길 위의 편지』(곽영미 옮김)라는 제목으로 출간됐다. 한국어 번역본의 제목이 더 짧고 압축적이라고 볼 수 있다. 울스턴크래프트의 스칸디나비아 여행을 다룬 오봉희의 2012년 논문은 이 동일한 텍스트를 더 압축하여『서한집』으로 지칭한다. 그러나 이 부르기 좋고 시적이기까지 한 제목은 울스턴크래프트가 생전에 쓴 다른 서간문 묶음과 혼동될 수 있기에 본고에서는 그가 방문한 지역을 반영한『스웨덴, 덴마크, 노르웨이에 짧게 체류하며 쓴 서간집』으로 부르기로 한다. 한편, 별도의 표기가 된 경우를 제외하면 본 몬문은 잉그리드 호록스(Ingrid Horrocks)가 편집한 다음의 판본을 활용했다. Wollstonecraft, *Letters Written During the Short Residence in Sweden, Norway and Denmark*, Ed. Ingrid Horrocks (Peterborough, Ontario: Broadview, 2013). 또한 본문에 인용된 울스턴크래프트의 서간문은 저자 본인의 번역임을 밝힌다.

쳤는지 살펴볼 것이다. 특히 울스턴크래프트의 스칸디나비아 기행문은 서간문 형식으로 쓰여 있기 때문에 18세기 말 유행하던 감성주의sentimentalism와 감성적 주체가 계몽주의적 주체와 어떤 식으로 연동하는지를 좀 더 세밀하게 고찰해 볼 수 있는 기회를 제공한다. 특히 두 작가의 스칸디나비아 기록물을 비교 분석함으로써 문학장에서의 업적이 '풍문'으로 환원되길 거부했던 여성들의 치열한 투쟁을 가시화할 수 있을 것이다. 그렇기에 울스턴크래프트와 최영숙을 비교 분석하는 본 논문의 현재적 의의를 묻는다면, 소영현 평론가의 말을 빌어 "여성 영웅이 아닌 채로, 역사의 주변인이 아닌 채로, 그럼에도 역사와 호흡을 함께한 여성들"[8]을 역사 안에 기입하고 기억하기 위한 작업이라고 대답할 것이다. 동시에 국적이나 인종을 넘어서는 페미니즘 국제주의의 계보를 짜는 시도라고도 볼 수 있을 것이다.

2. 최영숙의 스칸디나비아, 스칸디나비아의 최영숙

그 이전은 말할 것도 없고, 19세기에서 20세기 초반 한반도에서 태어난 많은 여성 작가들과 마찬가지로 최영숙(1906~1932)의

---

8 소영현, 「애도하는 여자들: 페미니즘 서사의 역사 다시 쓰기」, 『현대문학의 연구』 74, 2021, 557쪽.

생애는 매우 짧았다. 그의 생애에 대한 제대로 된 기록이나 평가 역시 많이 남아 있지 않다. 생의 길고 짧음은 인간이 어찌할 수 없는 영역이라 하더라도, 생의 공과功過가 공신력 있는 기록으로 남아 있지 못한 건 대체로 누군가의 의식적 선택의 결과다.[9] 남아 있는 기록마저 루머와 가십과 같은 잘못된 정보로 오염되는 것도 마찬가지 인과관계를 따른다. 어쩌면 후대에 기록이 남지 않은, 대충 기록되거나 파편 같은 기록만 남은 삶이란 수 세기에 걸쳐 여성 작가들이 공통적으로 견뎌 온 운명과도 같은 것이다. 17~18세기 영국에서 활동하던 여성 작가들도, 19~20세기 일제강점기와 근대화된 조선과 한국에서 여성 작가들도 비슷한 궤적을 걷곤 했다. 이들은 열정적으로 문학장에서 활동했으나, 물리적 죽음이 오기 전에 사망을 언도당하곤 했다. 죽자마자 잊히기 일쑤였고, 그나마 생전의 작업과 활동을 일소해 버릴 소문과 스캔들이 끼어들지만 않으면 다행인 것이 여성 작가들의 일생이라고 할 수 있다.[10] 전업 작가로

---

9 여성 작가들을 문학장에서 지워 버리려고 했던 당대 문단 권력이나 기존 문학사에 반발하는 유의미한 시도로 최근 일반 대중 독자를 위해 새롭게 편찬되고 있는 시리즈들에 주목할 필요가 있다. 먼저, 출판사 가갸날에서 내놓은 일제강점기 새로 읽기 시리즈, 출판사 작가정신에서 내놓은 '소설 잇다' 시리즈, 핀드에서 내놓은 김명순 다시 읽기 시도인 『사랑은 무한대이외다』를 꼽을 수 있을 것이다. 그동안 그들이 묻어 놓은 여성 작가들을 재발굴하고 현재의 독자를 만나게 한다는 문제의식은 오랫동안 공유된 것이겠지만, 시기상으로 가갸날의 기획이 마중물이 되어, 백신애, 지하련, 김명순의 작품이 차례로 독자들을 만나는 장이 생겨났다. "역사 속에 묻힌" 여성 작가 가운데 한 명으로, 그러니까 2020년대에 다시 복구하고 새롭게 읽기를 할 작가로 최영숙은 돌아왔다. 다행히도 이번엔 김명순과 백신애와 지하련과 함께.

10 손혜민은 신여성이 조선의 담론장에 등장한 이래 소문과 "불가분의 관계를 맺고 있

사는 일은 17세기의 아프라 벤Aphra Behn에게도, 18세기의 델라리비에 맨리Delarivier Manley에게도 호락호락한 일이 아니었다. 19세기의 제인 오스틴도, 메리 셸리도 이 고단함에서 자유롭지 않았다.

최초의 북유럽 유학생 최영숙의 일생은 여러 면에서 예외적이었다. 모든 최초의 성취를 거둔 사람들에게 뒤따르는 '독특함,' '예외성'과 같은 꼬리표가 최영숙을 평생 따라다녔다. 이미 우미영과 이효진이 밝힌 것처럼, 그가 1920년대 조선의 유학지로 가장 많이 거론되던 일본이나 미국이 아닌 중국을 거쳐 스웨덴에서 유학을 했기 때문이다.[11] 이효진은 2018년 논문에서 최영숙이 최초의 미국 유학생인 박에스터, 김마리아, 박인덕 등과도 대조적인 존재임을 여러 차례 밝힌다.[12] 그의 인생과 이력이 지니는 독특함이나 이질성은 먼저 그가 택한 유학지나, 유학을 마치고 귀국하는 길에 인도를 여행한 사실에 기인한 것이기도 하지만 그의 임신 사실과 자연유산, 그리고 죽음과 관련한 당시의 선정주의적 보도로 인해 고착된 것이기도 하다).[13] 최영숙은 20대 중반에 사망했기 때문에 학

다"는 점을 문제 삼고, 그들이 "소문의 대상이자 소문의 산물"이라고 주장한다. 이 연구에서 손혜민은 일제강점기 근대 여성 주체 형성 과정이 재현되는 양상을 추적한다 (손혜민, '소문'에 대응하여 형성되는 '신여성'의 기표: 나혜석의 단편 「경희」(1918)를 중심으로」, 『사이間』 7, 2009, 146쪽). 신여성이 지칭하는 여성의 범주가 넓고 일관된 기준이 적용되지 않아서 본고에서는 신여성 대신 근대 여성 지식인, 계몽주의적 주체를 대체어로 활용했다. 그러나 신여성들의 열망과 좌절, 당대 사회적 맥락에 관해서는 최혜실의 『신여성들은 무엇을 꿈꾸었는가』, 생각의 나무, 2000을 참조.

11 이효진, 「신여성 최영숙의 삶과 기록: 스웨덴 유학 시절의 신화와 루머, 그리고 진실에 대한 실증적 검증」, 『아시아여성연구』 57.2, 2018, 144쪽.

12 위의 글, 143~174쪽.

생, 좀 더 정확히 유학생으로서의 정체성이 그의 인생에 상당한 비중을 차지한다. 그리고 이는 그에게 신여성이라는 특권적 지위를 부여하는 근거가 되기도 한다. 손혜민은 1906년부터 외국인 선교사들이 여학교를 설립하고, "계몽적 주체로서의 소명 의식"을 갖게 된 청년층이 부상하게 된 역사적 배경 안에 여학생의 등장을 설명한다.[14] 더욱이 피식민인 여학생의 유학과 귀국 과정을 식민지 사회 내에서 욕망과 사회적 지위의 상승 구조로 설명한 아래의 설명은 주목할 만하다.

이들[교육을 통하여 근대적 개인으로서의 자각을 가진 여학생-인용자]이 유학 중이었다는 사실은 중요하다. 이 시기 유학은 조선에서 밖으로 나가는 사회적 이동만이 아니라, 마을에서 메트로폴리스로, 다시

---

13 위의 글, 145쪽. 여성 작가/지식인의 이력과 저술 활동의 다면성을 선정주의적으로 환원시키는 의도와 시도에 대해서는 추후 논의할 것이다. 여성 작가/지식인을 "윤색" 하고 "사장"해 온 역사에 반발하여 우미영은 여성주의적 복원을 시도했다. 최영숙과 직접적 관련이 있는 1차 문헌을 발굴하여 정리하는 이효진의 최근 작업 역시 최영숙의 인생을 다면적으로 복구하려는 의미 있는 노력이다. 남성 기자나 남성 문단 권력에 의해 중개되지 않는 최영숙의 면모를 복구하려는 시도는 이효진의 「스웨덴 소장 신여성 최영숙 관련 자료 소개(1)」, 「스웨덴 소장 신여성 최영숙 관련 자료 소개(2)」에 잘 드러난다. 「스웨덴 소장 신영성 최영숙 관련 자료 소개(1)」 430쪽에서 이효진은 새로 발굴한 최영숙 자료를 소개하며, "생각보다 자료의 양이 방대하므로, …… 총 세 차례에 나눠서 소개"하겠다고 앞으로의 계획을 밝힌다. 2023년 7월 현재까지 총 두 편의 논문이 나온 걸 보면, 앞으로 한 번의 자료 소개와 해제를 최영숙 연구자들은 기다리고 있는 셈이다.

14 손혜민, 「'소문'에 대응하여 형성되는 '신여성'의 기표: 나혜석의 단편 「경희」(1918) 를 중심으로」, 142쪽.

마을로의 이동을 함축하는 식민지적 순환이기도 했다. 이는 단순한 순환이 아니라 한 번 순환할 때마다 사회적 지위와 역할의 상승을 동반하는 나선형의 순환 구조를 가진다는 점에서 주목을 요한다. 이들의 유학지가 일본의 동경에 집중되어 있었다는 점 또한 특기할 만한 점이다. 이들은 일본을 통하여 서구의 근대를 흡입하였으며, 전근대로서 조선뿐 아니라 근대화된 일본을 타자화하는 문제와 대면하여야 했다. 다른 한편으로 유학은 이들에게 일본 제국이 보장하는 사회적 지위의 상승을 승인하는 기회였다. 이러한 복잡한 맥락 하에서 여학생들은 유학을 통하여 이른바 신여성이라는 계몽 주체로서 자의식을 내면화하였던 것이다.[15]

위의 인용문에서 손혜민이 설명한 것처럼, 유학의 기회를 얻은 최영숙은 "계몽 주체로서의 자의식을 내면화"하는 과정을 거쳤다.[16] 최영숙이 스웨덴 유학을 마치고 일 년이 지난 시점에서 유학 시절을 회고한 1932년 1월 『삼천리』에 수록된 기사를 보면, 그는 물질적으로 여유롭지 않은 환경에서 조선을 위해 뭔가를 배워 가야 한다는 소명에 불타오르는 고학생으로 스스로를 정체화 한다.[17] 그에게 스웨덴이란 "어릴 때부터 다른 어느 곳보다 가장 동경하던"

15 위의 글, 142쪽, 강조는 인용자.
16 손혜민, 앞의 글, 142쪽.
17 최영숙은 집안의 경제적 상황이 기울었을 때 스스로 체류비를 해결해야 하는 "고학생"이었음을 짧게, 그러나 반복적으로 회고한다. 「그리운 옛날 학창시대-스웨덴 대학 생활」, 『네 사랑 받기를 허락하지 않는다』, 가가날, 2018, 18쪽, 20쪽.

장소기도 했다.[18] 그가 스웨덴을 동경했던 이유는 이미 선행 연구자들이 밝혔듯, 엘렌 케이라는 스웨덴 국적의 여성주의 사상가/활동가 때문이었다. 새로운 환경에 어느 정도 적응을 마치자, 그는 조선을 소개해야 한다는 사명감 내지는 책임감이 있었고, 이는 앞서 손혜민이 "식민지적 순환"이라고 적확하게 밝힌 구조에 연루된 피식민 여학생이 어떤 자의식을 갖고 있는지 보여 주는 대목이라 하겠다. 『조선일보』의 1928년 4월 10일자에 기재된 글에 따르면, 최영숙은 "스웨덴 사회 사정과 조직에 대한 연구"를 할 포부를 가진 사회과학도였다. 동시에 "동양 여자의 해방운동"을 주제로 한 강연을 포함하여, 학업뿐만 아니라 강연을 통해 조선을 알리는 일도 동시에 수행하고 있었음을 알 수 있다.[19]

최영숙이 살아 활동하던 당대의 국제적·지정학적 맥락을 고려하는 작업은 그의 죽음 직후 쏟아져 나왔던 선정적 낭만화의 프레임으로 가둘 수 없는 여성 지식인의 복잡다단한 면모를 일별하고 재조명하는 데 도움이 된다.[20] 더욱이 울스턴크래프트의 스칸디나비아 서간문과 이효진이 새로 발굴한 최영숙 관련 자료들을 나란히 읽는 시도를 통해 사적인 기록을 남기면서 동시에 공적 활동을 수행하는 근대 여성 주체가 형성되는 데 여러 스케일의 사건이 교

---

18 「그리운 옛날 학창시대-스웨덴 대학 생활」, 『네 사랑 받기를 허락하지 않는다』, 17쪽.

19 「김산 형 아뢰옵니다」, 『네 사랑 받기를 허락하지 않는다』, 53쪽.

20 우미영의 선구적 논문은 오랜 세월 "사장(四葬)된" 최영숙을 복원하여, 그가 중국-스웨덴-인도-조선에서 신지식인 주체로 형성되어 가는 궤적을 잘 보여 준다. 우미영, 「신여성 최영숙론: 여성의 삶과 재현의 거리」, 『민족문화연구』 45, 2006, 293~328쪽.

차하고 있음을 확인할 수 있다. 20세기 초 조선의 근대 여성 지식인들은 소수였고, 이들에게 필연적으로 부과되던 과잉 대표성이 소거한 교차적 주체성을 이 글에서는 확인해 보고자 한다. 중국을 거쳐 스웨덴에서 유학한 이십대 여성이 비조선 국적의 남성과 연애를 하고, 임신을 하고, 건강이 악화되어 사망했다고 해서 1930년대의 호사가들이 사망 기사 형식으로 유포한 관음증적이고 선정주의적 시선은 거부해야 마땅하다. 거기에서 더 나아가 조선의 독립과 여성해방을 동시에 열망하던 일제강점기 조선 여성이 연루된 다른 사회적·개인적 맥락을 복합적으로 살피는 일 역시 중요하다.[21]

먼저 1920년대의 거시 경제나 국제정치 맥락에서 보면 최영숙의 유학은 1920년대 제국주의가 세계 질서로 작동하던 것에 영향을 받았을 뿐만 아니라 대공황(1929~39)의 자장하에 있었다고 이효진은 지적한 바 있다.[22] 앞서 인용된 유학시절 회고 기사에서 최영숙은 고학 자체는 지나고 보니 그렇게 힘든 것은 아니었다는 자세를 취하면서도 반복적으로 고학생 시절의 고충을 진술한다. 1929년 7월 19일 일기를 보면, 그는 스스로를 "스웨덴이란 낯선

21 1920년대를 해외 유학생으로 보내고 계몽주의적 주체로 성장하던 최영숙의 다면성을 고찰하는 일은 사학자 이효진이 최근 스웨덴 아카이브에서 발굴하고 정리한 1차 문헌들과 2010년대 중반 페미니즘 리부트로 고조된 사라진 (근대) 여성 작가 찾기 노력을 통해 가능해졌다.

22 이효진,「스웨덴 소장 신여성 최영숙 관련 자료 소개(1)」,『이화사학연구』62, 2021, 428쪽. 이 논문에서 이효진은 최영숙이 귀국 후 아버지의 사업 실패로 기울어진 가세에 도움이 되고자 취업을 서둘렀으나 쉽게 일자리를 구할 수 없었던 이유 중 하나로 대공황을 꼽는다.

땅에 / 외로운 객"으로 규정하고, 이 3년이 "눈물"과 "한숨"으로 점철된 지난한 시기였음을 토로하고 있다. 특히 "말 모르는 외국 땅에 / 금전까지 없을 때에 / 이 내 마음 어쩌하랴"라는 연에서 볼 수 있듯, 경제적 고충은 유학생으로 느끼는 외로움이라는 정서에 더해 상당히 오랜 기간 그를 지속적으로 괴롭힌 요소임을 알 수 있다.[23] 또한 이 일기에 대의나 당위, 정치적 의제를 설명하는 언어가 아닌, 정서적이고 감정적인 언어가 쓰였다는 데 주목할 필요가 있다. 최영숙이 쓴 글의 수가 절대적으로 적기도 하지만, 남아 있는 글 중에서도 그가 감상에 젖어 쓴 글은 그리 많지 않다. 이는 뒤에서 더 상술하겠지만, 최영숙 스스로 가장 내밀하거나 취약함을 드러내는 사적 자아보다는 조선의 독립과 해방, 여성해방을 성취해야 할 공적 페르소나에 더 치중한 탓이 큰 것 같다. 예외적으로 그가 자신의 약함을 드러낸 부분은 유학 시절과 시간차를 두고 회고한 인터뷰에서였다.

처음 스웨덴 땅을 밟았던 때의 나는 너무나 외롭고 쓸쓸한 느낌 때문에 어쩔 줄 몰랐습니다. 스웨덴의 풍경은 어릴 때 지리를 배우면서 상상했던 풍경이 아니었습니다. 또한 언어와 풍속이 다르고 아는 사람조차 없으니 어찌 외롭고 쓸쓸하지 않았으리까? 그래서 한 달 동안은 밤이나 낮이나 울기만 했답니다.[24]

23 「최영숙 일기」, 『네 사랑 받기를 허락지 않는다』, 94쪽.
24 「그리운 옛날 학창시대-스웨덴 대학 생활」, 『네 사랑 받기를 허락지 않는다』, 17쪽.

유학생이라는 특권적 지위에 감사하고, 어떤 고행도 마다하지 않겠다고 결심한 그였지만 낯선 스웨덴에 적응해야 하는 유학생활 초반의 정서를 위에서는 솔직하게 고백한다.

감성주의적 면모가 조금이나마 드러나는 몇 편의 글을 제외하면, 최영숙은 조선의 독립이라는 대의를 위해 학문의 뜻을 세우고 계속 전진하는 사람처럼 보인다. 최근 이효진이 스웨덴 아카이브에서 발굴하여 정리한 자료 중 최영숙이 엘렌 케이에게 보낸 서신 세 통을 보면, 유학 생활에 필요한 학비와 체류비, 장학금 수혜 가능성 등을 꼼꼼히 묻는 것을 알 수 있다. 1925년 11월 7일에 쓰인 첫 편지에는 자신을 '조선인' 학생으로 명확하게 밝힌 후 예의를 갖춰 본인이 가장 필요로 하던 세부 사항을 질문한다. 앞서 언급한 유학에 필요한 경비뿐만 아니라, 스웨덴어 습득을 위한 지원이 가능한지 역시 묻고 있다. 이효진에 따르면, 최영숙은 엘렌 케이로부터 어떤 답장도 받지 못하자, 좀 더 절박한 심정으로 두 번째 편지를 쓴다. 1926년 1월 13일자 편지는 두 달여 동안 답신을 받지 못한 최영숙이 답장의 유실 가능성을 염두에 두고 편지를 시작한다. 간략한 자기소개와 스웨덴 교육 시스템에 대한 문의가 주를 이루던 첫 편지와 달리 이 편지에서 최영숙은 본인의 학업 동기를 좀 더 소상히 밝힌다. "여사님이 하고 있는 그 신조에 제 자신을 헌신하기로 결심"했고, 그런 결심이 그가 스웨덴 행을 꿈꾸게 된 계기가 되었다는 것이다.[25] 케이에게 보낸 첫 편지와 마찬가지로, 두 번째 편

---

25 「스웨덴 소장 신여성 최영숙 관련 자료 소개(1)」, 『이화사학연구』 62, 2021, 434쪽.

지에서 최영숙이 궁금해하는 부분은 동일하다. 그러나 생면부지의 북유럽인, 상술하자면 19세기 말 스웨덴 여성 해방주의 사상가로 이름을 알린 케이에게 자신을 증명해야 했던 최영숙은 절박함과 구체적 포부를 적절히 섞어서 편지를 쓴다.[26]

케이에게 보낸 1926년 1월 16일자 편지는 최영숙이 직전의 편지를 쓴 후 사흘 만에 쓴 것으로, 그의 절실함이 어느 정도였을지 짐작케 한다. 이 마지막 편지에는 케이가 계속 답장을 쓸 수 없었던 이유가 그가 스톡홀름에 없었기 때문이라고 최영숙이 추정하는 걸 볼 수 있다. 흥미로운 건 최영숙이 세 번째 편지에서는 그해 여름 스웨덴으로 가겠다는 결심이 확고해졌고, 그것을 선언적으로 이야기하고 있다는 사실이다. 그리고 그에게 스웨덴 유학 말고 미국행의 선택지가 있다는 것 역시 편지 서두에 밝히고 있다[27]. 이 마지막 편지에서 최영숙이 대체로 미래 완료적이며 자기실현적 언어를 구사하고 있다는 것에 더불어, 두 가지 특징적인 게 있다. 하나는 최영숙이 자신의 사진을 동봉한 것, 또 하나는 자신을 엘렌 케이의 "진심 어린 딸"로 맺음 인사말을 하고 있다는 사실이다. 지리적으로나 문화적으로 북유럽에서 상당한 거리가 있는 동아시아 중국에서 유학 생활을 하는 조선 국적의 여성이 자신의 실존을 증명하기 위해 사진을 보낸 것이라 추정할 수도 있을 것이다. 여기 신지식에 목마른 젊은 여성이 있다. 그리고 앞서 보낸 두 통의 편지와 달리,

---

26 위의 글, 435쪽.

27 앞의 글, 437쪽.

마지막 편지에서 최영숙은 자신과 엘렌 케이 사이에 유사 모녀 관계가 성립한다는 점을 밝히고 싶었는지 모르겠다. 케이의 사상에 경도되었던 그녀이기에 놀라울 일은 아니지만, 최영숙이 스웨덴에서 유학을 시작하기도 전에 스스로를 케이의 사상적 딸, 계승자로 설정한 사실은 흥미롭다. 최영숙이 케이를 향해 품은 존경심, 흠모, 그리고 유사 친족적 친밀함 등을 이해하기 위해서는 먼저 20세기 초반 왕성한 강연, 집필 활동을 한 엘렌 케이가 누구였으며, 그가 어떻게 동아시아 여성들에게 수용되었는지 간략히 살펴야 할 것이다.

『브리태니카』Britannica에 기재된 내용에 따르면, 엘렌 캐롤리나 소피아 케이Ellen Karolina Sofia Key(1849~1926)는 "스웨덴의 아테나(여신)"이란 별명으로 불리기도 했으며 섹스와 사랑, 결혼, 도덕 행위 등에 대한 진보적 견해를 개진한 스웨덴의 페미니스트 사상가이다.[28] 그의 아버지 에밀 케이(1822~92)는 대지주이자 정치가였으나, 가세가 기울어 그녀는 1870년대에 교편을 잡아 생계를 책임졌다. 이후 20년 동안 스톡홀름의 노동자들을 위한 교육기관Arbetarinstitutet에서 강의를 했다. 1909년에 출간한 『아이의 세기』는 케이에게 작가로서 명성을 가져다주었다. 또 다른 자료에 따르면, 케이는 "모든 가치를 재고再考"하라는 니체의 사상에 영향을 받아 기존 종교에

---

28 『브래태니카 사전』, '엘렌 케이'. Britannica, "Ellen Key". Encyclopedia Britannica, 21 Apr. 2023, https://www.britannica.com/biography/Ellen-Key. 2023년 6월 30일 접속.

대한 그녀의 비판을 더욱 강화했다. 또한 여성, 계층, 섹슈얼리티에 관한 그녀의 생각에 큰 영향을 줬다고 한다.[29] 디나 로위Dina Lowy는 엘렌 케이와 일본 신여성의 탄생을 연구한 논문에서, 케이가 사회적 다윈 이론에 감화되어 인간은 더 완벽한 상태로 진보한다는 전제를 신봉했다고 밝힌다. 다만, 특정 인종의 우월성을 주장하거나 인종적 순수 혈통을 유지하자는 쪽으로 경도되지는 않았다고 한다.[30] 케이는 여성의 사회적·법적 지위 향상을 통해 사회 전반이 진보할 수 있다고 주장했고, 이런 케이의 주장은 이미 18세기에 울스턴크래프트가 『여성의 권리 옹호』에서 개진한 여성의 권리와 결을 같이 한다.[31] 이런 케이는 어떻게 최영숙의 세계에 당도했을까? 쉽게 예상할 수 있듯, 케이는 먼저 일본의 중개를 통해 동아시아 여성들에게 알려졌다. 이효진에 따르면, 1907년 일본에 케이란 인물과 그의 사상이 처음 소개되었고, 1911년 일본어 번역서가 출간되었다.[32] 이후 1918년에 중국에 엘렌 케이가 처음 소개되고, 1920년에 중국어 번역서가 출간되었다. 조선에서는 노자영에 의해 1921

---

29 『스웨덴 여성의 평전 사전』(Svenskt kvinnobiografiskt lexikon), https://skbl.se/en/article/EllenKey.

30 Dina Lowy, "Love and Marriage: Ellen Key and Hiratsuka Raicho Explore Alternatives," Women's Studies 33.4 (2004), 361~362쪽 참조. 모성에 대한 스웨덴 페미니즘 운동을 다룬 Torborg Lundell, "Ellen Key and Swedish Feminist Views on Motherhood," Scandinavian Studies 56.4, 1984를 함께 참조할 것.

31 앞의 글, 362쪽.

32 이효진, 「스웨덴 소장 신여성 최영숙 관련 자료 소개(1)」, 『이화사학연구』 62, 2021, 425~445쪽.

년 엘렌 케이가 처음 소개되었다.[33] 우명숙은 "최영숙에게 엘렌 케이는 서양을 환유하는 하나의 기호"였다고 평가한다.[34]

스웨덴으로 출국하기 전부터 자신을 케이의 계승자이자 일종의 '딸'로 설정한 최영숙은 프롤레타리아 국제주의에 비견할 여성주의 국제주의의 네트워크 속에 자신을 위치 짓고자 했을지도 모르겠다. 근대 지식인으로서 최영숙의 공적 페르소나는 케이의 사상적 근간을 이어 받은 계몽주의 주체이며, 조선의 불우한 현실을 타개하고 동시에 "행복하고 행복한 스웨덴 여성들"과 같은 삶을 조선 여성들에게 제시할 수 있기를 바랐으리라 짐작할 수 있다.[35] 그는 "스웨덴에서 춤을 추는 청년들"에 주목하곤 했다.[36] 동시에 최영숙이 1920년대 유럽에서 목격한 자유와 민중의 독립이 조선에서 실현되길 간절히 바라는 모습이 이 글에서 잘 드러난다.[37] 더욱이 스웨덴에서 신학문을 습득 중인 자신과 조선에서 독립운동을 하다가 희생된 청년들을 "우리"로 지칭하는 부분은 최영숙이 자신을 어떻게 정의하고 있는지 잘 보여 준다.

---

33 이효진 2021, 430쪽; Lowy, pp. 363~368.

34 우명숙, 「신여성 최영숙론」, 302쪽.

35 「행복하고 행복한 스웨덴 여성들」은 최영숙이 1927년 11월 14일 스웨덴의 일간지와 인터뷰한 기사에 붙은 제목이다. 제목에서 보여지듯 식민지 조선에서 암울한 청년기를 보내고 있는 최영숙의 동세대인들과 상대적으로 별다른 (정치경제적) 염려없이 젊음을 누리는 스웨덴의 청년과 여성들이 극명하게 대비되고 있다. 이 자료 역시 이효진의 2021년 논문에 전문이 수록되어 있다.

36 이효진, 2021, 441쪽.

37 앞의 글, 442쪽.

우리는 서로 조선을 구하기로 약속한 사람들입니다. 우리는 이를 위해 모든 것을 희생했습니다. 우리에게 필요한 것은 지식, 더욱더 많은 지식입니다. 저는 조선에서 도망쳐 중국으로 가 중국 시민이 되었습니다. 우리에겐 30년의 역사가 있는 여자대학이 있었지만 저는 그곳에서 공부할 수 없었습니다. 저는 난징에 있는 감리교 아메리칸 스쿨에 다녔습니다. 후에 저는 일 년 전에 다른 대학에 진학하기 위해 이곳으로 왔습니다. 우리는 반드시 자유인, 자유 부인, 자유 국가가 되기 위한 방법을 배워야 합니다. …….[38]

여성해방과 노동자들에 대한 관심 등은 엘렌 케이를 승계한 것이라 하겠지만, 앞의 인용글에서 드러나듯 최영숙은 스스로를 조선의 동시대 청년들과 구별하지 않고 '우리'로 제시한다. 최영숙은 "조선을 구하기로 한" 집단 주체와 스스로를 구별하지 않는다. 독립운동에 참여한 전력상 일신의 안녕을 위해 일단 중국으로 건너가 중등 교육을 이어갔고, 스웨덴까지 나와서 자유를 되찾을 구체적이고 현실적인 방안을 모색 중이었던 최영숙은 조선에 대한 생각을 잊지 않고 있었다. "조선을 구하기로 한 우리"에 자신을 그대로 대입한 최영숙은 귀국 후 『신동아』와 한 인터뷰에서 스웨덴에서의 학위 과정을 마친 후 미국, 중국, 조선 사이에서 고민하다가 결국 "고향인 조선으로 가서 자그마한 힘으로나마 역경에 처해 있는 조선 여성을 위해 일해 보겠다는 결심"을 했다고 밝힌다.[39] 이

---

38 앞의 글, 443쪽.

인터뷰에서 최영숙은 구체적으로 스웨덴 여성들의 어떤 모습이 그렇게 "행복하고 행복"해 보였는지 구체적으로 밝히지 않은 채 일본의 식민지로 전락한 조선을 위한 대승적 포부만을 드러낼 뿐이다. 아마도 스웨덴 여성들이 누리는 일상적 안락함이나 자기실현 가능성을 염두에 둔 발언으로 해석할 수 있을 것이다. 당시 최영숙을 인터뷰한 『스톡홀름 일보』Stockholm Dagblad의 기자는 "행복이란 것이 매일 [새롭게] 획득해야 하는 것"이기에 부단한 노력 없이는 쉽게 사라진다는 논조로 글을 맺는다. 식민지 청년 최영숙이 신조처럼 붙들고 있는 희생정신(과 그것과 대비되는 일상적 행복에 대한 고찰)을 스웨덴 기자는 거시적 차원에서 "다른 이들의 행복을 위해" 복무하는 것으로 해석했다. 이는 그 발언의 직접적인 정치적 맥락을 휘발시킨 결론처럼 들린다. 바로 한 단락 전에 식민지 조선의 암울한 정치 상황에 대한 고조된 감정을 최영숙이 설파한 뒤였는데, 이는 어쩌면 식민지 조선을 둘러싼 지정학적, 국제정치적 맥락을 정확히 이해할 수 없던 기자의 한계거나, 뛰어난 언어적 재능을 가졌다는 최영숙이지만 체류 1년 만에 구체적 정황을 제한된 시간 내에 다 설명하는 데 실패한 흔적이 아닐까 싶다. 스웨덴 여성이 행복한 이유는 귀국 후 한 여러 매체 인터뷰에서 더욱 소상히 드러난다. 예컨대 최영숙은 "그들의 자유스럽고 쾌락적인 가정생활이며 사회활동"과 어린이집과 같은 보육 시설, 저소득층 보호 제도 등이 스웨

---

39 최영숙, 「역경에 처한 조선 여성을 위해 일할 결심으로」, 『네 사랑 받기를 허락지 않는다』, 68쪽.

덴 사람들을 행복하게 만들고 있다고 확신했고, 그런 판단은 타당하다.[40] 또한 최영숙은 여성 참정권 운동을 관찰한 소회도 밝히면서, 스웨덴 여성과 달리 "귀중한 시간을 대부분 흰옷 빨기"에 써야 하는 조선 여성들의 처지를 개탄한 바 있다.[41] 이 기록은 최영숙이 당대 조선 여성에게 부과된 가사노동의 과중함을 고발하면서, 여성에게 부과된 노동환경의 구체적 개선이 그의 사회 개혁 이상에 포함되어 있음을 잘 보여 준다. 말하자면, 신진 경제학자 최영숙은 공적 영역과 사적 영역 양쪽을 오가며 여성의 노동환경을 전반적으로 개선해야 할 필요성을 역설함으로써 그의 진보적 태도를 잘 보여 준다.

마지막으로, 그가 일기에 남긴 글을 통해 최영숙이 그의 유학 시절과 학위 취득 이후 자신을 어떤 근대적 주체로 설정했는지 살펴보고자 한다. 1928년의 일기 가운데 하나인 아래 대목은 문맥상 최영숙에게 구애를 한 남성을 대상으로 쓴 짧은 시다. 이것을 시라 부를 수 있을지 모르겠지만, 대화체의 짧은 단락에서 최영숙은 자신

---

40 「스웨덴 가정의 감복할 만한 시간 경제」, 『네 사랑 받기를 허락지 않는다』, 72쪽.

41 앞의 글, 73쪽. 빨래가 여성에게만 부과된다는 점, 그리고 고강도의 장시간 육체노동을 요구한다는 점에서 빨래는 18세기 영국 여성 작가들의 관심의 대상이 되기도 했다. 일례로 애너 레티시아 바보드(Anna Laetitia Barbauld)는 〈빨래하는 날〉이라는 시에서 고귀한 뮤즈를 빨래터로 불러냈다. 18세기 영국 여성에게 일상과 비참을 오가는 공간인 빨래터로 뮤즈를 초청하는 행위는 가사노동과 시의 경계를 허무는 시도이자, 여성의 노동이 시의 대상이 될 수 있다는 시인의 주장으로 해석할 수 있을 것이다. 20세기 초 빨래와 관련된 조선의 물리적 조건은 한 세기 전의 영국과 비슷하거나 더 나빴을 것으로 예상한다.

을 "당당한 대한의 여자"임을 밝히면서, 한낱 남성의 구애나 받을 사적 존재가 아니라고 역설한다. 조국 해방이라는 대의를 위한 거름이 되고자 하는 포부가 엿보이며, 앞서 논의한 것처럼 그의 공적 페르소나가 최영숙의 전부라 할 수 있을 정도로 그가 개인으로서 갖는 갈망, 열망 등은 언어화되지 않는다.

그러나 S군아
네 사랑 아무리 뜨겁다 한 대도
이 몸은 당당한 대한의 여자라
몸 바쳐 나라에 사용될 몸이라
네 사랑 받기에 허락지 않는다.[42]

일제강점기 조선을 위해 자발적으로 헌신한 사람, 국가를 위해 어떤 고통도 감수하기로 작정한 이십대의 신여성, 그리고 자신을 구애하는 남성을 당당히 거절하는 여성으로서의 자의식이 이 일기에 응축되어 있다. 거절을 명백히 드러내는 저 언사가 갖는 울림과 매력 때문에 아마도 가갸날 출판사도 최영숙의 여러 글 가운데 저 대목으로 책의 표제를 삼았는지도 모르겠다. 엘렌 케이의 사상을 통해 근대 여성으로서의 자의식을 갖게 된 최영숙은 케이의 사상에서 몇 걸음 더 나아가는 행보를 보인다. 케이가 사적 영역에서 모성의 중요성을 강조하되, 여성과 아이가 맺는 관계를 개선하는 것

-----

42 1928년 8월 23일 기록. 「최영숙 일기」, 『네 사랑 받기를 허락지 않는다』, 93쪽 수록).

이 사회 개혁의 필수 조건으로 삼았다면, 최영숙은 여기에서 더 나아가 여성의 사회적 활동을 제한하고 가둬 두는 사적 영역과 공적 영역에 경계를 두지 않고, 궁극의 여성해방을 위해 다방면의 실질적 개선을 궁리했다. 그리고 위의 일기는 여성의 신체, 공적 활동 모두를 성애화하는 시선을 단호히 거절하는 모습을 보여 준다. 이는 근대 고등 교육의 수혜자로서 자신이 추구할 대의를 상정하고 투쟁하는 여성들에게 '신여성'이라는 꼬리표를 붙여 성애화하고 풍문의 대상으로 환원하는 당대 조선의 문학장이 지긋지긋해서 나온 반응일 수도 있을 것이다. 또한 최영숙이 일기라는 가장 내밀한 공간에서조차 이상주의적 사회 개혁자로서의 공적 자아만을 전면에 내세워서 조국이나 국가에 대한 헌신이라는 당위에 다 포섭되지 않는 개인적 열망 등을 무의식적으로 억압하고 있다고 읽을 수도 있겠다.

3. 근대 계몽주의 주체의 다층성
: 울스턴크래프트의 스칸디나비아 서간문

메리 울스턴크래프트는 영국의 자유주의 페미니스트이자 공화주의를 옹호하는 사상가로 잘 알려져 있다. 경제적으로 무능하고 아내에게 가정 폭력을 일삼던 아버지와 장남에게만 경제적 지원을 아끼지 않던 어머니로 인해 울스턴크래프트는 스스로 여동생 둘과 자신의 생계를 책임져야 했다. 자구책으로 울스턴크래프트는 학교를 설립, 운영하고 아일랜드 귀족 가문의 가정교사로 일하면서 생계를 유지했다. 그러던 중 재정적 이유로 학교 운영에 어려움을 겪다가 결국 문을 닫고, 영국국교회 소수파 조셉 존슨의 관대한 지원을 받아 첫 책을 출판한다.[43] 1787년『딸들의 교육에 관한 고찰』 *Thoughts on the Education of Daughters*을 출판한 이후 그는 비평과 정치철학 소고를 출판하며 전업 작가로서 경제활동을 하는 계몽주의적 주체의 이상에 가까워진다.[44] 영국 문학사에서 최초의 전업 여성 작가는 애프라 벤Aphra Behn(1640~89)이지만, 문학과 철학을 오가며 왕성한 집필 활동으로 여성주의 의제를 전면에 내세운 급진적 계몽주체를 체화한 여성 작가는 울스턴크래프트가 처음이었다. 그렇기에 그에게도 '예외적'이라는 꼬리표가 따라다녔다. 18세기 영문학자 클로디아 L. 존슨Claudia L. Johnson은 울스턴크래프트의 뛰어난 면모 가운데 하나로 "지칠 줄 모르는 정치 개혁 옹호자" 성향을 지적한 바 있다.[45] 울스턴크래프트는 1792년에는『여성의 권리 옹호』를 출판하여,『에밀』에서 루소가 이상적 여성의 모습과 여성을 위한

---

43 '옥스포드 평전 데이터베이스'(Oxford Database of National Biography)에 바바라 테일러가 쓴 울스턴크래프트 전기 참조. Taylor, Barbara. "Wollstonecraft [married name Godwin], Mary (1759~1797), author and advocate of women's rights." Oxford Dictionary of National Biography. 23 Sep. 2004; Accessed 1 Jul. 2023. http://lps3.www.oxforddnb.com.libproxy.snu.ac.kr/view/10.1093/ref:odnb/9780198614128.001.0001/odnb-9780198614128-e-10893.

44 앞의 글.

45 Claudia L. Johnson, "Introduction," The Cambridge Companion to Mary Wollstonecraft, 1.

교육 형태로 제시한 소피의 교육 모델을 반박하고 여성에게 이성을 습득하고 실천할 교육 기회가 필요함을 역설했다.

울스턴크래프트가 1780년대 말 런던의 문학장에 처음 등장한 이래로, 그가 어떤 장르의 글을 출판하든 항상 열띤 토론과 논쟁이 뒤따랐다.[46] 특히 『여성의 권리 옹호』 출판 이후 울스턴크래프트를 비난하고 깎아내리고자 하는 남성(문인)들이 줄이었다. 예컨대, 호레이스 월폴Horace Walpole은 자신의 시대를 앞서가며 여성의 교육권, 자기 결정권을 주장한 울스턴크래프트를 "페티코트 입은 하이에나"라고 불렀다. 리처드 폴웰Richard Polwhele(1760~1838)은 자신의 여성 혐오 시의 제목을 "거세된 여자들"unsexed females로 정하고, 울스턴크래프트를 비롯한 당대의 블루스타킹들(급진적, 계몽주의적 여성 작가, 여성 지식인들)을 부르는 혐칭으로 활용했다. 이처럼 유독 울스턴크래프트의 글이 동시대 남성 작가들에게서 즉각적이고 강렬한 반감을 불러일으키는 원인을 존슨은 그의 쟁점이나 논리가 강력하고 위협적이었다는 데서 찾는다.[47] 최영숙이 본인의 사회 개혁 의지를 미처 실행에 옮기기도 전에 사망하고, 그의 죽음을 통해 알려진 개인사가 당시 조선의 호사가들에게 그의 인생을 자신들의 의도에 맞게 윤색하여 풍문 거리로 소비할 빌미를 제공했다면, 이미 20대 후반에 전업 작가이자 정치 철학가로 이름을 알리기 시작한 울스턴크래프트를 향한 공격은 즉각적이었고, 비난과 비판의

---

46 앞의 글.
47 앞의 책, 2쪽.

강도는 거셌다.

　18세기 말 런던의 문학장에서 인정과 공격을 동시에 받고 있던 울스턴크래프트는 프랑스혁명이 발발한 직후 1789년부터 1795년까지 영국에서 격렬하게 전개된 소위 '(프랑스)혁명 논쟁'에 적극 참여한다.[48] 1792년 울스턴크래프트는 직접 프랑스 파리로 건너가 공화정의 이상이 실험, 변질되는 과정을 목격한다. 지롱드파가 패퇴하고, 로베스피에르가 공포정치를 시작한 1793년, 울스턴크래프트는 그의 동시대 문인들과 마찬가지로 정치적 환멸을 경험한다. 동일한 환멸로 인해 정치적으로 보수의 길을 택한 윌리엄 워즈워스William Wordsworth와 달리, 울스턴크래프트는 프랑스혁명의 역사적 의의를 공격한 보수주의 정치철학자 에드먼드 버크Edmund Burke에 맞서 정치 팸플릿 논쟁에 들어선다. 『프랑스혁명에 관한 역사적·도덕적 견해』*A Historical and Moral View of the French Revolution*를 출판한 울스턴크래프트는 인간의 이성이 제 기능을 발휘할 때 종국에 진보에 도달하리라는 믿음을 개진한다.[49] 이 팸플릿 출간으로 프랑스혁명 논쟁의 중요한 획을 그은 울스턴크래프트는 스칸디나비아로 향한다.

---

48 톰 퍼니스(Tom Furniss)가 정확히 지적한 것처럼 프랑스혁명은 1789년에 일어나고 끝난 단일 완결 사건이 아니라 1789년부터 "지속되는 과정"이다(59). 울스턴크래프트가 프랑스혁명 논쟁에 공헌한 내용과 관련 저서에 대한 논의를 살펴려면 퍼니스의 〈울스턴크래프트의 프랑스 혁명〉을 참조하라.

49 비슷한 맥락에서 윌리엄 고드윈이 주장한 무정부주의 역시, 인간의 이성이 고도로 발전하면 더 이상 국가의 간섭이나 통제 없이도 질서가 유지되어 정부/정치체가 자동으로 해체될 것을 전제한다.

무엇이 그를 스칸디나비아로 이끌었을까? 이미 많은 연구자들이 지적한 것처럼, 울스턴크래프트의 스칸디나비아 여행은 개인적 열정과 공화주의 사상가로서의 이상이 동시에 좌절된 시점에서 시작된다.[50] 1793년 울스턴크래프트는 파리에서 미국 국적 사업가 길버트 임레이Gilbert Imlay를 만나 연인 관계로 발전하고, 사실혼 관계를 유지하던 중 1794년 딸을 출산한다. 그러나 이미 임레이는 울스턴크래프트와의 관계를 계속할 의사가 없었고, 울스턴크래프트는 무너져 내린 관계 앞에 자살을 시도한다. 급진적 정치사상가이자 인류가 진보할 것이라 믿는 여성과 프랑스혁명 이후 일종의 국제전 양상으로 접어든 유럽 내에서 중립국인 미국의 위상을 발판 삼아 무역상으로 이득을 취하는 미국 남성 사업가의 결합이 그리 오래 갈 수 없었으리라 짐작할 수 있다. 물론, 사랑에 빠진 당사자는 그렇게 믿지 않았을 것이다. 이미 끝을 향해 가는 관계를 이어가고자 울스턴크래프트는 임레이의 재고와 사업 자금이 묶인 상황을 해결하기 위한 대리인으로 자처해 스칸디나비아로 향한다. 이 여행에 한 살 정도 된 딸 패니Fanny Imlay도 동행한다. 이 여행의 끝에 무엇을 기대했든, 결국 울스턴크래프트는 임레이와 결별한다. 이후 절망에 빠진 울스턴크래프트는 템스 강에 몸을 던져 자살을 시도했으나 실패한다. 자살 시도 후 건강이 회복되자 울스턴크래프트는 『스웨덴, 덴마크, 노르웨이에 짧게 체류하며 쓴 서간집』을 출간하고, 상업적 성공을 거둔다.

---

50 Furniss, 67.

이 여행에서 울스턴크래프트가 보고, 듣고, 경험하고 느낀 것들을 일별하고, 함의를 살피기 전에 이 서간문을 엮어서 출판할 때 저자가 쓴 서문 격의 글을 살펴볼 필요가 있다. '고백하는 1인칭 주체'the confessional 'I'라는 단어가 만들어지기 훨씬 전이지만, 울스턴크래프트 스스로 자신의 글에 주어인 '나'를 드러내는 것에 대해 치열히 고민했던 흔적이 서간집 서문Advertisement에 나타난다. 저자는 이 편지들을 구성한 원리와 전체 서간문의 발화자 — 일인칭 주어 '나' — 가 누구이며 어떤 중요성을 띠는지를 설명한다.

이 두서없는 편지를 쓰면서 내가 계속해서 "각 이야기의 작은 주인공"이 된다는 사실을 부인하긴 어렵습니다. 글쓴이가 계속 주인공이 되는 것이 오류라면, 이 과오를 바로잡아 보려 했습니다. 이 서간문은 출판을 염두에 두었던 것이니까요. 그렇지만 내가 생각을 정리하면 할수록 편지는 생기를 잃고 부자연스러워진다는 걸 발견했습니다. 그렇기에 내가 이미 밝힌 생각과 성찰이 자연스레 흘러가도록 내버려두었습니다. 여러 사물에 대한 인상이 아직 내 안에 생생할 때 그 사물들이 내 사고와 감정에 미친 영향을 이야기한다는 게 그것들에 대한 합당한 설명이 될 수 없다는 것을 깨달았기 때문입니다. [51]

먼저 서간문 전체의 구성 원리는 '두서없음'desultoriness으로 요약

---

51 Wollstonecraft, *Letters Written During the Short Residence in Sweden, Norway and Denmark*, 51쪽.

할 수 있다. 그의 대표 정치철학서로 꼽는 『여성의 권리 옹호』나 『프랑스혁명에 관한 역사적·도덕적 견해』(1794)에서 울스턴크래프트가 보인 촘촘한 논리나 구조를 과감히 생략했다는 것을 알 수 있다. 이미 앞의 인용문에서 저자가 밝힌 것처럼, 생각과 감정이 자연스레 흘러가도록 둔 것은 울스턴크래프트의 스칸디나비아 서한집에서 감성적 주체를 효과적으로 드러내기 위한 장치이다. 실제로, 글의 장르와 성격을 가리지 않고 울스턴크래프트가 텍스트 안에서 자신의 감정을 표출하는 패턴에 주목할 필요가 있다.[52] 후에 그의 배우자가 된, 18세기 영국의 급진적 정치철학자인 윌리엄 고드윈 William Godwin이 울스턴크래프트 사후 그의 개인적 편지를 묶어서 『울스턴크래프트 유고집』을 출판하지만,[53] 울스턴크래프트는 글을 쓸 때 대체로 출간을 염두에 두지 않은 사람처럼 날것의 감정을 옮겨 낸다.[54] 울스턴크래프트가 지면에서 어떤 작업을 하든 거기엔 일정한 정도 이상의 열기가 항상 깔린다는 것이 새삼 흥미롭다. 본

---

[52] 최영숙이 매체 인터뷰나, 그의 일생과 업적을 소개하는 신문기사, 혹은 지금까지 발굴, 공개된 최영숙의 편지나 일기에는 고학의 어려움, 외로움 정도에서만 예외적으로 개인의 감정을 드러낸 것과 대조된다.

[53] 울스턴크래프트 사후 고드윈이 정리, 출판한 『울스턴크래프트 유고집』(*Posthumous Works: of the author of a Vindication of the Rights of Woman*, in four volume)은 1798년에 출간되었다.

[54] 재닛 토드(Janet Todd)는 울스턴크래프트 서간문 특유의 문체와 리듬에 주목한다. 그는 서간문 속 화자인 울스턴크래프트가 자기 인식이 있긴 하지만, 다양한 감정이 넘쳐흐를 때만 감정에 휘둘리는 글을 많이 남겼음을 지적한다. 스칸디나비아 서간문도 예외는 아니다. 관련 논의를 위해서는 토드의 "Mary Wollstonecraft's Letters"를 참조하라.

인이 직접 다루거나 연루된 주제에 대한 애정, 열정, 집착이 이런 열기 ─ 비언어적이나 지극히 울스턴크래프트만의 인장 ─ 로 여과 없이 드러난다. 또한 울스턴크래프트는 서간문 형식을 의도적으로 택해 자신의 내면의 풍경을 스칸디나비아 자연의 풍광과 대비하여 세밀하게 기록하고 드러냈다. 서간문 형식을 통해 울스턴크래프트는 이미 동시대인들에게 잘 알려진 계몽주의적 근대 여성 주체의 모습과 양립 불가능할 것으로 여겨졌던 감상적 주체의 면모를 보인다.

그러나 이 서간문은 자전적이기만 한 것일까? 『스웨덴, 덴마크, 노르웨이에 짧게 체류하며 쓴 서간집』*Letters Written During the Short Residence in Sweden, Norway and Denmark*의 브로드뷰Broadview 판을 편집한 잉그리드 호록스Ingrid Horrocks는 책의 서문에서 이 기행문이 채택한 서간문 형식을 "자전적 요소라기보다 문학적 차용"을 시도한 것으로 읽어야 한다고 제안한다.[55] 특히 독자들의 예상과 달리, 저자가 편지의 수신인 '당신'을 특정하지 않은 채, 많은 독자들이 '임레이' 일 것이라 예상한 것과 달리 불특정한, 확장적 수신인을 설정한 점을 고려하면, 스칸디나비아 서간집은 울스턴크래프트가 자유롭게 서간문 장르를 변용, 확장하여 '나'라는 화자를 문학적으로 재현한다고 읽을 수 있을 것이다. 일견 로렌스 스턴Laurence Sterne의 소설로 인해 유행한 '감성적 여행자'sentimental traveler의 외피를 따르는 것처럼 보이지만, 울스턴크래프트의 기행문은 1790년대의 산물이라

---

55 Horrocks, "Introduction," 21쪽.

봐야 정확할 것이다. 말하자면 일견 가장 내밀하고 가감 없는 사적 고백처럼 보이는 글 속에 울스턴크래프트는 상호 텍스트적 겹을 쌓고, 그 안에 서간문의 화자인 '나'를 위치시킨 것이다. 여행 초반, 울스턴크래프트는 익숙하지 않은 외부 상황에 쉽게 겁먹는 유모와 장기간 여행을 계속하기에는 어린 딸을 고텐버그에 남겨 두고 홀로 여행을 시작하는 것으로 나온다. 이 홀로됨과 고독은 현실적 선택의 결과라고도 할 수 있지만, 서간문 전체의 주된 분위기를 결정하는 장치로도 읽을 수 있다. 현실 속 울스턴크래프트는 임레이의 스칸디나비아 사업과 연루된 대리인으로 회수되지 않는 투자금과 위치 파악이 되지 않는 재고 문제를 해결하기 위해 온 것이지만, 『스웨덴, 덴마크, 노르웨이에 짧게 체류하며 쓴 서간집』의 화자 '나'는 18세기 문학에서 자주 소환되는 여행자 이미지, 혹은 "철학적 여행자"philosophical traveler의 모습을 잘 보여 준다.[56] 호록스는 루소의 저작이 영국에 소개되기 전, 영문학 전통 안에서 새뮤얼 존스가 제시한 "쓸모 있는 여행자" 모델을 제시한다. 이들은 여행지에서 "고국으로 새로운 무언가를 갖고 오고" 그걸 통해 그의 본국은 여행자의 덕을 본다.[57] 울스턴크래프트가 자신의 외로움을 가감 없이 토로하는 (것처럼 보이는) 순간에도 화자의 목소리는 루소의 여행자와 겹친다. 스칸디나비아 서간집의 편지 1과 2, 그리고 이어지는 편지의 곳곳에서 화자는 자신의 물리적·정서적 상황, 자신이 관계 맺는 방

---

56 Horrocks, "Introduction," 22쪽.

57 위의 책, 22.

식을 설명할 때 루소를 인유한다. 말하자면 루소의 『고독한 산책자의 몽상』 *Reveries of the Solitary Walker*(1782)은 18세기 말 유럽 여행자의 문화적 공동 화폐와 유사한 기능을 했다. 울스턴크래프트는 혁명의 이상이 어그러진 프랑스와 공화정에 대한 전쟁을 선포한 다른 유럽 국가들 간의 정치적 소용돌이, 사랑이 끝난 자리를 뒤로 하고 홀로 있는 자신을 "인류라는 큰 덩이에서 떨어져 나온 아주 작은 입자"로 설명한다.[58] 이 대목은 루소의 몽상가가 "이제 나는 지구상에 혼자다. 더 이상 형제, 이웃, 어울릴 사람도 없이 혼자다"라고 '부재'와 부정의 상태로 자신을 설명하는 『고독한 산책자의 몽상』의 도입부와 유사하다.[59] 홀로 있는 상태에서 "불수의적 공감" involuntary sympathetic emotion이 들어설 자리가 생기고, 공감이 들어설 때에야 비로소 스스로가 "거대한 전체의 일부"로 존재한다는 확신을 갖는다고 서간문의 화자는 고백한다.[60] 역사적 전환기와 관계에서의 변환점을 한꺼번에 경험하던 울스턴크래프트는 스웨덴에서 홀로 지낼 수 있는 시간과 장소를 확보한다. 프랑스나 영국에 비해 도시의 세련된 소비문화가 덜 발달한, 상대적으로 물가가 낮은 스칸디나비아 국가에서 문명 전체와 자신의 위치를 점검하는 셈이다. 두 번째 서간문에는 이런 울스턴크래프트의 기록이 남아 있다. 즉, "세상을

---

[58] *Letters Written During the Short Residence in Sweden, Norway and Denmark*, 59쪽.

[59] Jean-Jacques Rousseau, *The Reveries of the Solitary Walker*, 3쪽.

[60] *Letters Written During the Short Residence in Sweden, Norway and Denmark*, 59쪽.

관찰하면 할수록 문명이란 것이 문명의 진보를 반추하지 않은 사람은 제대로 평가할 수 없는 것임을 깨닫는다. 문명이 우리의 취향을 정제할 뿐만 아니라, 우리 고유한 감각을 섬세하게 유지하도록 돕기 때문이다.[61] 울스턴크래프트는 여기에서 한 걸음 더 나아가 바로 "상상력"이 감각적 주체 형성을 돕는다는 사실을 역설한다. 그는 "상상력의 도움 없이는 모든 감각적 즐거움이 타락하기 마련 "이라고 지적하며, 문명 세계 안에서 인간이 도덕적 주체로 진보하는 데 상상력이 중요함을 주장한다. 여기에서 상상력이란 정치적, 사회문화적, 도덕적 능력이며, 결국 '공감'과 유사한 도덕 감정 내지는 미덕으로 기능한다. 다시 말해, 울스턴크래프트는 가장 사적이며, 내밀한 감정조차 정치적 감정으로 기능할 수 있는 가능성을 제시한다. 정치적, 개인적 환멸은 저자 자신이 잠시 등지고 온 사회와 연루되어 파생된 감정이기 때문에 정치적 공감으로 승화될 가능성을 지닌다. 가장 내밀한 것을 텍스트 안에서 발화하여 사적인 영역과 정치적 영역, 이성과 감성의 영역을 교차해 서사를 직조함으로써, 새로운 의미와 성찰을 발생시키는 것이 울스턴크래프트가 이 서간집에서 성취하고자 한 바다.

스칸디나비아 서간집의 주요 내용을 톺아보도록 하자. 서간집 초반에 수록된 편지를 보면(편지 1), 저자 울스턴크래프트는 영국에서부터 스웨덴에 도착하기까지 11일에 걸친 여정과 동선, 그에 따르는 물리적 피로감을 간략하게 기록한다. 『스웨덴, 덴마크, 노

---

61 같은 책, 61쪽.

르웨이에 짧게 체류하며 쓴 서간집』 전반에 걸쳐 울스턴크래프트
는 "북유럽의 아름다움"에 찬탄한다. 자연의 자연다움과 아름다움
을 구성하는 자연물에 대한 면밀한 관찰도 빠지지 않는다.

스웨덴은 식물학자나 박물학자가 나오기 가장 적합한 국가 같다. 스웨
덴의 자연물은 만물이 창조되던 시기, 그러니까 활기를 띤 자연을 창조
하려던 첫 노력을 떠올린다. 어떤 나라가 일정한 수준의 완벽함에 도달
하면, 원래 그렇게 창조된 것처럼 보인다.[62]

이처럼 서유럽 국가에 비해 상대적으로 덜 문명화된, 자연이 손
상되지 않고 유지된 스칸디나비아의 대자연 앞에서 울스턴크래프
트는 숭고의 체험을, '인간의 손길에 어느 정도 길이 들어 더 이상
위협적이지만은 않은 자연의 아름다움'picturesque 앞에서는 그에 준
하는 미학적 체험을 한다. 험준한 바위, 계곡의 산세, 거대한 바다
의 장관 앞에 저자가 경탄하는 모습(편지 5, 편지 11)을 쉽게 찾아볼
수 있다. 그러나 울스턴크래프트는 거기에서 그치지 않는다. 급진

---

62 같은 책, 74쪽. 동일한 대목에서 스웨덴 출신 울스턴크래프트 연구자 페르 니스트룀
(Per Nyström)은 저자 울스턴크래프트가 식물학자 린네를 언지한 것이라고 기뻐한
다. 참고로 니스트룀은 1970년대 후반 울스턴크래프트의 저작들 중『스웨덴, 덴마
크, 노르웨이에 짧게 체류하며 쓴 서간집』이 울스턴크래프트 연구자들의 제대로 된
관심을 받지 못하는 걸 발견하고, 단행본을 써낸다. 실제 스웨덴 고텐버그 출신이기
도 한 니스트룀의 연구(1980년 출판) 덕분에 이후 18세기 연구자들의 연구에 유용
한 토대가 되었다. 스칸디나비아 서간문의 연구사와 수용사에 대해서는 오봉희의 논
문 122~123쪽을 참조.

주의 정치철학자이자 자유주의 페미니스트로서 그가 평소에 천착해 온 여성의 권리, 여성의 노동, 노동 계층의 급여 문제, 정치체의 종류와 권력이 작동하는 방식, 개별 노동자의 급여와 노동조건 등을 기회가 생길 때마다 살피고 기록한다. 물론 앞서 논의했듯, 『스웨덴, 덴마크, 노르웨이에 짧게 체류하며 쓴 서간집』에 구성 원칙이 있다면, 그것은 화자의 감정과 생각이 흘러가는 대로 따라가는 것이기에 스칸디나비아에서 울스턴크래프트는 자신이 접한 다양한 요소들을 소묘하는 것으로 만족한다. 논리적으로 여백이 많고, 생각의 흐름이 뚝뚝 끊기기도 하며, 비슷한 관찰과 감상이 반복되는 것도 이 여행기의 특징이라 하겠다.

일견 사사로워 보이는 미시 생활사와 관련된 울스턴크래프트의 관찰들 역시 살펴볼 필요가 있다. 여성 여행자 울스턴크래프트는 스칸디나비아 여성들과 상대적으로 가깝게 교류할 수 있었다. 저자는 가사노동과 집안 관리, 음식, 복색, 하녀/시종의 급여와 생활환경, 매너 등에 일관된 관심을 보이며 꼼꼼히 살폈다. 일례로 첫 번째 편지에서 울스턴크래프트가 광목천으로 만든 침구를 보며, 뻣뻣하지만 "놀랍게 흰" 천에 감탄하는 장면이 나온다.[63] 소박한 경제생활을 하면서도, 청결한 침구와 의복을 유지한다는 건 그들의 노동 윤리와 생활관을 보여 주는 것이기 때문이다. 18세기 맥락에서 '청결함'은 문명의 상징으로 해석되기도 했다. 저자가 스웨덴 하

---

[63] *Letters Written During the Short Residence in Sweden, Norway and Denmark*, 55쪽.

녀와 시종의 처우와 급여를 따져 보며 그것이 생계와 존엄을 보장할 만한 것인지를 관찰하는 대목[64]은, 울스턴크래프트가 여성 권리의 이상과 현실의 간극을 꾸준히 일별하고 있음을 알 수 있다. 이 대목은 최영숙이 유학 시절 스웨덴 여성의 권리, 특히 여성 노동자들의 급여와 여가 생활 등을 관찰하며 이들의 급여가 생계유지뿐만 아니라 저축이 가능할 만큼 충분하다는 사실에 놀라며 부러워하는 기록과 비교할 수 있을 것이다. 인간의 생존과 존엄을 유지하기 위해서는 충분한 급여가 지불되어야 함을 18세기 말 울스턴크래프트와 20세기 초 최영숙이 공통적으로 주장하는 것이다. 한편 여섯 번째 편지는 울스턴크래프트가 그의 (프랑스에서 구입한) 옷을 보고 몰려든 스웨덴 여성들에 둘러싸인 사건을 소개한다. 저자는 "외국에 도착해서 모자나 드레스가 튀어서 관심을 받는" 것은 여행자를 쉽게 우쭐하게 만드는 일이긴 하지만 이런 일시적 관심으로 허영에 빠지는 것을 경계한다.[65]

다시 울스턴크래프트가 스칸디나비아의 풍광을 묘사하는 자리로 돌아가자. 광활한 해안을 따라 다음 목적지로 이동하던 울스턴크래프트는 그런 풍경이 자신의 명상을 돕는다고 기록한다.[66] 인간의 인지능력을 벗어난 장엄한 규모의 자연물을 목도한 저자는 "미래에 세상이 진보할 것이라 기대한다"라고 기록한다.[67] 장구한 지

---

64 같은 책, 64~65쪽.
65 같은 책, 84쪽.
66 같은 책, 115쪽.
67 같은 쪽.

질학적 시간이 축적된 스칸디나비아의 빙하 지형 앞에서 울스턴크 래프트는 아주 먼 미래를 상상한다. 그러면서 "백만 년, 이백만 년이 지난 후 지구는 아마도 더 완벽하게 발전되어 있고, [그 규모에 맞는] 인구가 완벽하게 들어차 있을 것"을 전망했다.[68] 이 대목은 저자의 인식이 확장되어 가장 개인적, 혹은 가장 당대적 맥락을 초월해서 인류 전체의 미래를 낙관적으로 그려낸 것으로 읽을 수 있다.[69] "검푸른 해안"이 상징하듯 현재 눈앞에 있는 상황이 비관적으로 보여도, 울스턴크래프트는 전혀 다른 스케일의 시간성을 소환하며 인류의 진보와 미래를 낙관한다. 이어서 같은 〈편지 11〉에서 작가는 여러 섬으로 구성된 해안가 마을에 접어들었을 때의 소회를 밝힌다. 해안 암석 위에 형성된 마을에 이백 채 정도의 집이 들어서 있는 것을 묘사하던 울스턴크래프트는, 1/4도 안 되는 집만 바다를 볼 수 있고 나머지는 제대로 된 전망조차 허락되지 않은 채 살고 있다고 설명한다. 그러면서 "바스티유에 대해 따로 말할 필요도 없습니다. 여기에서 태어났다는 것은 자연이 바스티유 감옥처럼 옭아맨다는 것"이라고 말한다.[70] 인간에게 호의적이지 않은 자연 상태를 프랑스혁명의 시발점이 된 바스티유에 빗대어 설명한 점, 그리고 바스티유를 동사로 활용하여 인간을 옭아매는 억압 기제로 설명한 것이 눈에 띈다. 울스턴크래프트가 가장 억압적인 자연의 면

---

68 John Whale, *Imagination under Pressure, 1789~1832: Aesthetics, Politics, and Utility* (Cambridge: Cambridge University Press, 2000), 3장 참조.

69 같은 쪽.

70 같은 책, 116쪽.

면을 묘사한 〈편지 11〉에는 취향과 도덕 감정에 대한 고찰이 함께 나온다. 자연적 입지 조건상 가장 억압적이고 폐쇄적인 해안가 마을에서도 저자는 "진보의 첫 발자국"을 찾아낸다.[71] 이 동네에서 발견할 수 있는 취향이란 아직 "부의 과시" 정도지만, 경제적 여유를 통해 매너가 개선되면 "개선된 매너가 가장 섬세한 도덕 감정을 이끌어 낼 것"이라고 예견한다.[72] 요약하면, 울스턴크래프트는 불리한 자연 조건이 인간의 진보를 방해하는 것처럼 보일 때에도 경제적 여유(잉여 자본)가 취향을 개발할 기회를 제공하고, 취향은 전반적 태도를 개선하며, 태도는 세련된 도덕 감정을 만들어 낸다고 이론화한 것이다. 이는 사회 진보의 이상을 끝까지 믿었던 그녀의 일면을 그대로 보여 준다. 도덕 감정이 빈곤과 결핍 상태에서는 가능하지 않다는 전제 역시 그의 진보적 사상을 여실히 보여 준다.

울스턴크래프트는 여행 내내 외로움에 허덕이기도 하고, 고독함 속에 숙고할 시간을 찾기도 하며, 스칸디나비아의 거대한 자연 풍광을 통해 인류의 미래를 점치기도 한다. 동시에 그는 공화주의의 이상이 성공적으로 실현될 사건으로 기대했던 프랑스혁명이 변질되는 과정과 연인의 변심을 고통스럽게 반추하며 이 시기(1970년대)를 보냈다. 그럼에도 울스턴크래프트는 어떤 장애와 방해가 있어도 인간은 진보하고, 따라서 역사는 진보한다는 믿음을 견지한다. 감성적 언어와 울스턴크래프트 고유의 인장과도 같은 이성에

---

71 같은 책, 118쪽.
72 같은 쪽.

근간을 둔 언어가 교차하며 『스웨덴, 덴마크, 노르웨이에 짧게 체류하며 쓴 서간집』의 결을 만들어 낸다.

4. 결론을 대신하여
: 당신은 이 근대 여성과 사랑에 빠지셨습니까?

본고의 마지막 부에서 갑자기 사랑 운운한 것은 고드윈이 울스턴크래프트를 직접 만나서 알기 전에 『스웨덴, 덴마크, 노르웨이에 짧게 체류하며 쓴 서간집』을 읽고 작가와 사랑에 빠졌기 때문이다. 두 사람의 공통 친구인 메리 헤이즈Mary Hays의 집에서 고드윈이 울스턴크래프트를 만나 사랑에 빠지고, 그들이 결혼을 하기 전에 그는 먼저 이 글을 통해 작가 울스턴크래프트에게 관심이 생겼다고 한다. 관심과 사랑은 비슷하면서도 미묘하게 다른 개념과 감정이겠지만, 당시 고드윈에게 그런 것은 별로 중요하지 않았던 것 같다. 그는 어디에서나 울스턴크래프트에 대한 자신의 사랑을 말하고 다녔다. 자신이 울스턴크래프트와 사랑에 빠진 것처럼 울스턴크래프트의 독자들 역시 이 여인과 사랑에 빠질 것이라고 확신했다. 1796년 급진주의적 사상가(무신론자이자 무정부주의자)였던 두 사람이 자발적으로 법이 인정하는 결혼 관계로 들어갔다. 두 사람 사이에 곧 딸이 태어났고, 그는 메리 고드윈으로 성장하다가 십대 후반에 메리 셸리가 되었고, 이후 메리 셸리 울스턴크래프트가 되었다. 마지막 이름은 메리 셸리 본인의 의도와 하등 상관없는 후대 연구자들의 바람이 담긴 명명이다.[73] 30대 후반에 산욕열로 죽지 않았다면 더 많은 작업을 남겼을 메리 울스턴크래프트의 사상과 문학적 감수성의 계보를 메리 고드윈/메리 셸리가 이어주길 바라는 마음이 이 다소 길고 복잡한 이름을 만들어 냈다. 메리 울스턴크래프트가 그렇게 황망하게 죽지 않았다면, 후대의 연구자들도 메리 고드윈이 메리 셸리로 지내도록 두었을지도 모를 일이다.

다시 사랑 이야기로 돌아오자. 최영숙과 대조적으로 사후의 울스턴크래프트는 상대적으로 좀 더 안전한 편집자의 손을 통해 인생과 평생에 걸친 저작 활동이 재구성, 편집된다. 울스턴크래프트가 죽은 이듬해인 1798년 고드윈은 울스턴크래프트의 미발표작 원고를 총 네 권으로 묶어서 비망록인『여성의 권리 옹호를 쓴 저자의 비망록』*Memoirs of the Author of A Vindication of the Rights of Woman*과 함께 출판한다. 참으로 부지런한 사랑이자, 부지런한 애도였다. 고드윈의 의도는 명확해 보인다. 자신이 글로 먼저 사랑에 빠진, 당대의 빼어난 사상가 울스턴크래프트의 남다른 일생을 정리, 발표함으로써 독자들도 자신의 아내와 사랑에 빠지게 만들겠다는 것. 그러나

---

73 좀 더 상술하자면, 소설『프랑켄슈타인』(1818)의 작가로 잘 알려진 메리 셸리는 울스턴크래프트와 고드윈의 딸 메리 고드윈으로 태어났다. 이후 당대 영국 문학장에서 유명하고도 악명 높은 시인 퍼시 B. 셸리(Percy B. Shelley)를 만나 결혼함으로써 메리 셸리가 되었다. 명백히 어머니의 이름(first name)을 물려받았으나 작가로서의 그의 정체성은 가부장제 명명법에 따라 규정되었다. 2010년대에 들어 (현재 인용한 판본의 편집자인 호록스를 포함하여) 일부 여성주의 연구자들은 울스턴크래프트가 딸에게 끼쳤을 문학적, 사상적 영향력이나 연결 고리를 의식적으로 설명하기 위해 '메리 셸리 울스턴크래프트'란 이름을 사용하기도 한다.

그의 의도와 무관하게 바로 이 비망록 덕분에 독자들은 『스웨덴, 덴마크, 노르웨이에 짧게 체류하며 쓴 서간집』을 둘러싼 울스턴크래프트의 개인사를 소상히 알게 된다. 그는 당대의 도덕적 규범을 넘나드는 사랑을 한 울스턴크래프트, 혼외자 패니 임레이에 관한 것들을 모두 가감 없이 공개했다. 이것은 누구도 요청하지 않은 개인적 정보를 화자가 알아서 발설하는 오류처럼 보일 수 있다. 그러나 『비망록』의 서문에서 파멜라 클레밋Pamela Clemit과 지나 루리아 워커Gina Luria Walker는 고드윈의 비망록이 18세기의 평전, 일대기 전통과 완전히 결별한 흔적으로 이 난데없는 솔직함을 설명한다. 고드윈이 급진주의적 정치사상가로서 18세기 말에 제창한 '정직함' candor과 '진정성'sincerity은 과도한 정보 공유가 아닌, 근원적 사회 개혁을 위해 필요한 도덕적 태도였던 것이다. 투명하게 진심을 보여 주는 태도, 그것은 정치적 함의를 가진 선택이었다. 그것이 가능한지를 실험하는 장이 사별한 아내의 평전이었다.[74] 또한, 울스턴크래프트가 『스웨덴, 덴마크, 노르웨이에 짧게 체류하며 쓴 서간집』에서 '두서없음'을 전체 글을 엮는 대원칙으로 삼은 것과 마찬가지로, 고드윈 역시 『비망록』에서 그가 이전 저작에서 보여 준 구조적 논증 과정을 거부한다. 이미 고인이 된 울스턴크래프트의 일대기와 그가 일생에 한 선택의 사회적 맥락을 보여 줌으로써, 울스턴크래프트의 복잡다단한 면모와 그들이 짧게나마 누렸던 평등한 관계를 보여 준다. 성급하게나마 정리를 하자면, 고드윈은 그의 잠정 독

---

74 Clemit and Walker, "Introduction," 12~13쪽.

자들이 사상가였던 울스턴크래프트의 복잡한 면모, 심지어 흠결로 보이는 그것까지도 수용하길 초청한 셈이다. 선의와 정치철학적 대안을 찾기 위한 고드윈의 노력이 결합된 『비망록』이 의도한 바를 다 이룬 것은 아니다. 울스턴크래프트의 사상적 동지일 뿐만 아니라, 연인이나 배우자로서 고드윈이 누렸던 친밀함을 바탕으로 그가 도리어 울스턴크래프트를 지나치게 낭만화한 것을 독자들은 피해 갈 수 없기 때문이다.

국가나 개인 모두 엄혹한 시절을 지나던 1920~30년대의 최영숙도 역시 울스턴크래프트의 그것과 비슷한 믿음과 낙관을 고수했다. 이들 근대 여성 지식인은 정치경제적·역사적 사건과 연루된 개인적 어려움을 감수하면서 국제적 맥락의 여성의 권리와 해방을 옹호했다. 최영숙이나 울스턴크래프트 모두 자신의 개인사가 어떤 종류의 풍문으로 유통될지 예상했겠지만, 끈질기게 공론장에서 글을 썼다. 최영숙은 너무 이른 나이에 죽었고, 그가 직접 쓴 글보다 그의 개인사를 둘러싼 추측성 기사들이 추모의 외피를 두르고 유통되었다. 그럼에도 최근 이효진을 비롯한 연구자들의 노력 덕분에 최영숙에 관련된 1차 문헌이 복원된 건 반가운 일이다.

국적도, 활동했던 시기도, 그들이 씨름했던 당면 과제도 판이하게 달랐던 최영숙과 울스턴크래프트의 스칸디나비아 체류기를 돌아보았다. 세계가 이들 여성에게 허용한 자리가 달랐고, 이들이 생전에 남긴 글의 양도 역사상 현저히 차이가 난다. 그럼에도 이들의 스칸디나비아 체류기는 자유주의적 페미니즘의 계보와 그것의 국제적 연결성을 보여 준다. 본고의 논의가 최영숙의 유학 시절 글에서 출발해 엘렌 케이로, 엘렌 케이의 19세기 말 여성주의 사상에서

18세기 말 울스턴크래프트의 페미니즘으로 거슬러 올라간 이유도 이 연결 고리를 가시화하기 위함이다. 풍문이 될 뻔한 두 근대 여성 작가를 겹쳐 놓으면서, "여성성을 유지하기 위해 치러야 할 대가는 높지만, 여성성을 거부할 때 치러야 할 대가도 크다"는 사실도 확인했다.[75] 동시에 남성 호사가나, 선의와 정치적 실험 정신으로 충만한 남성 배우자의 글쓰기에 여전히 포섭되지 않는 이 근대 여성들의 삶을 둘러싼 공백과 틈에 대해 생각한다.

---

[75] Barbara Taylor, "Mary Wollstonecraft and the Wild Wish of Early Feminism," *History Workshop Journal* 33, 1992, 217쪽.

참고문헌

김성은, 「신여성 하란사의 해외유학과 사회활동」, 『史叢』 77, 2012, 109~138쪽.

소영현, 「애도하는 여자들: 페미니즘 서사의 역사 다시 쓰기」, 『현대문학의 연구』 74, 2021, 557~589쪽.

손혜민, 「'소문'에 대응하여 형성되는 '신여성'의 기표: 나혜석의 단편 「경희」(1918)를 중심으로」, 『사이間』 7, 2009, 141~168쪽.

오봉희, 「메어리 울스턴크래프트의 『서한집』에 나타난 집에 대한 열망과 좌절」, 『영미문학페미니즘』 20.2, 2012, 121~147쪽.

우미영, 「신여성 최영숙론: 여성의 삶과 재현의 거리」, 『민족문화연구』 45, 2006, 293~328쪽.

이효진, 「신여성 최영숙의 삶과 기록: 스웨덴 유학 시절의 신화와 루머, 그리고 진실에 대한 실증적 검증」, 『아시아여성연구』 57.2, 2018, 143~174쪽.

_____, 「스웨덴 소장 신여성 최영숙 관련 자료 소개(1)」, 『이화사학연구』 62, 2021, 425~445쪽.

_____, 「스웨덴 소장 신여성 최영숙 관련 자료 소개(2)」, 『이화사학연구』 64, 2022, 225~238쪽.

최영숙, 『네 사랑 받기를 허락하지 않는다』, 가갸날, 2018.

최혜실, 『신여성들은 무엇을 꿈꾸었는가』, 생각의 나무, 2000.

Bergès, Sandrine, and Alan Coffee. Eds. *The Social and Political Philosophy of Mary Wollstonecraft*. Oxford: Oxford University Press, 2016.

_____. *The Wollstonecraftian Mind*. London and New York: Routledge, 2019.

Botting, Eileen Hunt. *Family Feuds: Wollstonecraft, Burke, and Rousseau on the Transformation of Family*. Albany, NY: State University of New York Press, 2006.

_____. *Wollstonecraft, Mill, and Women's Human Rights*. New Haven: Yale University Press, 2016.

Carlson, Julie A. *England's First Family of Writers: Mary Wollstonecraft*, William

Godwin, Mary Shelley. Baltimore: Johns Hopkins University Press, 2007.

Clemit, Pamela, and Gina Luria Walker. "Introduction." Godwin, pp. 11-36.

Cook, Daniel, and Amy Culley. *Women's Life Writing, 1700-1850: Gender, Genre and Authorship.* New York: Palgrave Macmillan, 2012.

Eger, Elizabeth. *Bluestockings: Women of Reason from Enlightenment to Romanticism.* New York: Palgrave, 2010.

_____ Ed. *Blueststockings Displayed: Portraiture, Performance, and Patronage, 1730~1830.* Cambridge: Cambridge University Press, 2013

Furniss, Tom. "Mary Wolstonecraft's French Revolution." *Johnson.* pp. 59-81.

Godwin, William. *Memoirs of the Author of A Vindication of the Rights of Woman. Ed. Pamela Clemit and Gina Luria Walker.* Peterborough, Ontario: Broadview, 2001.

Hagerty, James R. *Yours Truly: An Obituary Writer's Guide to Telling Your Story.* New York: Citadel Press, 2023.

Horrocks, Ingrid. "*Introduction. " Letters Written During the Short Residence in Sweden, Norway and Denmark.* Peterborough, Ontario: Broadview, 2013. pp. 13~42.

Johnson, Claudia L. Ed. *The Cambridge Companion to Mary Wollstonecraft.* Cambridge: Cambridge University Press, 2002.

_____. "Introduction." *Johnson,* 2002.

Torborg Lundell. "Ellen Key and Swedish Feminist Views on Motherhood," *Scandinavian Studies* 56.4, 1984, 351-369.

Nyström, Per. *Mary Wollstonecraft's Scandinavian Journey.* Trans. George R. Otter. Göteborg: Kungliga vetenskaps- och vitterhets-samhället, 1980.

Rajan, Tilottama. *Romantic Narrative: Shelley, Hays, Godwin, Wollstonecraft.* Baltimore: Johns Hopkins University Press, 2010.

Rousseau, Jean-Jacques. *The Reveries of the Solitary Walker, Botanical Writings, and Letter to Franquieres. The Collected Writings of Rousseau.* Vo. 8. Ed. Christopher Kelly. Trans. Charles E. Butterworth, Alexandra Cook, and Terence E. Marshall. Hanover, NH and London: Dartmouth

University of New England, 2000.

Sponberg, Mary L. "Remembering Wollstonecraft: Feminine Friendship, Female Subjectivity and the 'Invention' of the Feminist Heroine." *Cook and Culley.* pp. 165~180.

Taylor, Barbara. "Wollstonecraft [married name Godwin], Mary (1759~1797), author and advocate of women's rights." *Oxford Dictionary of National Biography.* 23 Sep. 2004; Accessed 1 Jul. 2023. http://lps3.www.oxforddnb.cm.libproxy.snu.ac.kr/view/10.1093/ref: odnb/9780198614128.001.0001/odnb-9780198614128-e-10893.

_____, "Mary Wollstonecraft and the Wild Wish of Early Feminism," *History Workshop Journal* 33, 1992, pp. 197~219.

Todd, Janet, "Mary Wollstonecraft's Letters," *Johnson,* pp. 7~23.

Whale, John. *Imagination under Pressure, 1789~1832: Aesthetics, Politics, and Utility.* Cambridge: Cambridge University Press, 2000.

Wollstonecraft, Mary. *Letters Written During the Short Residence in Sweden, Norway and Denmark.* Ed. Ingrid Horrocks. Peterborough, Ontario: Broadview, 2013.

5장

인텔리 여성의 반동:

임옥인의 자기 서사와
보수주의

/ 장영은

우리는 전통의 상실과 더불어 우리를 광대한 과거의 영역 속으로 안전하게 안내해 주던 끈을 잃고 말았다. 그러나 그 끈은 동시에 선(先) 결정된 과거의 측면들에 각각의 후속 세대를 옭아매던 사슬이기도 했다. 따라서 이제야 비로소 과거는 예상하지 못한 신선함과 함께 우리에게 개방될 것이며 지금까지 누구도 이해하지 못했던 이야기를 들려줄 수 있을 듯하다.

_한나 아렌트[1]

전통이란 첫째, 25세를 넘겨서도 계속해서 시인이고자 하는 이라면 누구나 무시해서는 안 될 역사적 의의를 가지고 있다.

_T.S. 엘리엇[2]

● 이 글의 초본은 다음과 같다. 장영은, 「인텔리 여성의 반동: 임옥인의 자기서사와 보수주의」, 『구보학보』 33집, 2023.

1 한나 아렌트, 『과거와 미래 사이: 정치사상에 관한 여덟 가지 철학 연습』, 서유경 옮김, 한길사, 2023, 211쪽.

2 T. S. 엘리엇, 「전통과 개인의 재능」; 우노 시게키, 『보수주의란 무엇인가』, 류애림 옮김, 연암서가, 2018, 85쪽에서 재인용.

1. 여학교 운영자의 월남

이 글에서는 1956년에 『월남전후』를 발표하며 월남 여성 작가로서의 정체성을 확보한 임옥인의 자기 서사에 주목하며, 고전古典과 전통의 보수적 체험에 의미를 둔 여성 지식인의 현실 인식을 분석해 보고자 한다.

1980년 『한국일보』에 『나의 이력서』를 연재했던 임옥인은 1985년에 신문 연재 글들을 묶어 정우사에서 같은 제목으로 자서전을 출간한 바 있다. 임옥인이 구성한 생애 가운데 해방 이전까지의 주요 이력은 다음과 같이 정리해 볼 수 있다. 1911년 함경북도 길주군에서 태어난 임옥인은 야학에서 한글을 처음 배운다. 여자는 학교에 갈 필요가 없다고 생각했던 증조부와 부모의 반대로 보통학교를 다닐 때는 상당 기간 교사 사택을 전전해야 했다. 임옥인이 학교에서 우수한 성적을 얻자 가족들의 인식은 달라졌지만, 가난한 집안 형편으로 학교 종치기, 참외 장사 등을 하며 고학했다. 함흥의 영생여고보를 수석 졸업한 후, 나라여자고등사범학교 입학시험에 응시해 합격했고 영생여고보의 장학금을 받아 일본 유학을 떠날 수 있게 되었다. 임옥인은 일본에서 지리, 역사, 체육, 일어, 도덕 등을 전공과목으로 선택해 교육 자격증을 취득한 후 1935년에 귀국했으며, 영생여고보를 거쳐 루씨여고보에서 근무하면서 꾸준히 시와 소설을 썼다. 1939년에 『문장』에 「봉선화」가 추천되었고, 1940년과 1941년에는 「고영」, 「후처기」, 「전처기」, 「산」 등을 연이어 발표한다.[3]

하지만, 1941년 4월에 우리말의 맥락을 유지하던 『문장』이 폐간되자 임옥인은 큰 충격을 받았다. 더 이상 모국어로 작가 생활을 할 수 없다는 사실에 분노했고, 식민지 조선의 절망적인 현실을 비관했다. 1939년 『문장』에 「고풍의상」을 발표하면서 작가 생활을 시작했던 조지훈이 1941년 『문장』 폐간 이후 통음과 눈물로 세월을 보내다가 『국민문학』이 발간되는 세태에 격노하며 절필을 선언했음에도 불구하고 문인보국회 가입을 강요받자 급기야 스스로 시인임을 부정한 채 오대산 절에 들어간 일화처럼, 임옥인도 루씨여고 교사직을 사직한 후 몇 해 동안 '붓을 꺾고' 길주에서 지내다가 삼수갑산으로 떠났다.

해방이 되고 나서야 임옥인은 사회적 활동을 재개했다. 대오천 가정여학교를 설립하고 야학도 함께 운영했다. 함경남도 혜산진에서 50리 정도 들어간 벽촌 마을에 임옥인은 향교 집을 하나 얻어 낮에는 여학교로 운영하고 밤에는 문맹자에게 한글을 가르치는 야학을 설치했다. 교장 겸 교사 겸 급사로 일인 삼역을 맡아 학교를 이끌었다. 임옥인은 평생 동안 그때처럼 혼신의 힘과 정열을 다해 본 일도 없었다고 회고할 정도로 해방 후 의욕적으로 '생활교육'의 신념을 펼쳤다. 직접 주야간 교재까지 만들며 잠잘 시간도 없는 생활이 힘들었지만, 개교 후 얼마 지나지 않아 학생 수가 두 배 이상 증가하고 특히 학생들이 열심히 공부해 입학한 지 한 달이 되기도 전에 한글을 해독할 때 임옥인은 큰 보람을 느꼈다. 교육자로서의 포부도 점차 커졌다. "내가 발붙인 이 산간벽지를 중심해서 사방

---

3 임옥인, 『나의 이력서』, 정우사, 1985, 4~83쪽 참조. 이하 책 제목과 쪽수만 표기.

50리 땅의 면적에 한해도 좋다. 여기서 나는 한 사람의 문맹도 없을 때까지 한글을 가르치고 이 가정 여학교의 기초를 잡고 떠나도 늦지는 않으리라."[4] 하지만, 소련 군정 및 공산주의자들로부터 구속, 간섭, 압박, 감시를 받게 되자 임옥인은 서울행을 진지하게 고려하기 시작했다.

사실 문맹퇴치는 해방 직후 가장 시급한 현안으로 대두된 사회적인 과제였다. 당시 북한 지역의 비문해자는 약 230여 만 명으로 알려졌는데, 그 가운데 약 65퍼센트가 여성이었으며, 특히 성인 여성의 90퍼센트가 읽고 쓰지 못한 것으로 추정된다.[5] 문맹퇴치 사업은 사회주의 국가 건설을 위한 최우선 과제로 꼽힐 수밖에 없었다. 북한에서 여성 문맹 퇴치 사업을 주도했던 북조선민주여성총동맹(이하, 여맹)은 정치 이데올로기의 일환으로 문맹 타파 운동을 전개했다. 이들은 산간벽지에서 자율적으로 야학을 운영하던 임옥인과는 근본적으로 입장이 달랐다. 1945년 8월에 대오천에 정착할 작정으로 학교를 설립했던 임옥인은 결국 해방된 지 8개월 만에 38선 이남으로 향했다.

1946년 4월에 임옥인은 한탄강을 건넜는데, 자서전『나의 이력

---

4 임옥인, 『월남전후』, 현대문학, 2010, 117쪽. 이하 작품 제목과 쪽수만 표기.

5 신효숙은 230만 명이 북한 당국이 발표한 수치이지만, 실제로 문맹자로 간주된 연령의 기준이 12세 이상 50세 미만인 점을 고려할 때, 50세 이상 문맹자는 문맹 퇴치 운동의 대상에서 제외되었을 뿐만 아니라 실제 문맹자 수는 230만 명을 훨씬 넘었을 것으로 추정한다. 이와 관련해서는 신효숙, 『소련군정기 북한의 교육』, 교육과학사, 2006, 226쪽; 박영자, 『북한녀자』, 앨피, 2017, 157쪽 참조.

서』에서 삼팔선을 넘었던 순간의 긴박한 상황을 다음과 같이 회고한 바 있다. "저리도록 차가운 한탄강을 건너며 나는 그때 몸서리나던 공포감에 다시금 사로잡혀 있었다. 물을 건넌 후, 내리 십 리쯤 산속을 헤매고 밭두렁과 오솔길을 걸어 동두천에 다달았을 때, 나는 비로소 내 다리와 발뒤꿈치에서 선혈이 흐리고 있는 것을 깨달았다. 물속에서 날카로운 돌에 베어졌던 것이다."[6] 돈 3백환이 전 재산이었던 임옥인은 자신에게 월남을 적극 독려했던 선배 현옥숙의 을지로 집으로 찾아가 그곳에 한동안 얹혀 살 수밖에 없었다. 임옥인은 함경북도 길주에서 보통학교 선배인 현옥숙을 우연히 마주친 적이 있었다. 정세 판단이 빨랐던 현옥숙 선배 부부는 38선이 봉쇄되기 전에 아이들을 데리고 월남해서 서울에 자리를 잡은 후, 다시 북상해서 재산을 정리한 다음 서울로 다시 돌아가는 와중에 임옥인과 조우한 것이었다. 현옥숙은 임옥인에게 지금 당장 떠나야 한다고 다그치며, 서울에서 함께 지내자고 손을 내밀었다. 임옥인은 자서전 『나의 이력서』에서 현옥숙의 조언으로 해방 후부터 은밀하게 품었던 '월남 결심'을 실행에 옮길 수 있었다고 회고했다. 1946년 4월 무렵 미소 양군 사령부 대표자 회의에서 월경 논의가 사실상 무산되며 소련군의 38선 봉쇄가 강화되고 있었던 시점에 임옥인은 월남을 단행했다.[7]

---

6 『나의 이력서』, 94~95쪽.

7 김재웅은 월남자와 월북자들의 월경 동기 및 과정을 개별적인 이야기들에 초점을 맞춰 월남자와 반공주의자를 동일시해 온 인식과 편견에 날카로운 문제를 던지며, 월남과 월북의 역동적인 상을 실증적으로 재구성한 바 있다. 이동원 역시 해방기에 38선

임옥인은 월남 이후 창덕여고 교사,『부인신보』편집차장, 미국 공보원 번역관,『부인경향』편집장, 건국대 교수 등의 직업을 순차적으로 가지게 되지만, "하고 싶어 하는 일이며, 또한 하지 않으면 안 되기 때문에"[8] 소설을 쓴다고 했을 정도로 작가로서의 자긍심을

이북에서는 어떤 일이 벌어졌는가에 의문을 가지며 과연 반소주의와 반공주의만이 월남 선택의 압도적인 동기였는지를 월남 경로와 함께 면밀하게 검토한다. 방대한 사료를 다채롭게 분석하며 서술적 정체성의 구성 과정에 주목한 김재웅과 이동원의 연구로부터 큰 도움을 받았음을 밝힌다. 한편, 임옥인이 월남했던 1946년 무렵의 38선 이동 상황은 다음과 같았다. 1946년 1월 16일에 미소 양군 사령부는 대표자 회의를 열어 조선인들의 38선 월경 문제를 주요 의제로 다루며 수송력이 허락하는 한도 내에서 조선인들의 38선 왕래를 허용한다는 입장을 밝혔지만, 약 석 달 뒤인 1946년 4월 무렵 대표자 회의의 월경 논의는 사실상 무산된다. 1946년 7월 중하순경, 콜레라가 유행 국면에 접어들며 상황은 점차 악화되었다. 미군정의 하지 중장은 일본인 피난민들의 월남 제지를 소련군 측에 요청했다. 또한 1947년 말에 북한 당국은 38선을 경계로 거주지와 경작지가 분리된 남북한 농민들 및 소련군 사령부나 북한 내무 기구가 발행한 통행 증명서를 소지한 이들에게만 월경을 허용한다는 지침을 내렸다. 38선 접경 지역에서 월경 문제를 담당했던 북한의 38경비대대 정보계 출신인 김석형의 구술에 따르면, 당시 38선을 가장 많이 넘나들었던 사람들은 밀무역상이었음에도 불구하고, 점차 이념 대립과 체제 대결로 갈등이 깊어지면서 38선은 결국 봉쇄 국면으로 치닫게 되었다고 한다. 1949년 조선은행이 발표한 통계에 의하면, 월남인은 1946년에 18만5208명, 1947년에 16만3233명, 1948년에 11만5807명으로 점차 감소하는 추이를 나타냈으며, 1949년 1월부터 5월까지 월남한 사람의 경우는 1만4647명으로 1년 전인 1948년 같은 시기와 비교했을 때 약 31.3%에 그쳤음을 확인할 수 있다. 이와 관련해서는 김재웅,「북한의 38선 월경 통제와 월남 월북의 양상」,『한국민족운동사연구』87, 2016, 189~230쪽; 이동원,「월남을 선택한 사람들, 월남 동기와 이동 경로 이야기」,『내일을 여는 역사』79, 2020, 420~443쪽; 김석형 구술, 이향규 녹취,『나는 조선노동당원이오!』, 선인, 2001, 240~243쪽 참조. 조선은행 통계 및 해방기 월남인 규모와 관련해서는 김귀옥,『월남민의 생활 경험과 정체성: 밑으로부터의 월남민 연구』, 서울 대학교출판부, 1999, 41~43쪽 참조.

8 임옥인,「작가가 된 동기와 이유」,『문학과 생활의 탐구』, 대한기독교서회, 1966, 259쪽.

간직하며 살았다. 물론 휴지기도 있었다. 1950년 6월 25일, 한국 전쟁이 발발했지만 '서울 이남以南'을 전혀 알지 못했던 임옥인은 우선 상황을 지켜볼 수밖에 없었다. 한국 전쟁 발발 후 서울에서 90여일을 보낸 뒤 열차를 타고 피난을 떠났다.[9] 3년 동안 대구에서 의식적으로 쉬면서 집필을 잠시 보류했으나 역설적으로 이 시기에 자기 내면의 열정을 발견하게 되었다고 고백한다. "나는 어떤 시련이 있어도 문학은 절대로 버리지 못할 것임을 더욱 절실히 깨달았습니다."[10] 환도 후, 『기다리는 사람들』, 『그리운 지대』 등의 장편소설을 잇달아 써 내려갔다.

특히, 1956년 7월부터 12월까지 『문학예술』에 발표한 자전적 소설 『월남전후』로 임옥인은 월남 작가로서의 정체성을 확보할 수 있었다. 『월남전후』 후기에서 임옥인은 "사실은 월남 이후 그 때 그때 써내려 온 천 매에 가까운 원고가 있었던 것이지만, 불행히도 사변 중에 소실"된 후, "기억을 더듬으며 또 새로 느끼고, 깨달은 바를 섞어서"[11] 다시 썼다고 털어 놓았다. 임옥인이 자전적 소설을 쓰면서 새로 느끼고 깨달은 사실은 무엇이었을까? 역사적 사건의 재현 양상의 차이를 기억과 회상 간의 차이로 규명한 루이스 밍크는 기억이 강제되지 않고 소환되는 과거의 사건인 데 반해 회상은 일관성을 바라는 욕망에서 기록자의 노력이 가해진 기억이라고 정

---

9 『나의 이력서』, 109~112쪽.

10 「작가가 된 동기와 이유」, 『문학과 생활의 탐구』, 앞의 책, 263쪽.

11 임옥인, 「월남전후 후기」, 『문학예술』 1956년 12월호, 108쪽.

의한 바 있다. 이처럼 루이스 밍크의 분석에 따르면 작가는 "상상적인 일관성, 전체성, 완전성, 종결성" 등을 사건에 부여하며 사건을 가치화한다고 볼 수 있다.[12]

같은 맥락에서 월남에 강력한 서사적 가치를 부여하고자 했던 임옥인의 의지에 관해 분석해 보고자 한다. 임옥인은 1956년부터 여러 차례에 걸쳐 월남 선택의 동기와 명분에 관해 직접 이야기했다. 『월남전후』의 주인공 영인은 소설에서 고향에 머물러 있기 싫다는 결론을 내리고 38선을 넘었다. 새로운 삶을 찾아 월경을 감행하는 여성이 임옥인의 자전적 소설에서 긍정적으로 재현된 것은 우연의 일치가 아니었다. 지금부터 임옥인의 월남 동기를 해방기 문해 정치의 역학 구도와 반동주의에 초점을 맞춰 해석해 보고자 한다.[13] 임옥인의 월남은 반공주의보다 반동주의와 보수주의의 측

---

12 루이스 밍크, 「모든 사람은 자신의 연보 기록자」, 주네트, 리쾨르, 화이트 체트먼 외 지음, 석경징, 여홍상, 윤효녕, 김종갑 엮음, 『현대 서술 이론의 흐름』, 솔, 1997, 213~225쪽 참조.

13 해방기 여성 지식인 주체의 '월경'이 가진 의미에 주목하며 『월남전후』를 외부에 의해 훼손되는 자아의 '반경'에 대한 저항의 서사로 분석한 김주리의 통찰로부터 새로운 독법의 가능성을 얻을 수 있었음을 밝힌다. 이와 관련해서는 김주리, 「월경과 반경: 임옥인의 「월남전후」에 대하여」, 『한국근대문학연구』 31, 2015, 91~119쪽; 김주리, 「임옥인 소설의 장소애와 헤테로토피아」, 『구보학보』 26, 2020, 325~360쪽 참조. 한편, 하신애는 피난민 여성들의 사적 이동성에 주목하며, 『월남전후』의 등장하는 여성들이 공공 이동성에 입각하여 새 국가에서 구축하고자 했던 통치 권력과 변별되는 사적 연대성을 지향했음을 분석한 바 있다. 임옥인 작품을 신체성 및 이동성의 관점으로 독해하며 해방기 주체와 통치 권력 사이의 길항을 새로운 문화적 의제로 확장시켰다는 점에서 의의가 큰 연구라고 판단된다. 이와 관련해서는 하신애, 「해방기 여성/신체의 이동성과 (피)난민 연대의 건설: 임옥인의 『월남전후』를 중심으로」,

면에서 해석되는 것이 더욱 타당하다는 관점으로 임옥인의 자서전
과 자전적 소설을 분석해 보겠다.

1941년부터 해방 전까지 화전민 마을로 들어가 스스로를 유폐
시켰던 임옥인은 해방이 되자 우리말과 우리글을 배우고 가르치며
쓸 수 있다는 사실에 안도하며 크게 기뻐했다. 해방 후 임옥인이 함
경남도에 여학교를 설립한 목표도 아래와 같이 명확했다. "문화의
균등이 없이 나라가 바로 설 수 없다고 믿었던 까닭이다. 감자 먹고
귀밀 먹는 삼수와 갑산이라면, 옛날에 귀양살이로나 오던 곳이다.
가난과 무지와 암흑 속에 사는 이 지대의 발전 없이 도시 중심으로
기형적인 발달을 하면 무슨 소용이랴 싶어서였다."[14] 임옥인은 문
해력 보급을 문화의 균등으로 인식하고 있었다.

이는 곧 임옥인이 해방 후 지식인들 사이에서 펼쳐진 이른바 문
해 정치의 장으로 진입했음을 의미한다.[15] 해방기 남북한의 문해

『한국현대문학연구』 62, 2020, 40~65쪽 참조.

14 『월남전후』, 63쪽.

15 임세화는 해방 이후 여성해방운동의 특수한 성격과 의미를 해방기 문해 정치와 여성
독본을 통해 분석한 바 있다. 남북한 모두 통치의 우월성과 정당성을 선취하기 위해
해방기에 문해 정치로 치열하게 대립하게 되는데, 임세화는 해방기 남북의 교육정책
이 외형적으로는 문맹 퇴치를 위시한, 민족 교육, 민주주의, 남녀평등의 민족 사업을
표방하면서도 실질적으로는 통치 기반의 지지층을 확보하고 이념화를 목표로 삼았다
고 주장했다. 남북한 모두 여권 신장과 성평등 실현의 가치를 강조하며 여성 문해 교
육을 정치적으로 전유하게 되는 과정을 날카롭게 분석한 임세화의 연구는 해방기에
분투한 여성 지식인들의 내면을 이해하는 데 큰 도움이 되었다. 이와 관련해서는 임
세화, 「해방기 남북한의 문해 정치와 여성 독본의 자리」, 『인문과학』 85, 2022, 85~
152쪽 참조. 또한 해방기 출판의 특징을 독본의 귀환으로 규정하고, 해방 직후부터
한글 문맹을 타파하기 위해 어문 교육과 출판문화를 견인한 교과서의 역할을 강조한

정치는 문맹 퇴치라는 공통의 목표에서 출발해서 냉전 구도 속 이데올로기 대결의 양상으로 변모해 갔다. 식민지 시기부터 서적상을 거쳐 잡지『야담』을 발행했던 김송은 해방 직후에 백민문화사를 설립하고 1945년 12월에 잡지『백민』을 창간했는데, 그는 해방기 출판계의 특징을 계몽과 선동으로 규정지은 바 있다.[16] 김송의 주장에 따르면, 우익 지식인들이 계몽적인 가치를 선점하고자 한 데 반해 좌익 지식인들은 선동적인 정치에 주력했으며, 해방기의 출판계는 좌우익 정치 세력의 치열한 경쟁 구도와 연동되어 있었다. 그렇다면 사회적 자본과 권력이 빠른 속도로 재편되었던 해방기에 임옥인은 왜 여성 문맹 퇴치 운동에 투신했던 것일까? 이와 같은 질문에 해명하기 이전에 임옥인의『월남전후』에 등장하는 사회주의자들의 양상을 먼저 분석해 보기로 한다.

2. 소련군의 무지와 서적 몰수 사건

『월남전후』의 주인공인 김영인의 사촌 동생 을민은 해방 이전에 일본 경찰을 피하기 위해 금 장수로 위장해 금을 밀수하며 좌익

연구로는 구자황,「해방기 독본 문화사를 보는 시각」,『우리문학연구』56, 2017, 262~269쪽; 오영식,『해방기(1945~1950) 간행 도서 총목록』, 소명출판, 2009 참조.

16 김송,「출판여담」,『경향신문』(1947/02/02); 김송,「백민시대」, 강진호 엮음,『한국문단이면사』, 깊은샘, 1999, 335쪽 참조.

지하운동을 했다. 영인은 극심한 가난으로 학교를 제대로 다니지 못한 사촌 동생의 처지를 안타까워하면서도 을민의 지적인 능력만큼은 인정했다. 을민은 문학에도 관심이 많아 이태준의 소설을 탐독했으며, 사촌 누나의 등단작을 신랄하게 비판할 만큼 자기 나름의 논리를 갖추고 있었다. "누님 그「봉선화」같은 따위의 소설을 또 쓸 테요?"[17] 영인은 을민이 소설을 읽는다는 사실에 놀랐다. 을민은 자본주의의 부패와 모순을 해부한 이태준의 작품을 상찬하며, 영인에게 노동자에게 환영받을 수 있는 소설을 써야 한다고 주장했다. 영인은 을민의 조언을 귀 기울여 듣지 않았지만, 적어도 해방 전까지 을민에게 특별히 반감을 가지고 있지 않았다. 영인은 해방 직후부터 공산주의와 사회주의에 적대감을 가지게 되었다.

소련군이 1945년 8월 17일에 함경북도에 일본 패잔병 소탕을 명목으로 폭격을 하자 영인은 공산주의를 불신하기 시작한다. 길주역이 '결딴' 났다는 소식을 듣고 전쟁이 일어난 것은 아닌지 크게 걱정했다. "이 만행은 한국인에게 대한 심술이요, 위협으로밖에 보이지 않았다. 전쟁의 파괴상란 이런 것일까?"[18] 붉은 군대의 행렬을 지켜보면서 불길한 예감에 사로잡혔다. 그로부터 얼마 지나지 않아, 영인은 자신이 학생 때부터 모은 책들을 소련군에게 모조리 압수당하는 서적 몰수 사건을 겪게 된다.[19] 그들은 영인이 일본 유

---

17 『월남전후』, 24쪽.

18 『월남전후』, 42쪽.

19 이중연은 해방기에 출판에 뛰어들었던 지식인들의 도전과 좌절을 추적하며, 38선 봉쇄가 해방기의 출판계에도 직간접적으로 영향을 미치며 결국 남북한 출판계의 단절

학생이었다는 점과 길주 일대에서 가장 책을 많이 보유하고 있다
는 점 그리고 '반동적인 서적'을 지니고 있다는 점을 지적하며 영인
의 책들을 전부 몰수해 갔다. 자신의 장서들이 군인민위원회 창고
에 보관되어 있다는 소식을 듣고 모멸감을 느꼈지만, 셰익스피어
전집만은 반드시 찾아야 했기에 영인은 소련군 초소로 직접 걸어
들어간다. 셰익스피어 전집은 세상을 일찍 떠난 영인의 연인이 남
긴 선물이었다. 문화선전부장인 소련군 장교는 영인을 검문했지
만, 그는 톨스토이와 도스토예스프스키의 이름조차 모르고 있었
다. 소련군 장교는 푸시킨의 영역 시집조차도 영문 서적이기 때문
에 반동 서적이라는 궤변까지 늘어놓았다.

"이건 뭐요."
"톨스토이의 전쟁과 평화입니다."
책들을 하나하나 들고 검문하자 나는 사실대로 대답했다.
다른 책들의 경우엔 그는 머리를 가로저으며, 모르겠다는 표정을 했지

로 이어지는 과정을 입체적으로 복원해 냈다. 금서의 문화사로 조선, 식민지 시기, 해
방기의 지배 질서와 저항 담론을 권력투쟁의 구도로 분석한 이중연의 연구에서 사상
적 독점의 해체 과정이 내포하고 있는 정치적 가능성을 확인할 수 있었다. 이와 관련
해서는 이중연,『책의 운명: 조선~일제 강점기 금서의 사회사상사』, 혜안, 2001; 이
중연,『책, 사슬에서 풀리다: 해방기 책의 문화사』, 혜안, 2005 참조. 한편, 18세기 프
랑스 사회의 금서 목록과 베스트셀러 목록을 추적하고 당대 독자들의 독서 문화와 가
치관 변화의 연관성을 추적해 프랑스혁명의 유래와 기원에 관한 계몽주의적 관점을
전복시킨 로버트 단턴의 연구 역시 해방기 연구에 유의미한 시사점을 제공한다. 이와
관련해서는 로버트 단턴,『책과 혁명: 프랑스혁명 이전의 금서 베스트셀러』, 주명철
옮김, 알마, 2014 참조.

마는 도스토옙스키나 톨스토이나, 그런 저명한 작가에 대해서는 잘 알고 있으리라고 믿고 있었는데, 내 발음이 러시아식으로 정확하지 않아서 그런지

"톨스토이? 떠스터옙스키이?"

연신 고갯질을 하면서 모르겠다는 표정이었다.

뿐만 아니라 워즈워드, 테니슨 같은 유명한 영국 시인 시집이라든가 푸시킨 같은 너무도 잘 알려진 러시아 시인의 영역 시집을 아무리 러시아 말과 영어의 차이는 있을망정 그것을 거꾸로 들고 보는 데는 참으로 놀라지 않을 수 없었다. 그리고 그가 이 지방 문화선전부장이라는 데 더욱 놀라지 없었다.[20]

영인은 문학적 소양을 전혀 갖추지 못한 문화선전부장에게 경악에 가까운 충격을 받았다. "덮어놓고 영서英書라면 머리를 젓는 그 사람의 의도를 알 수가 없었다. 그것은 또한 전체 소련의 의도이기도 할 터인데 그것은 내게는 더욱 의심스러운 일이 아닐 수 없었다."[21] 그토록 "무식한 소련군"은 영인에게 길주에서 자신들과 함께 문화 선전 공작을 하자고 했다. 영인은 공산주의에 대해 전혀 아는 바가 없다는 이유를 들어 소련군 장교의 제안을 단호하게 거절한다. 소련군 장교는 영인에게 "이제부터 배우면 되지 않소?"라고 재차 설득했지만, 영인에게 공산주의는 배움의 대상이 아니었다.

---

20 『월남전후』, 136~137쪽.
21 『월남전후』, 137쪽.

또한, 영인은 공산주의자들이 해방 후 북한의 교육 정책을 수립해 나가는 현실을 우려했다. 실제로 해방 후 북한에서의 교육 정책은 소련군과 공산주의자들이 주도하고 있는 상황이었다. 1945년 8월 16일에 조만식을 중심으로 평양에서 평남건국준비위원회가 결성되면서 교육부의 독립적인 활동을 준비 중이었지만, 열흘 뒤인 1945년 8월 26일에 소련군이 평양에 머무르게 되면서 건준은 인민정치위원회로 재편되었다. 함경남도 원산에서도 1945년 8월 말에 인민위원회가 조직되었고, 여성 한글학교 및 시유아원 설립이 추진되었다. 교육 사업을 담당한 인민위원들에게 소련군의 협조는 절대적으로 필요했다.[22] 소련군정에서는 사회주의 지식인의 양성을 급선무로 간주하고, 이를 위해 1946년부터 소련에 북한 유학생 및 교원 시찰단을 파견하기 시작했다.[23] 임옥인이 월남했던 1946년

---

22 신효숙, 앞의 책, 69~79쪽. 해방 후 조만식의 정치 활동에 관해서는 조만식, 고당조만식기념회사념회 엮음, 『고당 조만식 회상록』, 1995 참조. 한편, 북한에서 소련의 영향력은 점차 커져 갔다. 1946년 1월 2일 공산당북조선분국 책임비서 김일성은 「조선에 관한 모스크바삼국외상회의 결정에 대한 북조선 각 정당 사회단체의 공동성명서」를 발표하며, 모스크바 3상회의 결정을 환영하는 입장을 밝힌다. 1945년 12월 28일 모스크바 3상회의 결정의 발표 즉 미국이 제안한 10년 이내의 신탁통치안에 대해 소련이 신탁통치의 형식을 유지하면서 그 내용을 '조선임시정부 수립안'으로 바꾼 사실이 조선에 전해진 바 있었다. 5년 이내 신탁통치 실시 조건과 함께 조선임시정부 수립이 그 골자였다. 여기에 대해 김일성을 비롯한 좌파 진영은 지지를 선언한 것이었는데, 확실히 1946년부터 북한에서는 인민 민주주의 국가 수립을 명목으로 당 건설에 가속도가 붙었다. 이와 관련해서는 최상룡, 『미군정과 한국민족주의』, 나남출판사, 1988, 서동만, 『북조선사회주의 체제 성립사 1945~1961』, 선인, 2005, 139~172쪽 참조.

23 신효숙, 앞의 책, 97쪽, 서동만의 연구에 따르면 건국 사상 총동원 운동은 인민의 사

4월에 교원직업동맹 결성 대회는 모스크바삼상회의의 결정을 지지하며, 그 내용을 교육과정의 일부로 편성해 학생들에게 가르칠 것을 결정했다.[24] 소련군정은 "북한의 새 학교는 일정한 지식뿐만 아니라 최상의 특성을 지닌 인간 교육을 목적으로"하며, "교양은 맑스 레닌주의 이데올로기에 기초하고"[25] 있음을 공표했다.

임옥인은 마르크스 레닌주의를 보편적인 교양의 일부로 인정할 수 없었다. 마르크스 레닌주의가 필수 교육 과목으로 선정되는 상황을 지켜보며 큰 좌절을 겪었다. 영인은 지식인들을 적대시하는 기류에 예민하게 반응했고, 지식인들이 숙청되었다는 소식을 접한 뒤에는 공포감을 느꼈다.

때마침 북청에서 들어온 어떤 청년에게서 나는 몸서리쳐지는 보고를 들었다. 해방 초기로부터 물불을 가리지 않고 일하던 애국 청년, 주로 지식 청년들을 다수 숙청했다는 것이다.

저 치안대 사택에 초대받아 갔던 날 저녁에 여자 군인 최순희가 하던

상 교양 사업을 중심으로 전개해야 한다는 판단에 근거해 선전 부문이 역점적으로 추진되었다. 북한 최초의 대중운동인 건국 사상 총동원 운동은 문맹 퇴치 운동, 곡식 헌납 운동, 생산 돌격 운동이 중심이 되어 전개되었다. 특히 사상 교양 운동은 문맹 퇴치 운동과 병행해서 진행되었는데, 북한이 발표한 자료에 의하면, 1946년 12월부터 1948년 3월경까지 2백만 명 이상의 문맹자가 퇴치되었다고 한다. 한편, 1946년 10월에 북한 지역 최초의 종합대학인 김일성종합대학이 설립되었다. 이와 관련해서는 서동만, 앞의 책, 200~208쪽 참조.

24 김재웅, 『북한 체제의 기원: 인민 위의 계급, 계급 위의 국가』, 역사비평사, 2018, 496쪽 참조.
25 신효숙, 앞의 책, 101쪽.

말이 다시금 머리에 떠올랐다.

"인텔리일수록 질이 나쁘거든요. 기성관념이 있어서 얼른 교육이 안 되지요!"

무식과 주먹다짐과 무자비 그것이 밑천인, 소위 공산주의자들은 지식 청년들을 사갈시하고 있는 것만은 사실이다.[26]

임옥인은 영인을 통해 소련군의 범죄를 강도 높게 비판했다. "밤중에 민가를 습격하는 만행과 가축과 귀중품의 약탈 등 소련병의 만행에 병행하여 어디서 언제부터의 주의자들인지, 김 동무, 박 동무의 급작스런 공산패들의 호응도 가관이었다."[27] 영인은 치안대장이 된 을민이 일본 유학생 출신인 허욱을 폭행한 것도 지식인들을 향한 열등감과 분풀이로 해석했다. 을민은 토지개혁을 주제로 격론을 벌이다가 논리에 뒤지게 되자 상대방에게 침을 뱉었고, 유학생 출신을 향해서는 "공부한 것들"이라고 불렀다. 임옥인은 『월남전후』에서 소련군 장교를 비롯한 남성 사회주의자들을 폭력적이고 잔인한 성품의 소유자들로 재현했다. 을민은 해방 전 자신을 고등계 주임에게 밀고했던 사람을 찾아내 그의 옷을 벗긴 채 끓는 물을 끼얹으며 보복했다. 영인은 그 장면을 목격하면서 사람을 짐승처럼 대하는 을민에게 환멸을 느꼈다. 해방 이전까지 기독교인에 가까웠던 사촌 동생이 공산주의를 "맹종"하며 다른 사람이 되고 말

---

26 『월남전후』, 153쪽.
27 『월남전후』, 53쪽.

았다며 개탄스러워 했다.

반면, 『월남전후』에서 학식이 풍부하고 인품이 뛰어난 남성들은 서울로 갔거나 서울로 갈 예정이거나 이미 사망했다. 신문을 읽으며 해방 시점을 미리 예견했을 정도의 식견을 가지고 있었으며 민족운동에 헌신했던 유 선생은 "8·15 닷새 전"에 서울로 향하면서 영인에게 곧 상경할 것을 신신당부한다. "그날이 오면, 영인도 곧 상경하게. 할 일이 많을 거니까."[28] 『월남전후』에서 종교적 신념과 사명감으로 북한에 남은 권 목사는 매우 예외적인 인물이다. 월남을 결심한 영인이 권 목사 부부를 찾아가 함께 떠날 것을 적극적으로 권유했지만, 권 목사는 기독교 신앙을 지키기 위해 서울로 떠날 수 없다고 답했다. "이 땅을 버리구 다 떠나면 누가 복음 진리를 전하겠습니까?"[29] 임옥인은 자서전에서 『월남전후』의 권 목사는 길주교회의 권성훈 목사였다고 실명을 밝히기도 했다.[30]

『월남전후』에서 서울과 남쪽은 할 일이 많은 곳으로 자주 언급된다. 영인과 가까웠던 여성 지식인들과 학생들도 대부분 서울행을 꿈꾼다. 월남 직전까지 영인은 한 명의 여성이라도 더 38선을 넘을 수 있도록 애쓴다. 친정어머니를 핑계로 머뭇거리는 전도부인傳道夫人 장순희에게 영인은 파격적인 제안까지 건넸다. "같이 갑시다. 서울 가선 내가 사내처럼 벌어 드릴게. 당신은 집안에서 살림

---

28 『월남전후』, 30쪽.

29 『월남전후』, 178쪽.

30 『나의 이력서』, 92쪽.

을 하구려."[31] 비록 장순희는 동행을 거부하지만, 영인은 월남 후 서울에서 동향인인 신영숙과 반갑게 재회한다. 임옥인은 서울에서 사려 깊고 지적인 여성들이 서로 힘을 합쳐 새롭게 삶을 시작하는 전망을 제시하는 것으로 『월남전후』를 마무리했다.

한편 『월남전후』에서 여성 사회주의자는 남성 사회주의자와 전혀 다른 양상으로 재현되었다. 남성 사회주의자들의 폭력과 무식, 범죄를 신랄하게 비판하고 그들의 실체를 폭로했던 것과 달리 임옥인은 여성 사회주의자들 개개인의 생애와 태도 및 능력을 눈여겨 보았다. 비록 자신과 이념적으로는 대립 관계에 있었지만, 임옥인은 여성 사회주의자들을 진정성과 당당함을 갖춘 존재로 재현했다. 『월남전후』의 영인은 부인회 임원회에 참석해 달라는 요청을 받고 여성 사회주의자들을 만나러 간다. 해방 직후에 북한에서는 부녀동맹·여성동맹·해방부녀회 등의 사회주의 여성 단체들이 잇달아 조직되고 있었다.

3. 여성 사회주의자들과의 갈등

1945년 11월 18일, 북한 지역 6개도의 여성 대표들이 모여 여성총동맹을 결성했다. 이를 기반으로 북조선민주여성총동맹(약칭,

---

31 『월남전후』, 177쪽.

'여맹')이 창설되었다.[32] 북조선민주여성총동맹은 '문맹 근절 사업'을 주도해 갔다. 1946년 7월 30일에 〈북조선 남녀평등권에 대한 법령〉이 포고되었다. 봉건 유습 척결과 여성 경제권 보호 등의 사회적 과제 해결을 위해 〈남녀평등권법령〉은 여성의 선거권·피선거 인정, 여성의 노동·임금·사회보험·교육의 권리 보장, 일부다처제 금지 등을 명시했으며, 1946년 9월 14일에는 〈북조선의 남녀평등권에 대한 법령 시행 세칙〉이 나왔다. 1946년 9월에는 여맹 기관지 『조선녀성』이 발간되었다.[33]

---

[32] 여맹 위원장 박정애는 1907년 소련으로 이주한 조선 빈농가에서 태어나 1923년에 소련공산당에 가입했으며, 1932년에 조선으로 귀국해 평양고무공장의 직공으로 적색 노조 운동에 참여한다. 여맹 위원장으로 취임했을 당시 박정애는 1945년 10월 수립된 김일성을 중심으로 한 조선공산당 북조선분국의 평안남도 대표로서 집행위원이자 부녀부장이었다. 박정애와 함께 항일 유격대 대원이었던 김정숙, 김철호, 김성옥, 김명숙 등이 여맹 조직 사업에 참여했다. 조만식이 이끄는 조선민주당 박현숙이 여맹 결성 당시 참여했지만, 결국 여성총동맹과 정치적 입장 차이를 극복하지 못하고 박현숙은 월남을 선택한다. 박정애를 비롯한 여성총동맹의 주류 세력들은 친소주의, 김일성계로 이루어졌던 것으로 짐작된다. 이와 관련해서는 강수연, 「1945~1950년 북조선민주여성총동맹의 조직과 활동」, 서울대학교석사학위논문, 2021, 8~54쪽 참조. 강수연은 『조선녀성』 1948년 8월호에 게재된 이금순의 「三年동안 거러온 북조선민주녀성동맹의 길」을 근거로 1947년 11월 당시 여성총동맹의 맹원 가운데 73%가 농민, 1%가 노동자, 7%가 교원 및 사무원, 19%가 기타 가정부인이라고 분석했다.

[33] 김재웅, 「해방된 자아에서 동원의 대상으로: 북한 여성 정책의 굴절(1945~1950)」, 건국대학교 통일인문학연구단 기획, 『사회주의는 북한사람들을 어떻게 변화시켰나?』, 선인, 2019, 17~56쪽 참조. 김재웅은 〈남녀평등권법령〉 포고 이후 북한에서 여성 취학률이 상승세를 나타냈음을 통계자료를 기반으로 설명했는데, 해방 이전인 1944년경 소학교의 여학생 점유율이 33%에 그쳤으며, 해방 이전 평안북도 중학교의 여학생 점유율은 20.4%로 고등교육기관으로의 진학률은 더욱 낮았다고 분석했다. 하지만 1948년 말 북한 지역의 총 12개 대학교의 여학생 점유율은 13.3%에 달했

1946년 여맹 위원장 박정애는 북한을 방문한 소련 작가들과 만난 자리에서 문맹 퇴치 소조 사업을 다음과 같이 자랑스럽게 소개한다. "밤중에 조선의 마을을 지날 때면 그 마을의 어느 한 집에는 늦은 시간이지만 불이 켜져 있는 것을 보게 될 것입니다. 그렇다 하여 달리 의심할 필요가 없습니다. 그것은 여맹에서 조직한 문맹 퇴치 소조가 사업을 하는 것입니다."[34] 박정애의 말에 따르면, 여맹은 마을마다 여성들을 위한 야학을 운영하고 있었다. 이런 상황을 고려했을 때 해방이 되자마자 산간벽지에 여학교를 설립하고 야학을 운영했던 임옥인의 활동은 함경도 지역의 여성 투사들 사이에서도 알려져 있었을 것이다. 『월남전후』의 영인을 가장 먼저 찾아 온 여성 투사는 김 동무였다. 김 동무는 김일성 직속의 부하로 북만주 일대와 함경남북도 산악 지대에 잠복해 일제에 항거했던 이력을 가지고 있었다. 첫 만남에서 영인과 김 동무 사이에는 팽팽한 긴장감이 흘렀다.

하루는 저녁을 먹고 마당을 쓸고 있노라니까, 그 박 동무의 아내 김 동무가 내게 말했다.

"오늘 저녁 부인회 임원회를 모으니까 꼭 참석해 주시오."

나는 으레이 올 것이 왔다는 생각에서 고개를 끄덕일 뿐이었다. 그런데,

고, 1949년 6월경 인민학교부터 대학교에 걸쳐 전체 여학생 점유율은 45.1%까지 상승했다고 한다. 이와 관련해서는 김재웅, 앞의 글, 28~29쪽 참조.

34 A. 기토비차·B. 볼소프, 최학송 옮김, 『1946년 북조선의 가을』, 글누림, 2006, 62쪽.

"동무는 공부를 많이 했다지요. 우리 노동자 농민을 위해서 일 많이 해
주시오. 노동자 농민은 검소하지요. 동무는 너무 하이칼라한데요!"
내가 무엇이 하이칼라하단 말인가
그렇다 해방된 덕분으로 그놈의 몸뻬를 벗어버리고, 소복일망정 긴 치
마를 입고 있는 때문인가?
"내가 무에 하이칼라해요?"[35]

영인은 여성 투사들이 자신에게 적의를 품고 있음을 이내 감지
했다. "자기네는 초근목피로 연명해 가며 조국 광복을 위해 투쟁한
프롤레타리아 여성들이요 나는 일본 유학까지 한 부르주아 여성이
아닌가 말이다. 그들은 그런 인식으로 나를 저울질 하는 것임에 틀
림없었다."[36] 임옥인은 일본 유학을 다녀 온 여성이 부르주아 여성
으로 인식되는 현실을 부정하지는 않았다. 하지만 고학생이자 장
학생으로 일본에서 어렵게 공부를 마쳤을 뿐만 아니라 교사가 된
이후로는 가장의 역할까지 맡았기 때문에 자신의 처지가 일반적인
부르주아 여성 유학생들과는 확연하게 다르다고 생각했다. 임옥인
은 영인을 통해 독립운동에 적극적으로 기여하지 못했다는 도덕적
열등감을 숨기지 않으면서도 너무 하이칼라하다는 말에는 항변한
다. 하이칼라하다는 평가가 불편했을 뿐만 아니라 억울하기까지
했던 영인은 김 동무에게 따지듯 되묻는다. "내가 무엇이 하이칼라

---

35 『월남전후』, 60쪽.
36 『월남전후』, 61쪽.

하단 말인가?"라는 영인의 질문 속에는 부유한 가정에서 태어나 안락하고 화려한 생활을 한 신여성들과 자신을 분명히 차별화시키고 싶은 임옥인의 욕망이 투여되어 있었다.

동시에 영인은 여성 사회주의자들의 '말솜씨'에 놀란다. 『월남전후』에서 소련군 장교가 무식하고 천박한 사람으로 재현되는 반면에 여성 투사, 여성 사회주의자들은 하고 싶은 말을 당당하게 하는 존재로 등장한다. 영인은 소련에 대한 반감으로 사회주의를 조금도 신뢰하지 않았지만, 자신의 신념인 문맹 퇴치를 위해 "교양부장이라는 감투"[37]를 쓰고 여맹 활동에 참여했다. 남성 사회주의자들과는 도모할 수 있는 일이 없었지만, 여성들과는 같은 목표를 위해 연대할 수 있다고 판단했던 것이다. 임옥인은 여맹 맹원들과 함께 예닐곱 살부터 육칠십 가까운 할머니들에게 한글을 가르치며 보람을 느꼈다.

물론 문제적인 여성 사회주의자도 등장한다. 해산진 소련군 사령부에서 온 최순희는 여맹 맹원들 앞에서 선동적이고 분열을 조장하는 연설을 했다. 최순희는 영인에게 '인텔리'는 언제나 먼저 '뺑소니'를 친다고 비난했다. 임옥인은 작품 속에서 지식인들이 혁명에 걸림돌이 된다고 주장하는 최순희를 남성 장교에 가까운 존재로 재현했다.

최순희는 날카롭던 표정을 좀 늦추어 사내들처럼 손끝으로 턱을 쓸며

---

37 『월남전후』, 63쪽.

너털웃음을 웃고 나서,

"우린 지금부터 싸워야 하니까 말이오."

"전쟁은 이미 끝났다면서요?"

나는 딴청을 부렸다.

의식적인지 무의식적인지는 최순희는 옆구리에 찬 권총 케이스를 만져보는 것이었다.

"그렇죠. 전쟁은 끝났지만 민주혁명은 이제부텁니다. 우린 계급을 타파해야 하고 착취계급을 숙청해야 한다. 먼저 부녀층에서 기생충을 몰아내야 한단 말이지요!"

나는 이런 유치한 이론 전개를 듣고 싶지 않았다.[38]

총을 만지고 남자들처럼 행동하는 최순희는 백두산, 만주, 시베리아 등지로 돌아다니던 독립운동 시절을 이야기하며 자기 자신을 영웅으로 만들었지만, 정작 스스로의 사회적 입지를 항상 불안하게 여기고 있었다. 일제 강점기에 지하 운동가였던 권덕화를 사람들이 칭송하자 최순희는 권덕화를 모략했다. "생계가 무척 어려운데다가 남편은 아주 몰이해하다거든요. 전형적인 소시민이죠!"[39] 최순희의 말은 사실이 아니었다. 영인은 권덕화의 소탈하면서도 진중한 성품에 감동을 받았다.

---

[38] 『월남전후』, 82쪽.

[39] 『월남전후』, 90쪽.

팔 년 동안 복역했다면 이 길에 있어서 이만저만한 고행자가 아니다. 그러면서 무능한 남편과 숱한 자식들을 거느리고 바느질품을 팔아 가까스로 생계를 이어온 것이라든지, 해방이 되었다고 모두 광적으로 흥분되어 날뛰는 마당에서라도 내로라고 나서지 않고 근신하며 현재의 생활을 유지하고 있었다는 점 등을 상고할 때 역시 된 사람이라는 인상을 받았다. 그 여자 군인 최순희에게서 받던 무지라든가 경박성이라든가 하는 인상은 전혀 없고 주의나 사상이 코끝에 걸려 있는 것이 아니라, 역시 그 저류를 이루고 있는 것은 소박하고 견실한 인간성이었다. 나는 이 권 부인이라면, 이 지방 여성 문제를 맡겨도 되리라는 일종의 신뢰감까지 느꼈다.[40]

영인은 사려 깊은 여성 사회주의자인 권덕화와 두터운 우정을 쌓아 간다. 권덕화는 영인이 사회주의 국가 건설에 회의적인 입장을 가지고 있지만 문맹 퇴치를 위해 여성동맹에 참여하고 있음을 잘 알고 있었다. 소련군정과 사회주의자들의 문화를 부정적으로 받아들이는 영인의 마음을 읽고, 권덕화는 그녀를 동무 대신 '김 선생!'이라고 부른다. "동무, 동무하는 것 비위에 안 맞죠?"[41]라는 말을 건네는 권덕화에게 영인은 일종의 기품마저 느꼈다. 비록 자신과 정치적인 견해는 다르지만 존경할 만한 친구를 만났다는 사실에 안도한 영인은 자기 생각을 공개적으로 말할 용기를 가지게 되

---

40 『월남전후』, 100~101쪽.
41 『월남전후』, 144쪽.

었다. 영인은 이천여 명의 여성들 앞에서 연설을 했다.

"배우는 것이 힘이에요!"

나는 사실 그 자리에서 만신의 힘을 나 자신 속에 의식하면서 그렇게 부르짖지 않을 수 없었던 것이다. 이 신념은 내 한 마디 한 마디에 활력을 불어넣어 주었다.

"당분간 정치에두 경제에두 여권에두 눈을 감읍시다. 우선 우리는 문맹에서 구출해야 합니다."

나는 불같이 그 말들을 토했다.

장내가 떠나갈 듯 엄숙한 진동이 일어남과 동시에.

"김 동무 중지-."

내 등 뒤에서 최순회의 날카로운 제지의 음성이 들렸다. 그래도 나는 할 말을 다 하고야 강단에서 천천히 물러났다. …….

저 패망 일본의 재기를 우리는 손쉽게 믿을 수는 없지마는 그러나 나는 그들의 강점을 인정 아니 할 수 없었다. 국민개학의 의무교육의 철저한 실시로 말미암아 문맹 없는 나라를 이루고 있었다는 사실을 나는 목도했기 때문이다.[42]

영인은 할 말을 다 하고 나서 일종의 안도감과 통쾌감을 느꼈다. 임옥인은 자전적 소설에서 왜 배우는 것이 힘이라고 거듭 강조했을까? 임옥인은 일본 유학 시절 경험한 일본 사회의 강점이 고향에

---

42 『월남전후』, 166~167쪽.

서 적용되길 원했다. 의무교육의 철저한 실시로 문맹 없는 나라가
된 일본을 임옥인은 자신도 모르게 동경해 왔다. 이는 곧 임옥인이
"자기는 벌어질 수 있는 일들의 예언자가 아니라 실제로 일어났던
일들의 수호자"[43]를 자처했음을 뜻한다. 하지만 문맹 없는 나라가
왜 전쟁을 일으키고 또 패망하고 말았는지에 대해서는 의문을 가
지지 않은 채 임옥인은 일종의 정치적 노스탤지어를 품고 있었다.
해방이 되었음에도 불구하고 왜 정치, 경제, 여권에 "두 눈을 감은 채"
자기 자신이 문맹 구출에 몰두하고 있는지를 전혀 성찰하지 못했다.

임옥인은 『월남전후』에서 "온갖 광채를 발하는 과거만을 바라
보는 반동주의자"[44]의 정체성을 스스로 인정했다. "동무는 구식인
데요!"[45]라는 말을 들을 때마다 실소로 일관했던 영인의 보수적인
성향은 문맹 퇴치 운동의 당위성을 주장하는 대목에서만 드러나지
않는다. 일본인 지서장이 수집했던 서화와 골동품 앞에서 "이쁜 장
난감을 얻었을 때 이상으로 황홀한 행복을"[46] 느꼈다고 고백한 영

---

43 마크 릴라, 석기용 옮김, 『난파된 정신』, 필로소픽, 2019, 13쪽, 정치철학자인 마크
릴라는 반동주의자들은 빛나는 과거에 '감전'되어 있기 때문에 절망감과 사명감에 사
로잡힌 채 살아간다고 분석한 바 있다. 한편, 노스탤지어가 문학 작품과 역사 기록물
및 대중문화에서 재현되는 양상을 소비에트 해체 및 동구권 사회주의 국가의 몰락과
연동시켜 논의한 연구로는 Svetlana Boym, *The Future of Nostalgia*, Basic Books,
2001 참조.

44 마크 릴라, 앞의 책, 13쪽, 몽테스키외는 법은 새롭게 만들어야 되는 것이 아니라 원
래 상태로 되돌려 놓아야 하는 것이라는 주장을 펼치며, 사회변혁은 쉽게 일어나지
않을 뿐 아니라 그 결과를 예측하기 어렵다는 입장을 밝힌 바 있다. 이와 관련해서는
샤를 드 몽테스키외, 『법의 정신』, 이재형 옮김, 문예출판사, 2015 참조.

45 『월남전후』, 92쪽.

인은 하루 종일 골동품을 쳐다보며 "이 무슨 애착일까?[47]"라고 자문했다.

4. 골동품 애호와 복고주의

치안대 사무실에서 일하던 영인의 사촌 동생 을민은 처치 곤란을 이유로 영인에게 사무실 옆방에 산적해 있는 서화와 골동품을 골라 보라고 한다.

나는 말이 막혔다. 너무나 값나가는 고물들이었기 때문이다. 불상 같은 큰 것으로부터 문갑, 서탁, 탁자, 경대는 물론, 고려청자와 이조자기의 각종 병들과 연적, 연초합, 향로 등의 골동품들과 인물, 산수화 등의 족자가 수없이 말린 채 한쪽 구석에 처박혀 있는 것이다. 이것들이 놓일 자리에 놓여 있다면 하고 나는 잠시 이런 서화와 골동품들을 배치해 놓을 장소를 머릿속에 그려봄으로써 잠시나마 마음의 여유를 품을 수 있을 것 같았다.

"누님! 이건 뭐유? 별별 괴상한 게 다 있어. 나 같음 불을 질렀으면 시원할 것 같은데……."[48]

---

46 『월남전후』, 95쪽.

47 『월남전후』, 95~96쪽.

영인이 서화와 골동품을 예쁜 장난감이라 하며 좋아하자 을민은 영인의 부르주아 근성을 비판했다. "실용 가치는 한 푼어치두 없는 사치품"[49]을 좋아하는 부르주아로 공격받으면서도 영인은 골동품을 쳐다보며 마음의 평화를 느꼈다. 골동품이 쌓여 있는 방에서 아침부터 저녁까지 머물면서 영인은 자신이 왜 서화와 골동품에 이토록 큰 애착을 가지는지 스스로도 궁금했다. 결국 영인은 다음과 같은 결론에 이르렀다. "내가 이 북한 공기에 휩쓸릴 수 없다는 것도 역시 나의 이런 생리 때문이라고 깨닫는 것이었다."[50] 북한에 머물 수 없는 이유가 골동품을 좋아하는 기질로 설명될 수 있을까? 논의를 위해 골동품 애호를 해방 후 작가들의 월북 동기로 해석한 자넷 풀의 연구에 주목하고자 한다. 자넷 풀은 이태준의 고완품 애호를 "동시대성이 새로운 힘을 획득해 감에 따라, 과거를 이질적으로 느끼는 감각이 생기고 그로부터 골동품 애호의 감정이 생겨나는 것"으로 보고, "상고주의자가 과거를 재소유하는 행위는 향수를 달래는 행위일 뿐 아니라 정치적 행위"라고 분석했다.[51] 상고주의적 성향이 현실 인식에 미치는 영향은 김용준에게서도 발견된다. 한국 미술계에 심미주의와 상고주의를 확립시킨 인물로 평가받는 김용준은 해방 이전까지 사회주의 운동에 가담하거나 사회

---

48 『월남전후』, 94쪽.

49 『월남전후』, 96쪽.

50 『월남전후』, 96쪽.

51 자넷 풀, 김예림·최현희 옮김, 『미래가 사라져 갈 때: 식민 말기 한국의 모더니즘적 상상력』, 문학동네, 2021, 154~162쪽 참조.

주의 경향을 드러낸 적이 없었음에도 불구하고 가족들을 데리고 월북했는데, 이들의 삶의 궤적을 통해 해방 공간에서 월북과 월남은 사상이나 종교적 신념으로만 설명되기 어렵다는 사실을 다시한 번 확인하게 된다.[52] 이태준의 표현처럼 "신식에 멀미난 사람들"의 "고전열"古典熱[53]은 시간적 분열의 체험을 뜻했으며, 임옥인의 복고주의 역시 예외가 아니었다.

임옥인이 공산당의 이념이 아닌 공산당의 무지에 환멸을 느끼고 월남하게 되었다고 자서전에서 밝힌 것 또한 같은 맥락에서 이해된다. "혈육도 모르고 인정도 모르고 도의도 법도 모르는 공산당이란 도대체 무엇인가. 그들의 정체와 그들이 꾀하는 바를 명확히 파악할 수 없는 대로 내게는 이미 명확한 결심이 다져져 있었다. '떠나야지. 이들과 함께 살 수는 없어.'"[54] 이처럼 임옥인은 공산당을 기본적인 덕목을 알지 못하는 사람들의 집합체로 인식했다. 동시에 사회주의자들의 태도와 습관을 문제 삼았다. 『월남전후』에서 을민이 서화와 골동품, 공자와 맹자를 비롯한 많은 성현들의 초상

---

52 최열은 김용준의 해방 이후부터 월북 이전까지의 행적과 사유를 복원하며 김용준이 월북을 결정한 이유를 밝혀내고자 했다. 최열의 연구에 따르면, 해방 직후 강력한 민족성을 바탕으로 조선의 개성을 회복하고자 노력하는 한편 정치 운동과 분명하게 선을 긋고 문화 운동을 실천했던 김용준은 해방 공간에서 친일파가 득세하고 미국과 소련, 우익과 좌익으로 민족이 분열되자 냉소와 절망, 환멸의 시기를 보내다 결국 월북을 선택하게 되었다고 한다. 이와 관련해서는 최열, 「김용준의 해방 공간 행장과 서울대학교 미술대학」, 『조형_아카이브』 2, 2010, 1~34쪽 참조.

53 이태준, 「고완품과 생활」, 『무서록 외: 이태준 전집 5』, 소명출판, 2015, 133쪽.

54 『나의 이력서』, 91쪽.

화를 태워 버려야겠다고 외치자 영인은 불쾌해하며, 무조건 과거를 청산하고자 하는 사회주의자들의 태도를 비판했다.

임옥인은 왜 그토록 습관과 태도 및 예의를 강조했을까? 자서전에서 가정교육과 일본 유학이 자신의 사고 형성에 결정적인 영향을 끼쳤다고 밝혔을 정도로 완고한 집안에서 예의범절을 철저하게 익히며 성장한 임옥인은 나라여자고등사범학교에서 일본인들의 도덕 교육에 또 한 번 깊은 인상을 받았다.

> 우리보다 먼저 근대화된 일본에 가서 놀란 것은 철저하고도 엄한 가정 예의 교육이었고, 사람들은 친절 정직했다. 청결, 근면하기도 했다. 그리고 내가 가장 감복한 것은 정신의 우월성에 대한 확고한 인식을 가지고 있다는 점이었다. 이 사람들이 우리를 앞선 비결이 바로 이것이거니, 나는 입술을 깨물며 생각지 않을 수 없었다.[55]

앞서 언급한 것처럼 유학 시절 의무교육을 실시한 일본 사회를 관찰하고 선망했던 임옥인은 일본인들의 깍듯한 예의를 일본 교육의 장점이자 정신의 우월성으로 파악했다. 보수주의자들이 관습을 비롯해 오랜 기간에 걸쳐 합의된 절차와 의식을 중시한다는 특징을 고려했을 때, 자서전과 자전적 소설에서 이야기된 임옥인은 보수주의자이자 전통주의자로 평가될 만하다. 『월남전후』에서 사촌 동생 을민을 비롯한 공산당원들이 기존의 관습을 철폐하고 오랫동

---

55 『나의 이력서』, 61쪽.

안 합의된 의례와 절차를 무시하며 영인을 하이칼라, 인텔리, 부르주아 등으로 비난할 때 영인은 크게 분노했다. 임옥인은 자서전과 자전적 소설에서 식민지 시기의 일본 경찰보다 해방 후 소련군과 공산당원들을 더욱 잔혹한 존재로 기록했다. "모르는 악마보다는 아는 악마를 선호"하는 보수주의자의 면모를 임옥인은 자전적인 글쓰기에서 반복적으로 드러냈다.[56]

고전과 전통의 권위를 신봉했던 임옥인은 고전문학 작품을 알아보지도 못한 채 서적을 몰수하는 소련군과 서화와 골동품을 불에 태워 버리고 싶어 하는 공산당원 앞에서 고전과 전통적 가치의 중요성을 설명할 기회를 얻지 못했다. 사회주의자들에게 분노를 느끼면서도 일본 유학 시절부터 가진 생활교육의 신념을 실천하기 위해 현실적인 절충안을 찾고 싶어 했던 임옥인은 자신의 가치관이 점차 낡은 것으로 치부되고 교육자로서의 입지마저 위태로워지자 새로운 공간에서의 삶을 상상하기 시작했다.

오래된 것들의 가치를 왜 복원시켜야 하는지 그 문제에 대해서 임옥인이 어떤 논리를 가지고 있었던 것은 아니었을지도 모른다. 임옥인은 자전적 소설에서 구백 년 된 고려청자를 비롯해 찬합, 느티나무 문갑, 사방탁자 등의 아름다움을 예찬하면서도 오래된 것 이상의 가치를 언급하지는 않았다. 야학 교실로 쓰고 있는 향교를 지키고자 하는 영인의 태도 역시 비장했다. 공자와 맹자의 초상화를 비롯해 수많은 성현들의 초상화가 있는 "유림의 묘당"에서 영인

---

56 러셀 커크, 이재학 옮김, 『보수의 정신』, 지식노마드, 2018, 797쪽.

은 다시 한번 복고주의자로서의 면모를 드러냈다. "일제 말엽부터 공산군 치하인 오늘에 이르러서는 아무도 돌아보는 이가 없다. 군인민위원회 교육과에서는 이 건물 전체를 내가 경영하는 가정여학교에 제공한다고 했지마는 나는 이 초상화를 모신 본당이나 제가를 간직한 창고를 비울 생각은 없었다. '이것은 이것대로' 간직하고 보관하는 것이 도리일 것 같았다."[57] 마찬가지로 생활교육을 목표로 학교를 운영했던 임옥인은 문맹 퇴치 운동과 이념 교육을 함께 추진하는 여성 사회주의자들에게 정치, 경제, 여권女權에 눈을 감고 공부만 하자는 주장을 펼쳤다. 보수주의는 시대의 새로운 경향에 저항하지만 대체로 다른 방향을 제시하지 않기 때문에 그 경향이 지속되는 것을 막을 수는 없다는 한계가 있다.[58]

자신이 그토록 옹호하는 교육과 문화의 가치를 설명해 내지 못하고 북한을 떠난 임옥인은 『월남전후』에서 과거를 등진 채 새로운 미래를 만들어 가고자 하는 사회주의자들을 어둠의 공간으로 배치시켰다. 해방 후 북한 지역을 폭력과 무지, 어둠이 지배하는 공

---

57 『월남전후』, 102쪽.

58 우노 시게키, 『보수주의란 무엇인가: 반프랑스혁명에서 현대 일본까지』, 류애림 옮김, 연암서가, 2018, 97쪽 참조. 한편, 칼 만하임은 역사적 특성을 갖는 근대적 현상으로서의 보수주의와 일반적이고 인간적인 특성으로서의 전통주의를 구분했는데, 전통주의는 "우리가 오래 전부터 간직해 왔던 것을 끈질기게 고집하며, 내키지 않지만 어쩔 수 없이 개선에 착수하는 그런 보통의 인간적인 정신적 천성을 드러낸다."고 분석했다. 이와 관련해서는 루돌프 피어하우스, 라인하르트 코젤렉·오토 브루너·베르너 콘체 엮음, 『코젤렉의 개념사 사건 14: 보수, 보수주의』, 이진일 옮김, 푸른역사, 2019, 17쪽 참조.

간으로 재현한 것은 작가가 과거와 전통을 빛으로 인식했기 때문
이었다.

월남 이후 임옥인은 복고주의자로서의 정체성을 계속 유지할
수 있었을까? 함경도 출신의 기독교 여성 지식인은 단신으로 월남
한 후 한국 사회에서 작가로 살아간다는 것의 의미를 스스로에게
어떻게 부여할 수 있었을까? 쉽게 답하기 어려운 문제들이다. 다만
임옥인이 월남 이전으로 소급해 올라가 자기에 대한 글쓰기를 시
도하며 현대 한국에서 굴절될 수밖에 없었던 보수주의 혹은 보수주
의자의 삶의 단면을 이야기하고자 했다는 점만은 분명한 사실이다.

참고문헌

강진호 엮음, 『한국문단이면사』, 깊은샘, 1999.

건국대학교 통일인문학연구단 기획, 『사회주의는 북한사람들을 어떻게 변화시켰나?』, 선인, 2019.

구자황, 「해방기 독본 문화사를 보는 시각」, 『우리문학연구』 56, 2017.

기토비차, A.· 볼소프, B., 『1946년 북조선의 가을』, 최학송 옮김, 글누림, 2006.

김귀옥, 『월남민의 생활 경험과 정체: 밑으로부터의 월남민 연구』, 서울대학교출판부, 1999.

김석형 구술, 이향규 녹취, 『나는 조선노동당원이오!』, 선인, 2001.

강수연, 「1945~1950년 북조선민주여성총동맹의 조직과 활동」, 서울대학교석사학위논문, 2021.

김재웅, 「북한의 38선 월경 통제와 월남 월북의 양상」, 『한국민족운동사연구』 87, 2016.

_____, 『북한 체제의 기원: 인민 위의 계급, 계급 위의 국가』, 역사비평사, 2018.

김주리, 「월경과 반경: 임옥인의 〈월남전후〉에 대하여」, 『한국근대문학연구』 31, 2015.

_____, 「임옥인 소설의 장소애와 헤테로토피아」, 『구보학보』 26, 2020.

단턴, 로버트, 『책과 혁명: 프랑스 혁명 이전의 금서 베스트셀러』, 주명철 옮김, 알마, 2014.

러셀 커크, 『보수의 정신』, 이재학 옮김, 지식노마드, 2018.

릴라, 마크, 『난파된 정신』, 석기용 옮김, 필로소픽, 2019.

몽테스키외, 샤를 드, 『법의 정신』, 이재형 옮김, 문예출판사, 2015.

밍크, 루이스, 「모든 사람은 자신의 연보 기록자」, 주네트, 리쾨르, 화이트 체트먼 외 지음, 석경정, 여홍상, 윤효녕, 김종갑 엮음, 『현대 서술 이론의 흐름』, 솔, 1997.

박영자, 『북한녀자』, 앨피, 2017.

서동만, 『북조선사회주의 체제 성립사 1945~1961』, 선인, 2005.

스튜어트, 수잔, 『갈망에 대하여: 미니어처, 거대한 것, 기념품, 수집품에 대한 이야기』, 박경선 옮김, 산처럼, 2016.

시게키, 우노, 『보수주의란 무엇인가: 반프랑스 혁명에서 현대 일본까지』, 류애림 옮김, 연암서가, 2018.

신효숙, 『소련군정기 북한의 교육』, 교육과학사, 2006.

아렌트, 한나, 『과거와 미래 사이: 정치사상에 관한 여덟 가지 철학 연습』, 서유경 옮김, 한길사, 2023.

오영식, 『해방기(1945~1950) 간행도서 총목록』, 소명출판, 2009.

이동원, 「월남을 선택한 사람들, 월남 동기와 이동 경로 이야기」, 『내일을 여는 역사』 79, 2020.

이중연, 『책, 사슬에서 풀리다: 해방기 책의 문화사』, 혜안, 2005.

_____, 『책의 운명: 조선~일제 강점기 금서의 사회사상사』, 혜안, 2001.

이태준, 『무서록 외: 이태준 전집 5』, 소명출판, 2015,

임세화, 「해방기 남북한의 문해정치와 여성독본의 자리」, 『인문과학』 85, 2022.

임옥인, 『나의 이력서』, 정우사, 1985.

_____, 『문학과 생활의 탐구』, 대한기독교서회, 1966.

_____, 『월남전후』, 정재림 엮음, 『임옥인 소설전집』, 현대문학, 2010.

조만식, 고당조만식기념회사념회 엮음, 『고당 조만식 회상록』, 1995.

조지훈, 『조지훈전집 4』, 일지사, 1973.

최상룡, 『미군정과 한국민족주의』, 나남출판사, 1988.

최열, 「김용준의 해방공간 행장과 서울대학교 미술대학」, 『조형_아카이브』 2, 2010.

풀, 자넷, 『미래가 사라져갈 때: 식민 말기 한국의 모더니즘적 상상력』, 김예림·최현희 옮김, 문학동네, 2021.

피어하우스, 루돌프, 라인하르트 코젤렉, 오토 브루너, 베르너 콘체 엮음, 『코젤렉의 개념사 사전 14: 보수, 보수주의』, 이진일 옮김, 푸른역사, 2019.

하신애, 「해방기 여성/신체의 이동성과 (피)난민 연대의 건설: 임옥인의 월남전후를 중심으로」, 『한국현대문학연구』 62, 2020.

한하운, 『나의 슬픈 반생기』, 문학예술, 1993.

Svetlana Boym, *The Future of Nostalgia*, Basic Books, 2001.

6장

인정 욕망과
저항 의지 사이에서 말하기:

1970년대 성노동자'들'의
소설화된 자기 서사 읽기

/ 노지승

1. '수기'라는 형식의 소설

이 장에서 다룰 텍스트들은 엄밀히 말하면 특정한 여성이 어떤 의도를 가지고 자신의 생애를 기록한 '자기 서사'라 보기 어렵다. 이 텍스트들은 실질적으로 '자기 서사'의 형식을 취해 상업적으로 잘 팔릴 기회를 얻거나 영화로 제작될 목적으로 쓰인 기획물의 성격을 갖고 있다. 그것도 한 사람의 저자가 아닌 다수의 저자를 갖고 있다고 추측되며 따라서 이 텍스트들을 1970년대 유행했던 '수기'로 명명하기보다는 '소설'이라 불러야 할지 모른다. 그러나 이 텍스트는 한 사람의 생애가 아닌 복수의 여성들의 경험으로 추정되는 다양한 사건들이 교직되어 있다. 어느 공통적인 자질을 가진 복수의 인물들의 삶을 단일한 1인칭 서술자를 통해 엮어 내고 있는 이 서사물들이 독자들에게 누군가의 실재 '삶'으로 받아들여진다면, 그리고 장르적으로 '애써' 수기의 형식을 취하고 있다면, 그것을 자기 서사로 읽지 않을 이유는 없다. 단, 어느 특정한 한 사람의 인생을 기록했다고 여겨지는 텍스트가 아니라 누군가의 펜과 입을 빌려 만들어진 집합적 여성들의 인생을 기록한 것이라는 전제이자 제한이 필요하다. 그렇다면 이 텍스트들은 왜 자기 서사라는 형식을 취해야 했던 것인가. 그리고 왜 독자들은 이 텍스트들을 소설 혹은 허구적인 수기라 생각하고 소비했는가. 이 텍스트들에 묘사된 여성들이 실제로 존재한다면, 그들은 이 텍스트들이 베스트셀러가 되거나 영화로 제작되는 등 주목을 받았음에도 불구하고 왜 스스로 저자로서 언론 등에 공개되거나 나서지 못했던 것일까. 이 질문들에 대한 실마리는 바로 이 텍스트들이 바로 다름 아닌 '성노동자'

들의 삶을 다루고 있다는 데서 찾을 수 있다.

2. 매춘, 성노동으로 다시 호명하기

오랫동안 문학은 매춘, 매음, 윤락 등의 단어로 지칭되어 온 성매매를 주요 소재로 다루어 왔다. 피터 브룩스는 특히 근대소설에서 매춘부의 육체가, 돈과 육체가 교환되는 자본주의적 경제학 및 이와 관계된 욕망의 이야기를 만드는 풍부한 이야깃거리라고[1] 언급한 바 있는데, 이런 설명에는 다음과 같은 전제가 첨부되어야 한다. 첫째, 문학 속의 어느 인물에 매춘 여성이라는 표식이 붙어야 한다. 매춘이라는 행위는 그 여성의 정체성을 규정한다. 일찍이 매춘부를 의미하는 영어 단어인 prostitute는 행위를 가리키는 단어일 뿐이었지만, 19세기에 이르러 매춘한다는 행위가 매춘부라는 인격체와 그 정체성을 구성했다.[2] 인격체로서의 매춘부의 구성은 매춘 행위를 중심으로 그 인물에 대한 서사가 고안되기 위한 전제이자 결과이다. 둘째, 이들 매춘 여성에 대한 호기심 나아가 개인의 내밀한 성에 대한 사회적 관음증이 있어야 한다. 개인의 성은 근대

---

1 피터 브룩스, 『육체와 예술』, 이봉지·한애경 옮김, 문학과지성사, 2000, 145쪽.

2 멜리사 지라 그랜트, 『Sex Work: 성노동의 정치경제학』, 박이은실 옮김, 여문책, 2017, 44~46쪽.

인의 사생활의 중핵이며 근대소설은 개인의 사생활을 폭로하는 형식이기도 했다.[3] 매춘부는 섹스를 통해서 구성된 인격체인 만큼 온통 섹스로 가득 차 있는 그들의 삶을 들여다봄으로써 근대인들은 관음증적 욕망을 충족시켜 왔다.

이런 이유들로 인해 근대인들은 매춘부를 상상의 대상으로 그리고 재현의 대상으로 문학에 자주 소환했다. 한국의 근대적 서사 형식이 갖는 성정치적 기능도 서구의 사례와 유사하다. 『무정』(1917)을 한국의 근대적 소설의 시초 혹은 원형이라 부를 수 있다면, 이 소설에서도 '기생'이라는 유형화된 인물이 등장한다. 이후 1920년대와 30년대를 거치며 한국 근대문학은 서구의 문학과 유사하게 기생, 여급 등의 인물 유형을 통해 섹슈얼리티에 대한 통제와 훔쳐보기를 통한 쾌락의 추구라는 성정치적 기능을 수행해 왔다.[4] 여기에 덧붙여 한국 문학은 '연민'이라는 파토스도 첨가시키는데 자본주의의 폭력에 희생된 '연약한' 여성 인물에 대한 연민의

---

3 피터 브룩스는 근대 소설이 개인의 사적인 생활의 침입과 폭로라는 주제를 통해 성립했다고 말한다. 그리고 가장 사적인 영역이란 바로 성생활을 의미한다. 즉 브룩스에 의하면 근대소설은 소설 쓰기라는 공적인 행위를 통해 사생활을 폭로하는 형식이다. 피터 브룩스, 앞의 책, 71~87쪽.

4 흔히 최초의 근대소설이라 일컬어 온 이광수의 『무정』이 이런 남성 중심 서사의 전형을 마련해 내었다. 이 소설은 영채라는 이름의 '기생'을 만들어 내고 그녀의 정체성을 기생이라는 매춘부의 한 유형으로 가두어 두면서도 그녀로 하여금 결혼을 위해 순결을 지키게 만든다. 그러나 정절을 지키고자 노력했음에도 순결을 잃은 영채는 형식과의 결혼을 포기하고 자살을 결심하게 된다. 기생이라는 여성 인물이 가진 매춘부 정체성과 여성의 성에 대한 가부장제적 통제가 이 소설의 기본 구도를 만들고 있음을 알 수 있다.

정서 역시 '매춘'을 다루는 한국 문학의 중요한 특징이다.

이런 서사적 흐름을 가진 한국 문학은 각 시대마다 여성들이 마주친 정치적, 문화적 환경 속에서 '매춘부'의 성에 대한 기본적인 시각과 구도를 유지하며 변종적 서사적 형식을 만들어 냈다. 이 장에서 주목하고 있는 한국의 1970년대는 성산업의 발달 그리고 중간 계층 여성들의 권리 향상이라는 서로 다른 경향들이 동시다발적으로 진행된 시기였다. 한국의 프롤레타리아 여성들은 1970년대 고도 경제성장과 맞물려 팽창된 성산업으로 인해[5] 성산업으로 내몰렸다. 한편 정부 주도의 가족계획으로 표상되는 여성의 재생산권에 대한 통제와 관리도 1970년대 초 본격화되었다.[6] 동시대 서구 사회의 1970년대는 68혁명 이후 성혁명 운동과 페미니즘의 물결이 일던 시기였지만 서구 사회에서 제2의 페미니즘 물결이라 불린 1970년대의 운동들은 한국 사회에 도달하지는 못했다.[7] 1970

---

5 전 세계적 성산업과 성착취에 대해 연구한 바 있는 캐슬린 배리는 1970년대 성산업이 거대하게 확장된 개발도상국 아시아 국가들-한국, 필리핀, 태국 등에 주목한다. 특히 한국의 경우는 일본 사업가들과 관광객들을 대상으로 한 섹스 관광이 1970년대 급증했다. 캐슬린 배리, 『섹슈얼리티의 매춘화』, 정금나·김은정 옮김, 삼인, 2009, 180~182쪽.

6 가족계획 사업 자체는 이미 1950년대부터 한국에서 활동하던 국제 인구 통제 기관들의 영향으로 시작되었다. 이후 박정희 집권기에 1960년대 중반의 "3명의 자녀를 3년 터울로 35세 이전의 단산하자"는 가족계획의 표어는 1971년 "둘만 낳아 잘 기르자"는 표어로 바뀌었다. 배은경, 『현대 한국의 인간 재생산: 여성, 모성, 가족계획 사업』, 시간여행, 2012, 92~93쪽.

7 서구의 여성해방운동이나 페미니즘이 한국에 대중적인 운동의 형태로 들어오지는 않았더라도 여성해방이라는 아젠다를 뚜렷하게 제출한 연구 성과는 1970년대 말에 등장하고 있었다. 이화여대에 여성학과가 대학원에 설립된 것은 1977년이었고 이화여대

년대 여성들의 권리 신장이 없었던 것은 아니지만 그것은 주로 여성들의 제한된 대학 진학률의 상승이나[8] 가족법 개정을 통한 상속권의 보장[9] 등 주로 중산층 여성들의 권리 신장이었을 뿐 프롤레타리아 여성들의 삶과는 무관한 것이었다.

여성의 삶과 관련한 1970년대 한국의 여러 환경적, 제도적 변화는 일견, 소위 '매춘부'에 대한 연민과 관음증 그리고 도덕적 단죄 등을 기본 골격으로 한 한국의 근대 서사적 흐름을 더욱 강화시킨 것으로 보인다. 특히 성산업의 확장은 노동시장에서 일자리를 얻지 못한 프롤레타리아 여성들이 성매매를 양적으로 팽창시켰고 이에 1970년대 대표적인 문학작품에서 성매매 여성들은 더욱 자주 등장하는 인물 유형이 되었다.

이렇듯, 성매매 여성이 문학의 장에서 재현의 '대상'으로 오랫동안 다루어져 왔음에도 불구하고, 1970년대에 유행한 '수기'의 형식을 빌려 '매춘부' 스스로가 자신의 삶을 말하는 특별한 문학적

사회학과에 재직 중이었던 이효재 교수가 엮은 『여성해방의 이론과 현실』을 창작과비평사에서 간행한 것은 1979년이었다.

8 이혜정, 「1970년대 고등교육을 받은 여성들의 '공부' 경험과 가부장적 젠더규범」, 『교육사회학연구』, 한국교육사회학회, 2012. 1970년대 여성의 대학 진학률은 한 자리 숫자에 불과했고 여성의 대학 진학률이 폭발적으로 늘어난 것은 대학의 정원이 늘어난 1980년대 초반부터였다.

9 여성과 남성의 상속 비율을 조정하자는 여성계의 가족법 개정안 운동은 1973년과 1974년 정점에 달하고 실제로 1977년 가족법이 개정되면서 아들과 딸의 상속 비율은 일부 조정된다. 물론 1977년 개정된 가족법 역시 미혼의 딸의 상속 비율을 차남 이하의 아들 상속 비율과 동일하게 하는 정도의 변화이었지만 1960년에 개정된 민법에 비해 여성의 상속분은 확실히 늘어난 것이었다.

형식이 일각에서 생겨났다. 이 특별한 문학적 형식은 1970년대 중반부터 시작된 노동자 당사자들의 글쓰기인 '수기'手記 라는 장르와 유사하다.[10] 노동운동과 민중 문학의 영역으로 포괄될 수 있는 노동자들의 글쓰기는 기존 문학의 장field에서 주체가 되지 못했던 하위 주체, 즉 서발턴들의 주체적이고 저항적인 글쓰기 혹은 엘리트 중심의 문학이 아닌 서발턴들에 의해 이룩된 문학적 민주주의로 평가되고 있다.[11] 1970년대 노동운동이 노동자들의 글쓰기를 양산했던 분위기가 성매매 여성들의 글쓰기에 '어떤' 영향을 주었던 것일까. 영향 관계는 분명하지만 성매매 여성들의 글쓰기는 사뭇 다른 맥락에서도 양산되고 있었다. 노동운동과 노동 문학에서 성매매 여성들은 노동자들과 동일한 '서발턴', 즉 '민중'임에는 분명하지만 직접적으로 이들의 정치적 행위자성은 인정받지 못했다.

　　1970년대의 정치적·문화적 환경 아래서 성매매 여성들의 글쓰

10　노동자들의 수기가 눈에 띄게 늘어난 것은 1980년대이지만 시작은 1970년대 중반부터였다. 월간 『대화』에 연재된 노동자 석정남과 유동우의 수기가 그 흐름의 출발이라 할 만하다. 이들의 수기는 석정남의 『공장의 불빛』과 유동우의 『어느 돌멩이의 외침』 라는 제목으로 각각 1984년과 1978년에 간행본으로 간행되었다. 김성환, 「1970년대 노동 수기와 노동의 의미」, 『한국현대문학연구』 37집, 2012.

11　1970년대부터 1980년대를 아우르는 노동자들의 글쓰기에 대한 연구는 현재 한국 문학 연구에서 가장 뜨거운 화두 가운데 하나이다. 대표적인 연구로는 천정환, 「서발턴은 쓸 수 있는가: 1970~1980년대 민중의 자기 재현과 "민중 문학" 재평가를 위한 일고」, 『민족문학사연구』 47권, 2011; 홍성식, 「서발턴의 생활글과 문학문학론의 재구성」, 『한국문예비평연구』 제38집, 2012; 장성규, 「1980년대 노동자 문집과 서발턴 작가의 자기 재현 전략」, 『민족문학사연구』 50권, 2012; 배하은, 「1980년대 문학의 수행성 연구」, 서울대박사학위논문, 2017.

기가 가능했다면 이런 유형의 글쓰기가 동정과 연민의 대상, 희생자이자 관음증의 대상으로 성매매 여성을 묘사하는 문학적 관습과 성매매 여성들에게 정치적 행위자성을 부여하지 않았던 노동운동 등에 어떤 균열과 변화를 일으키는 것은 불가능했던 것일까. 이런 질문 아래에서 1970년대 성매매 여성들이 '직접' 썼다는 다음의 두 권의 단행본들에 새롭게 주목할 필요가 있다.

이 글에서 주요하게 분석될 두 권의 책은 단행본으로 출간된 오미영의 『O양의 아파트』(1976)와 강영아의 『현지처』(1977)이다. 1976년과 1977년에 각각 간행된 이 단행본들은 재판再版을 찍을 정도로 인기를 누렸던 베스트셀러였다. 이 단행본들은 애초에 '수기'라는 글쓰기 양식으로 표현되지 않았다. 즉 출간 당시 각각 표지에 '고백'(『O양의 아파트』)과 '고백 수기'(『현지처』)로 명명된 이 책들은 당대의 베스트셀러 집계에서는 '비소설'이 아닌 '소설' 분야로 집계되었다. 즉 고백confession과 수기memoirs 그리고 소설fiction 사이에서 출판사는 물론 언론들이 그 어느 쪽으로도 단행본의 장르를 명확하게 확정짓기를 주저하고 있었다.

이런 장르적 불명확성은 이들 성매매 여성들이 얼굴과 실명을 공개한 채 글을 쓰고 발표하기 어려웠기 때문이기도 했다. 사회에서 감추어져야 하는 이들이 다름 아닌 글쓰기와 같이 고상한 엘리트들이나 할 법한 행위를 한다는 점에서 문제적이었다. 성매매에 대한 혐오의 시선은 이 행위를 지칭하는 용어들에 새겨져 있다. 성매매라는 행위에 대해 식민지 시기 언론에서 가장 많이 공식적으로 사용된 단어는 '매음'賣淫이었다. 해방 이후에는 '윤락'淪落 그리고 1980년대 후반에는 '매춘'賣春이라는 용어가 주로 사용되었다.[12]

음란하고(매음), 타락하고(윤락), 정욕을 파는(매춘) 행위라는 이런 공식적 용어들은 성매매에 대한 가부장제적 가치판단을 직접적으로 드러내고 있으면서도, 성매매가 노동으로서 인정받지 못한 타자적 지위에 있음을 보여 준다. 성매매가 과연 '노동'인가에 대해서는 여러 논란이 있을 수 있지만 이들 성매매 여성들의 언어에 귀를 기울이려면, 무엇보다도 이런 윤리적·도덕적 판단을 일단 중지하고 이들을 이전과는 다르게 '성노동자'sex worker로 부를 필요가 있다.[13] 성노동sex work이란 용어는 성매매 여성들에 대한 대중의 관음증적 시선, 연민의 시선 그리고 혐오의 시선을 걷어 내고 자본주의 하에서 상품화된 노동을 제공한다는 의미를 지닌 중립적인 용어로 사용될 수 있기 때문이다.

---

12 『동아일보』 아카이브 검색에 따르면 성매매를 지칭하는 단어로 식민지 시기에는 매음이라는 단어가 우세하게 사용되었다면 해방 이후에는 윤락 그리고 1980년대 말부터는 매춘이라는 용어가 우세하게 사용되었다.

13 성노동 활동가인 캐럴 레이(Carol Leigh)가 1978년에 발표한 글 「성노동 발명하기」(Inventing Sex work)에서 '성노동'(sex work)이라는 용어가 사용되기 시작했다. 서구에서 성노동자 인권 운동이 시작된 1970년대부터이다. 1973년 미국의 마고 제임스(Margo St. James)가 매춘인 권리 단체인 코요테(COYOTE)를 만들고 성매매 비범죄화 운동을 진행했고, 1975년 프랑스 매춘인들이 리옹의 교회를 점거하고 동료를 구속한 경찰에 항의하는 시위를 벌이기도 했다. 멜리사 지라 그랜트, 앞의 책, 53쪽~54쪽. 한국에서 매춘 대신에 '성노동'이란 단어가 제기되기 시작한 것은 성폭력특별법이 제정된 2004년 이후이다. '전국성노동자 준비위원회 한여연(한터여성종사자연합)'은 2005년 3월 출범하면서 2004년에 제정된 성폭력특별법이 성노동자들의 생존권을 위협하고 있다고 주장하면서 조직의 입장을 정리한 바 있다. 이 단체는 '윤락행위', '성매매'라는 용어 대신 '성노동', '성노동자'라는 용어를 쓰기로 선언한 바 있다. "전국성노동자준비위" 한여연 출범사 참조. 이재인 엮음, 『성매매의 정치학: 성매매특별법 제정 1년의 시점에서』, 한울아카데미, 2006, 308~310쪽.

1970년대 출판된 성매매 여성들의 글쓰기 — 그것이 수기이든 고백이든 혹은 소설이든 — 들은 이런 대중의 시선들과 서사적 전통에서 물론 자유롭지 않았다. 그러나 비록 이들 성노동자들의 수기들이 희생, 차별, 배제를 강조하고 때로는 희생양인 이들에게 연민의 시선을 보내는 '매춘부' 서사의 한국적 마스터 플롯master plot[14]에서 자유롭지 못했지만, 다른 한편으로는 주류 서사와는 다른 목소리와 시선을 담아내고 있다는 점은 주목될 필요가 있다. 정상적인 노동으로 등재되지 않은 그리고 도덕적으로도 비하된 성노동자들의 복수複數의 목소리는 1970년대 수기-소설의 형식 속에서 삽입되어 있다. 수기-소설이라는 이 특별한 문학적 형식은 오랫동안 상상되어 왔던 '매춘부'라는 대중들의 판타지를 재생산하면서도 동시에 이 판타지에 어떤 균열을 내고 있다.

---

14 마스터 플롯은 반복적으로 출현하는 내러티브의 원형 같은 플롯이다. 예컨대 신데렐라 스토리는 수많은 내러티브로 재생산되는 마스터 플롯이다. 마스터 플롯은 보편적인 것이기도 하지만 특정한 문화와 관련되어 있을 수도 있으며 어떤 내러티브의 경우에는 잘 알려진 마스터 플롯에 대한 예상을 뒤엎음으로써 특별한 미학적 효과를 발생시키기도 한다. 마스터 플롯에 관해서는 H. 포터 애벗, 『서사학 강의』, 우찬제 외 옮김, 문학과지성사, 2010, 99~105쪽. 여기서 매춘부 서사의 한국적 마스터 플롯이란 매춘부를 일방적으로 가난에 의해 희생당한 여성으로 그려내면서도 다른 한편으로는 매춘부들에게 차별과 배제를 전제하고 있는 서사 구성을 일컫는다.

3. 허구와 실재의 교차와 장르의 비확정성

1970년대 성노동자 수기가 출판되어 베스트셀러가 될 수 있었던 배경에는 무엇보다 이른바 '호스티스' 멜로드라마의 대흥행이라는 현상이 놓여 있다. 영화사적 맥락에서 잘 알려져 있다시피 1974년 영화 〈별들의 고향〉과 1975년의 〈영자의 전성시대〉는 침체에 빠진 한국 영화계의 구원투수였다. 1972~73년 『조선일보』에 연재된 최인호의 장편소설 『별들의 고향』과 1971과 1973년 『세대』世代에 발표한 조선작의 단편소설 「지사총」과 「영자의 전성시대」가 바로 호스티스 멜로드라마들의 원작들이었다. 호스티스 멜로드라마의 인기는 1970년대 후반으로 가면 그 변종 형태로서 여대생들의 심리적 방황을 다룬 〈겨울여자〉(1977)나 〈가시를 삼킨 장미〉(1979) 등이 제작된다.

무엇보다도 이 시기에 호스티스 멜로드라마의 붐을 견인한 최인호의 『별들의 고향』은 성노동자를 이전보다 더욱 적극적으로 소설과 영화에 끌어들인 계기가 되었다.[15] 이런 흐름은 1976년 10월 한국도서문화원에서 간행된 『O양의 아파트』를 원작으로 한 1977

---

15 『별들의 고향』의 단행본 출판사였던 예문관(藝文館)은 처음에는 『별들의 고향』을 영화로 제작하는 것을 원치 않았다. 영화를 보고 줄거리를 알아 버리면 책을 돈 주고 사서 볼 까닭이 없어진다는 이유에서였다. 이명원, 「문예영화의 재평가: 영화와 문학의 기묘한 결혼은 과연 행복한가」, 『월간 영화』, 1974. 9, 17쪽. 그러나 결과적으로 문학의 영화화를 통해 영화를 보고 이후에 원작을 읽고 싶어 하는 관객들이 생겨남으로써 독자와 관객의 순환 작용이 가능해졌다는 평가가 우세하게 되었다.

년 변장호 연출의 〈O양의 아파트〉로까지 이어져 있다. 이 영화는 1978년 상반기에 약 20만의 관객을 동원한 바 있다. 1970년대 후반에 들어서면 소설 원작을 영화로 제작하는 것만이 아니라 〈속續별들의 고향〉처럼 영화 시나리오로 창작된 텍스트를 소설로 장르를 바꾸어 쓰는 역전된 현상이 일어나기도 했다.[16] 또한 '호스티스'로 통칭되는 성노동자들의 이야기에 특별히 주목하면서 영화계는 영화로 제작해 흥행시킬 이야기를 발굴하기도 했다.[17]

단행본 『현지처』는 바로 그런 발굴의 결과였다. 영화 〈O양의 아파트〉를 연출한 변장호는 1977년, 대종상을 강하게 의식하여 이름을 붙인 듯한 '대종大鐘출판사'를 차려 영화 기획의 아이디어를 찾기 시작했고,[18] 대종출판사에서는 1977년 10월 '현지처의 실상과 진상을 폭로한 고백 수기'라는 부제를 달아 강영아 원작의 『현지처』現地妻를 간행했다. 1년 후 변장호는 이 원작을 〈영아의 일기〉(1978년)라는 제목의 영화로 연출한다. 이후에 전문 작가의 소설이 아닌 이 당시의 성노동자들의 '수기'를 호스티스 멜로드라마로 제작하는 붐은 지속되었다.[19]

---

16 「영화감독 이장호 소설 집필해 화제」, 『경향신문』(1978/05/18).

17 당시의 영화사와 출판업 겸업의 붐에 대해서 일간지는 다음과 같이 소개하고 있다. "14개 영화사 중 한진, 태창, 삼영이 출판사를 겸업해 재미를 보고 있는데다가 동아수출, 화천, 우성, 우진 등도 출판사 등록을 서두르고 있어 영화와 출판을 곁들인 문화사업의 시대를 맞이하고 있다." 「영화가 겸업 바람, 연극 출판 사업에도 진출」, 『동아일보』(1978/05/27).

18 「영화감독 변장호 출판업에도 손대」, 『경향신문』(1977/04/27).

19 1977년 자유문화사에서 간행된 윤고나의 『나는 77번 아가씨』는 1978년 11월 박호

호스티스 멜로 영화의 대유행이라는 배경 아래 쓰인 단행본 『O
양의 아파트』와 『현지처』는 전문 작가의 허구적인 글쓰기가 아니
라 실제 경험한 이, 즉 체험 당사자에 의한 글쓰기라는 점에서 주목
받았다. 이미 이전에 흥행했던 호스티스 멜로드라마들도 허구이지
만 온전히 허구가 아니라 실재에 바탕을 둔 것, 그리고 더 나아가
실존 인물들의 삶을 취재한 후 만들어진 허구라는 점은 대중들의
중요한 감상 포인트가 되었다. 영화 〈영자의 전성시대〉가 촬영될
당시 이 영화의 주연 여배우 염복순은 '실감나는' 연기를 위해 영자
와 비슷한 직업의 사람들을 찾아다니며 이들과 대화하기도 했고, 역
시 호스티스 멜로 영화 가운데 한 편인 〈꽃순이를 아시나요〉(1979)
의 감독 정인엽이 실제로 수많은 '꽃순이'를 만나 본 뒤 주연배우를
정윤희로 발탁했노라고 말한 바가 일간지에 기사화되기도 했다.[20]

　　이런 현상들은 성노동자를 서사화하는 소설과 영화의 감상에,
독자 혹은 관객이 일상적으로 접할 수 있는 현실적 맥락이 강하게
간섭하고 있음을 암시한다. 현실 혹은 실재란 결정되어 있는 혹은
고정된 실체로 존재하는 것이 아니라 현실 효과reality effect를 발생시
키는 장치들을 통해 드러나는 것인 만큼, 현실감 있는 연기와 영화
연출을 위해 배우와 감독이 실제 성노동자들을 인터뷰하고 만나
보았다는 기사들은 허구적 장르에 일종의 현실감을 불러일으킬 수

태 연출의 영화로 제작되어 개봉되었다. 노세한 연출의 영화 〈26×365=0〉은 원작자
최수희의 이름으로 1979년 장음사에서 단행본으로 간행되었다. 이 영화의 경우 최수
희의 단행본과 노세한의 영화는 거의 동시에 개봉되고 출판되었다.

20 「꽃순이를 아시나요」, 『경향신문』(1979/06/01).

있는 장치들의 일부이다.

단행본 『O양의 아파트』에 이르면 현실 효과를 일으키는 장치들은 극대화된다. 이 단행본은 가명이기는 하지만 28세 '오미영'이라는, 성노동을 실제로 경험한 당사자에 의해 쓰였다고 머리말에서 밝히고 있다. 저자 오미영은 머리말에서 자신이 이 글을 쓰게 된 동기와 실제 자신이 경험했던 고초와 부끄러움은 물론 성노동을 통해 가족을 부양하고 재산을 모을 수 있었다는 자부심을 밝히고 있다.

유흥가의 삶은 정말 죽음 같은 절망의 생활이었습니다. 취객들의 짓궂은 희롱은 그렇지 않아도 아픈 가슴을 사정없이 짓밟아 주었습니다. 뿐입니까. 터무니없이 업신여기기까지 할 때는 피눈물 나도록 슬펐습니다. 저는 너무나 많이 가슴 저미며 울었습니다. 성장한 후 七년이란 세월 어두운 그늘에서 남몰래 울면서 살아왔습니다. 이제는 그만 울렵니다. 저 스스로의 힘으로 작으나마 양지바른 안식처를 마련했습니다. 저는 그 양지에서 따사로운 햇살을 받으며 저 푸른 하늘을 올려다보렵니다. 저에게는 저를 사랑하고 의지하는 가족들이 있습니다. 돈이나 명예나 그 무엇보다도 소중한, 저의 혈족들입니다. 저는 이들과 벗 삼아서 조용히 살렵니다. 한때는 가난과 굶주림에서 허덕이던 가족들, 특히 빈 가방을 들고 책을 사달라던 동생들이 지금은 학업을 마치고 당당한 사회인이 되어 있으니 내 간절하던 소망은 이제 다 열매를 맺은 것입니다.[21]

---

21 오미영, 『O양의 아파트』, 한국독서문화원, 1976, 머리말.

이 단행본은 머리말에서 이처럼 현실감 있는 일인칭 화자를 내세워 이 글이 실제 성노동자의 수기임을 밝히고 있다. 『현지처』에는, 저자인 강영아가 "불운을 당한 여성이 어떤 형태로 그 고난을 이겨 나가느냐를 생생히 보여주자는" 집필 의도를 밝힌 머리말과 함께, '정리자'라고 스스로를 지칭하는 어느 인물의 후기後記가 달려 있다. 이 후기에는 강영아라는 이름의 여성이 1976년 12월 18일에 자신의 이야기를 쓴 원고를 들고 왔다고 날짜를 특정하면서 이 책에 담긴 이야기가 분명히 강영아에 의한 기록임을 강조하고 있다.[22] 『현지처』는 이 밖에도 1971년 메이퀸 출신 여대생 사건,[23] 1974년 서울 콜걸단 제주 원정 사건 등 당시에 실제 일어난 사건을 인용함으로써 현실감을 배가하고 있다.

이런 내용들은 실명을 밝히지 않은 저자가 가장 비밀스럽고 내밀한 이야기인 성매매 이야기를 들려준다고 했을 때 흔히 발생하게 될 내용의 진위 여부에 대한 의심을 불식시키기 위해 삽입된 것으로 보인다. 그럼에도 불구하고, 이 수기들은 독자들로 하여금 그 내용이 허구일지 모른다는 의구심을 지속적으로 자아내게 했다. 그것은 무엇보다도 이 텍스트들이 1970년대 유행하던 다른 허구적 텍스트들의 서사 구성을 차용하고 있기 때문이다. 『O양의 아파트』의 저자 오미영은 그녀의 진술에 따르면 서울에서 출발해 부산,

---

22 강영아, 『현지처』, 대종출판사, 1977, 295쪽.

23 『동아일보』(1971/07/01). 짝사랑하던 남자에게 의해 호텔에 갇혀 결혼을 강요당하던 모 여대 메이퀸 출신의 여대생이 17층 호텔에서 뛰어내려 즉사한 사건이다. 이 사건은 자살이 아닌 남성에 의한 살해로 밝혀져 용의자 남성은 무기징역을 언도 받았다.

광주, 대전, 대구, 여수 등 전국을 돌며 홀, 다방, 요정 등 자유롭게 소속을 옮겨가며 성노동자로 일하면서 간간히 계약 결혼 생활을 하기도 했다. 또한 그녀는 교제 중인 남성들 혹은 친밀한 관계의 여성 친구들과 함께 제주도, 속리산, 충무, 설악산 등의 관광지를 여행하며 해당 지역의 유흥가를 섭렵하기도 한다. 전국을 돌아다니면서 해당 지역의 지역색을 드러내는 구성 방식은 1967년 시작된 이른바 영화 '팔도강산' 시리즈에서 익숙해진 유람과 프로파간다 propaganda의 플롯을 연상시킨다.

1967년 배석인 연출의 영화 〈팔도강산〉은 문화영화 혹은 홍보용 관제영화로 당시 단관 개봉관을 기준으로 32만 이상의 관객을 모은 영화였다.[24] 노부부가 충청도, 전라도, 부산, 강원도 등에 결혼해 사는 딸들을 방문하면서 '팔도'로 상징되는 전국을 유람하며 산업적으로 발전된 조국의 모습을 발견하는 스토리로 구성되어 있다. 영화 〈팔도강산〉 이후 이 영화와 유사하게 노부부가 '팔도'를 고속버스를 타고 유람하거나, 서로 각기 다른 지방색을 가진 '팔도'의 사람들이 한데 모인다는 설정의 영화들, 〈속 팔도강산〉(1968), 〈내일의 팔도강산〉(1971), 〈돌아온 팔도강산〉(1976) 그리고 〈팔도기

---

24 김한상, 『조국근대화를 유람하기: 박정희정권 홍보드라이브, 〈팔도강산〉 10년』, 한국 영상자료원, 2008, 10~24쪽. 영화 〈팔도강산〉은 문공부의 개입으로 만들어진 민관 합작 영화였다. 1967년은 대통령 선거와 국회의원 선거가 있었던 중요한 해였고 이 영화는 이런 선거가 있던 해 2월에 개봉되었다. 조국의 발전상을 시각화시켜 정권의 치적을 홍보하는 팔도강산 시리즈는 1972년에 유신이 시작된 해에 이르기까지 거듭 제작되어 독재 정권 창출에 가장 성공적으로 기여한 정권 홍보 프로젝트라 할 수 있다.

생〉(1968), 〈예비군 팔도 사나이〉(1970) 등이 제작된 바 있다. 단행본 『O양의 아파트』는 오미영의 성노동의 체험이기는 하지만 전국 각지의 유흥업소의 풍경과 그곳에서 만난 사람들의 사연을 다룸으로써 분명 이 같은 여행 혹은 유람의 플롯을 공유하고 있다. 『O양의 아파트』에는 '팔도 기생'이라는 제목의 절이 있으며 이 절에는 양주홀 '京쌀롱'의 호스티스 12명이 전주 아가씨, 서울 아가씨 등의 출신 지역으로 불리고 손님들은 각 지방의 아가씨들에게 지역 이야기를 듣는 "듣는 관광"[25]을 즐긴다는 에피소드가 삽입되어 있다. 더욱이 브로커의 주선으로 위장 결혼해 미국으로 가게 된 미영은 몇 년간에 걸친 자신의 행보가 갖는 의미에 대해 다음과 같이 정리하고 함으로써, 영화 '팔도강산' 시리즈와 매우 유사한 시각을 보이고 있다.

> 나는 늘 여행을 할 때마다 쭉 뻗은 고속도로를 보고는 "우리나라도 많이 발전했다"는 생각을 해왔지만 남쪽 지방 어느 곳을 가든 그런 생각은 더욱 짙어지곤 한다. 관광도시 충무도 전에 왔을 때보다 확실히 면모가 바뀌어져 있었다. 자랑스러운 조국의 발전상을 외국에 나가서라도 선전해야겠다는 생각에 그 발전상에 대한 기록도 하며 관광을 즐겼다.[26]

미국으로 떠나면서 오미영은 고속도로로 대표되는 한국의 발전

---

25 오미영, 『O양의 아파트』, 170쪽.
26 오미영, 『O양의 아파트』, 236쪽.

상을 자랑스러워하며 조국의 발전상을 미국에 나가서 선전해야겠다고 다짐한다. 오미영은 자신의 삶의 여정을 마무리하면서 〈팔도강산〉류의 프로파간다적 시각을 보임으로써 자신에게 상존해 있는 퇴폐와 불온의 혐의를 벗고자 하는 의도가 내보인다. 노부부의 전국 유람과 유사한 이 같은 서사 구성은 이 수기가 쌓아올린 현실 효과를 허물어뜨린다.

『O양의 아파트』가 〈팔도강산〉이라는 대중적으로 인기를 끈 영화의 구성 방식을 차용하고 있다면 『현지처』는 1970년대 초 '청년 문화'의 이름으로 유행한 소설들에 영향을 받고 있다. 서구의 68혁명은 한국 내에서 청년 문화 유행으로 이어졌고 문학에서는 최인호의 『바보들의 행진』, 조해일의 『겨울여자』 등 대학생을 주인공으로 한 대중문학 붐에 영향을 주었다.[27] 『현지처』의 저자인 강영아의 삶은 바로 1975년 『중앙일보』에 연재된 조해일이 『겨울여자』의 주인공 '이화'의 삶과 유사한 측면이 있다. 『겨울여자』의 '이화'와 마찬가지로 『현지처』의 영아는 부유한 집안의 딸이었고 여대생이라는 점에서도 이미 일치하지만, 결정적인 공통점은 연인의 죽음으로 급격히 방황하게 된다는 점이다. 또한 그 연인의 죽음도

---

27 1968년 혁명을 계기로 젊은이들의 저항 문화가 전 세계적인 관심의 대상이 되었다. 1974년 3월 『동아일보』는 「오늘날의 젊은 우상」이라는 기획 기사가 실렸고, 이에 대학생들의 반박이 이어지면서 각 언론 매체는 1974년 4월에서 8월 사이에 '청년 문화'에 대한 특집 기사를 실었다. 이상의 청년 문화 논쟁의 전개 과정에 대해서는 이상록, 「박정희 체제의 '사회 정화' 담론과 청년 문화」, 장문석·이상록 편, 『근대의 경계에서 독재를 읽다: 대중독재와 작정희 체제』, 그린비, 2006, 358쪽을 참조했다.

'군대에서의 교통사고'라는 점에서 일치한다. 박정희 정권기 전쟁을 수행하지 않는 군대 내에서 사망한 군인의 숫자가 연 1300건 이상이었다는 점을 감안해 보면,[28] 이런 공통점은 우연의 일치일 수도 있다. 물론 군대에 간 연인이 군대에서 교통사고로 사망했다는 『현지처』의 내용이 허구인지에 대해 판정할 근거는 없고, 이런 내용은 사실일 가능성도 있다. 그러나 『겨울여자』와의 내용적 유사성은 단행본 『현지처』를 많은 독자들이 허구와 실재를 넘나드는 수기 혹은 온전한 허구로 읽었을 여지를 만들게 된다.

실제로 당시의 베스트셀러 집계에서 『O양의 아파트』나 『현지처』가 '소설'로 분류되었다는 점은 이미 언급한 바 있다. 1977년 10월 『매일경제』의 베스트셀러 소개란은 소설과 비소설로 장르를 구별하고, 소설 분야의 베스트셀러 목록에 한수산의 『부초』, 최인호의 『도시의 사냥꾼』, 조해일의 『겨울여자』(단행본)와 함께 강영아의 『현지처』를 올려놓고 있다.[29] 『O양의 아파트』 역시 1976년 발간 당시에는 '수기 소설'이라는 명칭으로 불리다가[30] 같은 해 1977년 1월에는 황순원의 『탈』, 최인훈의 『광장』, 이청준의 『이어도』와 함께 소설 부문 베스트셀러로 올라 있다.[31] 그만큼 이 단행본들은

28 한홍구, 『유신: 오직 한 사람을 위한 시대』, 한겨레출판, 2014, 260쪽. 연간 1300건이라는 숫자는 2000년대 이후 군대 사망자 수가 200건 미만으로 줄어든 것과는 확실히 대조적인 숫자이다.

29 「금주의 베스트셀러」, 『매일경제』(1977/10/18).

30 「O양의 아파트 변장호씨 영화화」, 『경향신문』(1976/12/08).

31 「금주의 베스트셀러」, 『매일경제』(1977/01/18).

소설일 수도 수기일 수도 있다는 가정 아래에서 읽혔는데, 이런 장르적 모호함이나 비확정성은 이 단행본들이 바로 잘 알려진 대중소설과 대중 영화의 플롯을 차용하고 있었기 때문이기도 하다.

4. 성노동, 자유의지, 행위자성

성매매라는 가장 불편하고 자극적인 이야기를 다루고 있는 이 책들이 허구라는 추측은 이 책들의 저자와 독자 모두에게 일종의 심리적 도피처를 제공한다. 수기라고 보기도 소설이라고 보기에도 모두 모호한 이 단행본들의 장르적 비확정성은 다음과 같은 효과를 줄 수 있기 때문이다. 오미영, 강영아라는 가명을 쓴 성노동자 여성들이 실재 인물이라면 허구적 텍스트에서 빌려온 플롯은 오히려 이들을 가상의 인물로 만들어 이들을 보호하는 역할을 하게 된다. 이 단행본들은 외국인 대상 요정에서의 접대, 아파트 내에서 벌어지는 음란한 파티, 현지처 생활 등 때로는 매우 민감하고 파격적인 내용을 다루고 있다. 이런 현실이 당시 정부의 묵인과 관리 하에 행해진 일종의 외화 벌이 관광업의 일부일지라도 그 실체를 대중들에게 공공연하게 알리는 것은 자칫 정부를 비난하는 정치적 문제를 불러일으킬 수 있다.[32] 이 단행본들이 허구일거라는 가정은

---

[32] 서구에서도 1919년 매춘부의 자서전 『마들렌』(*Modeleine*)이 처음 발간된 이래로

성매매와 관련된 가장 내밀하고 자극적인 이야기를 '수기'의 형태로 읽는 데 대한 독자들의 심리적 부담을 줄일 수도 있다. 1970년대 수기 자체가 실제 '체험'의 기록이라는 사실은 독자들에게 중요한 의미였고 넝마주의, 버스 안내양, 소매치기 등과 같은 도시의 하층민이 수기의 주요 필자였던 것은[33] 무엇보다도 그들의 이야기가 낯설고 충격적이었기 때문이다. 그러나 성노동자들의 경우 도시의 하층민 가운데서도 복잡한 도덕적 문제가 가장 강하게 제기될 수 있는 만큼 소설과 수기 사이의 장르적 모호성은 독자들의 심리적 부담을 더는 데 더욱 필요했다.

단행본 『O양의 아파트』와 『현지차』의 초반부에는 저자 오미영과[34] 강영아가 성노동자로 살아가게 된 사연과 그 과정이 자세히 그

매춘부들의 자서전들은 종종 음란물로 법률적 문제가 제기되었다. 제2차 세계대전 중에 간행된 서지 울지(Serge J. Wolsey)의 자서전 『베벌리 데이비스의 직업 이야기』(*The Story of the Career of Berverly Davis*)와 1938년 쉘라 카슨즈(Sheila Cousins)의 『구걸을 나는 부끄러워한다』(*To Beg I Am Ashamed*)은 모두 매춘의 실태를 구체적으로 묘사하고 있다는 이유에서 판매 금지되거나 법정에서 시비가 붙었다. 번 벌로·보니 벌로, 『매춘의 역사』, 서석연·박종만 옮김, 까치, 1995, 445~446쪽.

33 김성환, 「1970년대 논픽션과 소설의 관계 양상 연구: 『신동아』 논픽션 공모를 중심으로」, 『상허학보』 32권, 2011, 28쪽. 김성환이 말하는 반(半)소설은 소설의 미달태를 지칭하는 것으로 사용되었다. 반면 이 글에서 말하는 장르의 비확정성은 허구와 사실을 오가는, 성노동자들의 글쓰기가 갖는 특수한 전략을 표현하는 말이다.

34 『O양의 아파트』의 저자 오미영은 공식적인 필명 오미영을 본문에서 사용하고 있지 않다. 일자리를 바꾸면서 닉네임을 바꾸기도 하지만 친지나 가족에 의해 불리는 이름도 미경, 미라로 이름으로 계속 바뀌고 있다. 일단 이 글에서는 이름의 혼란을 막고 여러 이름으로 불리는 인물이 저자인 오미영임을 강조하기 위해 오미영이라는 이름으로 수기에 등장하는 인물과 저자를 통일하여 지칭하고자 한다.

려져 있다. 경기도 한 시골에서 150마지기를 소유한 유복한 농가의 딸이었던 오미영은 아버지의 폐결핵으로 가세가 기울어 중학교 3학년 때 가족과 함께 서울에 올라와 도시 빈민으로서 살아가게 된다. 그녀는 외삼촌이 운영하는 양복점에서 재봉일 보조, 시간제 가정부로 일하면서 야간 고등학교를 다닌다. 애초에 미영은 학교에 잘 적응하는 편이 아니었고 학업에도 그리 관심은 없었지만 첫사랑인 J에게 자극을 받아 대학에 진학하겠다는 꿈을 갖게 된다. 고모부의 친동생인 J는 S대생으로 미영에게 "인생철학, 문학 이야기"를 들려주면서 미영에게 어느 대학을 갈 것이냐고 묻게 된다. 이 질문은 미영에게 충격으로 다가왔고 J와의 계급 간 격차를 느낀 미영은 돈을 벌어 대학에 꼭 진학하겠다는 결심하게 된다. 바로 미영이 돈을 벌기 위해 선택한 일이 남산의 요정에서 외국인을 상대하는 접대부의 일이었다. 수기의 초반부에서 미영은 대학 진학에 필요한 돈을 벌기 위해 유흥업소 일을 시작했지만 미영은 이 일을 그만 두고 반복적으로 다른 일을 찾았다. 그러나 설악산 관광 안내원이 되어도 사무실 사환이 되어도 미영은 정당한 노동자로 대우받기보다는 늘 남성들로부터 성관계를 요구받거나 그들의 성희롱과 성추행에 시달려야 했다.

문제는 내가 모시고 있던 상사들이 월급은 쥐꼬리만큼 주면서 호시탐탐 나만 노리고 있다는 것이다. 유독 40대의 C와 30대의 B가 더 그랬다. 어쩌다 나와 단둘이만 있으면 외설스러운 이야기를 해대는 능청을 떨어댄다.

"미스 오, 처녀야?"

…인용자 중략…

어느 날 저녁 이윽고 B의 적극 공세가 시작되었다. 그는 아무도 없는
자기의 방으로 나를 강제로 끌고 가서는 내가 두려워했던 그 짓을 감행
하려고 했다. 나는 재떨이라도 손에 잡히면 그를 박살내고 싶었다. 간
신히 나는 몸을 빼고 황급히 그 방을 나와 복도로 뛰어나갔다. 마침 자
기 방에서 나오던 C와 공교롭게 맞닥뜨리고 말았다. 그는 기막히게도
내가 B에게 능욕을 당할 뻔한 일을 알아차렸다. 그래도 그는 나를 자기
차에 태워서 집까지 바래다주었다. 그 순간엔 고마웠으나 나중엔 하나
도 고맙지 않게 되었다. 왜냐하면 그날 그 보호성은 뒷날의 미끼로 이
용했기 때문이다.[35]

사무직 노동자나 여타의 서비스직 노동자가 되려는 오미영의
반복적인 시도는 직장 동료와 같은 주변 남성들로 인해 좌절되고
그녀는 결국 성매매 여성으로 남을 수밖에 없었다. 『현지처』의 저
자 강영아 역시 연인의 죽음 이후 실의에 빠져 대학생들과 나체 파
티를 벌이거나 유흥비를 벌기 위해 중년 남성들을 유혹하며 지내
다가 사무직 직원으로 취업하게 된다. 그러나 이 사업장의 사장은
비서인 영아를 자신의 사업 파트너인 미국인에게 소개시켜 접대를
강요하고 이후 영아는 맥주홀에서 만난 남성에게 성폭행을 당한
뒤 유흥업소에서 일하게 된다.

『O양의 아파트』나 『현지처』에는 무엇보다 남성들의 폭력이 생

---

35 오미영, 『O양의 아파트』, 한국독서문화원, 1976, 37~38쪽.

생하게 드러나 있다. 지배인들에 의한 호스티스의 성적 착취, 뭇 남성과 이야기를 했다는 이유로 뺨을 때리는 단골 남성, 딸 같은 나이의 호스티스에게 광적으로 집착하는 50대 남성(『O양의 아파트』), 유명 가수 李의 성폭행, 길 가던 뭇 남성들의 희롱과 폭행, 일본인 관광객들의 인격적 비하(『현지처』) 등이 그것이다. 머리말에서 오미영은 자신이 겪은 폭력으로 7년 동안 눈물을 흘렸다고 독자들에게 호소하고 있지만 오미영은 매순간 자신을 자신의 삶을 선택한 행위자로서 부각시킨다. 강영아는 자본금 800만 원을 들여 친구들과 아파트를 얻어 관광객들을 위한 요정을 차렸고, 한 달 새 수입 260만 원을 올리다가 경찰의 아파트 급습으로 29일간 구류를 살기도 했다. 그러나 강영아는 구류를 살고 나온 후에도 "이제는 환락가 생활이 몸에 배어 하루라도 안 나가면 좀이 쑤시는 것 같은 기분이었다. 나는 어느 새 전형적인 환락녀로 타락해 가고 있었던 것이었다"[36]라며 다시 요정으로 돌아간다. 강영아의 이런 언술은 공권력의 처벌이 자신을 '계도'하는 데 그다지 효과가 없다는 사실을 드러냄으로써, 자신을 '계도'하려는 공권력을 조롱하고 있는 듯하다.

오미영과 강영아의 이야기는 공통적으로 여성 프롤레타리아들이 공적인 일터의 세계에서 정당한 노동자로서 사실상 거부되었음을 암시하고 있다. 도시 하층민으로 살아가던 오미영뿐만 아니아 J시의 부유한 목재상의 딸로 서울에서 대학을 다니던 강영아도 이 점에서 동일한 체험을 갖고 있다. 오미영과 강영아의 계급적 지위

---

36 강영아, 『현지처』, 198쪽.

는 달랐지만 이런 계급적 차이와는 무관하게 여성들이 '당당하고 떳떳'한 노동자로 사는 것은 요원했던 것이다. 분명 오미영과 강영아 두 사람의 사례에서 나타나듯 관광 안내원이나 사무직 여직원이라 할지라도 그들에게 일종의 강압적 성노동이 요구되었고 사회 곳곳에서 그들은 성애화된 대상으로'만' 취급되었다. 이런 상황은 이들로 하여금 동의된 성매매를 하게 하는 중요한 조건이다.

정당한 이유 없이 인형이 될 수도, 되기도 싫었던 것이다. 그러나 직장을 그만 두고 나니 당장은 또 막연했다. 빈둥거린다는 것도 하루 이틀이고 또 그렇게 할 일없이 빈둥거리고 있을 처지도 못 되었다. 그렇게 몇 날 며칠을 생각하고 또 생각하려고 또 생각했다. 앞으로 무슨 일을 할 것인가. 어떤 일을 해야 가족을 도울 수가 있고 또 보람된 일인가. 그러나 겨우 고등학교 나온 자신이 떠올랐다. 그래, 겨우 고등학교를 나온 주제에 무슨 보람되고 떳떳하고 월급 많은 자기가 있겠다는 말이다. 생각다 못해 나는 다시 유흥가로 돌아가겠다고 작심했다. 어차피 남성들의 시야에서 아주 벗어날 수가 없다면 차라리 까뒤집어 놓고 돈이나 벌수밖에 없다는 심산에서였다.[37]

그 일이 있은 그 후 나는 자포자기에 빠졌다. 세상이 모두 원망스럽기만 했다. 그래서 행동을 마구 했다. 이미 나보다 더 타락할 대로 타락한 희숙이와 경애는 나의 행동에 부채질했다. 그 애들은 내게 돈 벌면서

---

37 오미영, 『O양의 아파트』, 39쪽. 강조는 인용자.

즐기는 방법을 일러 줬다. 그것은 돈 많은 남자들이나 외국인 관광객이 갖는 파티에 나가는 파티걸이 되자는 것이었다.[38]

오미영과 강영아가 본격적으로 성노동자로 살아가기로 결심한 계기는 동일하게 "이럴 바에야 차라리……"라는 문장 구조로 압축되어 표현될 수 있다. 대학 진학을 위해 요정에 들어가 일한 오미영과 재수생 시절부터 대학생 연인을 사귀고 그와 성관계를 가진 강영아는 낙태를 경험하기도 했지만, 이들은 이런 성적 경험이 그녀들이 직접적인 '타락'하게 된 계기는 아니었다. 그녀들이 지속적으로 성노동자로 살게 된 것은 바로 그녀들이 단지 순결을 잃었기 때문이 아니라 여성을 성애화된 대상으로만 보는 구조적인 문제에 그 원인이 있었다. 그러나 오미영과 강영아는 이런 구조적인 문제를 스스로 분석하거나 인식하고 있지 못했고, 따라서 성매매가 자신의 선택이었음을 언급하고 있다. 캐슬린 베리가 언급하듯 여성이 남성의 소유물이었던 전근대 사회에서는 여성 종속을 위해 여성의 동의가 필요하지 않았다. 그러나 산업화된 시대에 여성의 자율성이 생겨나고 여성들이 공적 세계에 등장하면서 성적 착취에 대한 여성들의 동의가 요구되었다.[39] 매춘은 결혼과 마찬가지로 지배계급에 의해 구조적으로 강요된 공모, 협조, 동의일 뿐이라는 점을 감안하면[40] 오미영과 강영아가 성매매를 선택하거나 동의한 것

---

38 강영아, 『현지처』, 98쪽. 강조는 인용자.

39 캐슬린 베리, 앞의 책, 79쪽.

40 캐슬린 베리, 앞의 책, 43쪽.

은 형식적으로는 자발적인 선택의 결과로 보이지만, 실질적으로는 구조에 의한 강압의 결과이기도 하다. 그러나 오미영과 강영아의 진술은 다른 한편으로는 가부장제적 시각에 위악적인 방식으로 저항하고 있다고 볼 수 있다. 자발적으로 타락한 여자가 됨으로써 희생당한 여자로서의 지위를 거부하고 있기 때문이다. 자신들의 성노동이 자발적인 선택임을 강조하는 이들의 언술은 자본주의와 남성 폭력의 일방적인 '희생양'으로만 치부하는 대중들의 연민의 시각을 전복시킨다.

이들이 중요하게 여기는 지점은 자신이 행위를 독자들이 어떻게 판단할 것인가가 아니다. 이들은 자신들의 삶을 '이야기하고' 자신들의 행위가 자신의 삶에 갖는 의미를 '스스로' 밝히는 데 목적이 있었다. 이들은 "밤의 슬픈 꽃들을 짓밟지 말아 달라고"(『O양의 아파트』의 머리말) 독자들에게 호소하기도 하도, 사회 엘리트를 앞에서는 심적으로 열등감을 느끼고 자신의 정체성에 혼란을 겪기도 하지만(『현지처』) 이 호소와 위축은 그다지 지속적이지 않다. 재회한 첫사랑의 애매한 태도에 앙칼지게 대꾸하며 먼저 결별을 고하고(『O양의 아파트』), 여성 혐오를 가진 미국인을 구제하는 데서 자부심을 느꼈다는(『현지처』) 등의 언술을 통해, 이들은 자신들에게 가해진 희생자의 지위와 도덕적 비난을 동시에 거부하고 독립적인 행위자성을 가진 한 인물로서 자신들을 드러낸다. 자신이 피해자만이 아니며 행위자이기도 하다는 이들의 진술은 비록 이들의 착각이거나 오해일지라도 공식적인 목소리를 빼앗긴 가장 비루하고 열등하게 취급되는 주체들의 최후의 항변이다.

5. 성공 신화, 인정 욕망, 결혼 판타지

오미영과 강영아는 실제로 당시의 성노동자들 가운데서 상대적으로 자율성을 지닌 축에 속한다. 이들은 포주들에게 빚이 거의 없었던 것은 물론이고 고소득에 경제적으로 성공한 성노동자였다. 『O양의 아파트』에는 오미영 이외에도 성공한 호스티스들이 소개된다. 『O양의 아파트』에는 한강 주변의 40평대 1500만 원을 호가하는 맨션아파트 소유한 '일류 기생' 박양의 이야기가 등장하는데, 박양의 성공에 자극을 받아 미영은 피아노를 배우기 시작했고 H맨션에 전세방을 구하게 된다. 강영아도 맨션아파트에서 외국인 대상 파티를 벌여 두 달간 170만 원을 벌었다고 과시하고 있다. 1970년대 중반 근로자의 평균 월급이 16만 원이 조금 넘었던 것을 고려하면 오미영 등의 소득이 상당한 고소득이었음은 쉽게 짐작할 수 있다.

오미영과 강영아가 떳떳하게 자신의 성노동 경험을 밝힐 수 있었던 것도 이런 고소득이 주는 자신감 때문이었다. 즉 오미영과 강영아의 글쓰기는 고도성장 시대의 성공 신화와 무관하지 않다. 오미영의 『O양의 아파트』가 〈팔도강산〉에서 드러났던 종류의, 국가 발전을 대중에게 과시하는 프로파간다적 시각을 가져올 수 있었던 것도 자신의 경제적 성공 때문이었다.

오미영의 자부심은 또한 자신의 노동이 정부로부터 인정받았다는 데서 비롯되었다. 당시 정부는 특히 외국인 관광객을 대상으로 한 성매매를, 묵인을 넘어서 적극적으로 관리했다. 1962년 〈관광사업진흥법〉 개정 이후 1960년대부터 해외 관광객을 대상으로 한

여성 접대가 외화를 버는 중요한 수단으로 자리 잡았고 이에 정부
는 이들에게 야간 통행증을 발급하고 접객 업무 교육을 실시하기
도 했다.[41] 외화 벌이를 둘러싼 정부와의 공모 의식은 호스티스들
에게도 다음과 같이 자부심의 형태로 드러나 있다.

이 손님들은 한국이란 나라가 아직도 약소국으로 인식하고 있다. 따라
서 오늘밤 너희들이 취하는 행동 여하에 따라 이들의 인식이 좌우된다.
너희는 중진국 여성답게 의연한 자세를 보여야 한다. 그렇다고 그들의
요구를 거부하라는 건 아니야. 그들을 즐겁게 해주기 위해 마음껏 봉사
하고 틈틈이 한국을 선전해라. 오늘의 너희들은 민간 외교 사절이나 다
름없다는 사명감을 갖고 요령껏 행동해 주기를 바란다.[42]

『O양의 아파트』의 오미영도 관계 당국에서 요정의 기생들을 모
아 놓고 예법 강의를 했으며 그 가운데 극작가 L이 들려준 평양 기
생의 이야기를 인상적으로 들었다고 말한 바 있다. 이들의 자부심

---

41 군사정권의 매매춘 정책은 금지(단속, 처벌, 수용)와 묵인, 관리의 축으로 실행되었
다. 정부는 1968년 대표적인 윤락가인 종로 3가를 철폐하고자 했지만 종로 3가는 대
부분 남아 정부의 묵인의 형태로 지속되었다. 1970년대로 가면 국제정치의 변동 특
히 닉슨 독트린 이후 주한미군의 감축으로 기지촌 중심의 성산업이 위축되고 대만이
일본, 미국과 국교를 단절하면서 대만으로 가던 일본, 미국의 '남성' 관광객들이 한국
으로 몰려와 한국의 기생 관광은 더욱 확대되었다. 이에 정부는 기생 관광을 소극적
으로 묵인하는 데 그치지 않고 적극적으로 관리하기 시작했다. 박정미, 「한국 성매매
정책에 관한 연구: '묵인-관리 체제'의 변동과 성판매 여성의 역사적 구성, 1945-
2005」, 서울대 박사학위논문, 2011.
42 강영아, 『현지처』, 234쪽.

은 자신들이 국가에 의해 일정한 임무를 부여 받은 당당한 국민임을 인증 받았다는 의식에서 비롯되었다. 정부가 외화를 버는 성매매 여성들을 애국자, 민족주의자로 허울 좋게 포장했다는 사실은 잘 알려져 있다.[43] 이들의 민족의식이나 국민으로서의 정체성은 곳곳에서 드러나 있다. 이들은 미국인 관광객보다 일본인 관광객을 더 부정적으로 묘사하고 일본인 관광객에 대한 분노를 표출하기도 한다. "아냐. 딴 건 참을 수 있지만 조센징 소리를 듣구는 나도 참을 수 없어. 우리가 아무리 왜공주 노릇을 하지만 우린 떳떳한 대한민국 국민이야."[44]

자신을 '떳떳한 국민'으로 지칭하고 국가가 부여한 사명에 자부심을 느끼는 것은 분명 모순적이다. 일단 국가는 이들을 보호할 만한 가치가 있는 대상으로 여기지 않았고, 이들에게 주어진 교육이나 신체 관리도 외국인들의 편의와 오락을 위한 관리에 불과했기 때문이다. 그러나 오미영, 강영아가 갖고 있던 국민으로서의 자부심은 정권에 대한 충성심이나 투철한 민족주의의 발로라기보다는 타인으로부터 그들의 행위를 정당한 노동으로 인정받고 싶어 하는 욕망의 표현으로 볼 수 있다. 오미영은 자신과 동료 성노동자들을 기생으로 지칭하곤 했는데 이들은 기생 관광이라는 유행어[45]에서

---

43 강준만, 『매매춘, 한국을 벗기다: 국가와 권력은 어떻게 성을 거래해 왔는가』, 인물과 사상사, 2012, 101쪽.

44 위의 책, 244쪽.

45 기생 관광이라는 용어는 정부에서 사용한 공식적인 용어는 아니다. 기생 관광이라는 용어는 1970년대 초에 일종의 시사용어가 된 이래로 세간에서 널리 사용되었다.

유래된 '기생'이라는 정체성을 비교적 긍정적으로 받아들이고 있었다. '기생'은 특히 일본인 관광객들에게는 식민지 향수를 불러일으키게 하는 용어이지만, 이들 성노동자들에게도 기생이란 용어는 자신들의 존재를 한국적 전통과 접속시키는 긍정적인 용어였다.

이들의 인정 욕망은 텍스트에서 이들의 가족의 이야기가 거의 나오고 있지 않는 데에서도 역으로 확인될 수 있다. 오미영의 경우 자신의 수입으로 가족들의 생계를 이어갈 수 있었던 것은 물론 자신이 모은 돈으로 어머니에게 식당을 차려 주기도 했지만 아버지의 죽음 이외에 여타의 가족의 이야기는 등장하지 않고 있다. 딸의 성노동에 기대어 모든 가족들이 생존할 수 있었지만 가족에게 딸의 일은 타인에게 언급할 수 없는 것이었다. 오미영의 이야기에서 가족의 이야기가 삭제된 것은 가족을 보호하려는 의도도 있었겠지만 무엇보다 가족으로부터 인정받지 못했기 때문이다. 즉 오미영과 강영아는 가족의 울타리에서 공식적으로 축출된 이들이었다.

자신이 인정받지 못한 소외된 사람이라는 인식은 오미영에게 주변에서 자신과 비슷하게 소외된 사람들을 발견해내는 사회의식으로 발전되기도 한다. 『O양의 아파트』에는 오미영이 설날을 맞아 쓸쓸하게 명절을 보내는 가정부들을 만나 그들의 이야기를 듣는 장면이 삽입되어 있다. 가정부들은 주인집 아들에게 성폭행을 당하고 임신하게 된 사연, 가정부로 들어갔다가 본처가 된 사연, 현대적 가정의 가정부로서 안정된 삶까지 오미영에게 자신들의 사연을 마치 인터뷰하듯 털어놓는다. 이 장면에서 오미영은 YWCA의 가정부 실태 조사를 인용하기도 하고, 가정부들과의 대화를 마치 인터뷰처럼 싣고 있다.[46] 성노동자인 오미영이 자기 숙소 주변의 집들을 찾아다니며 가정부들과 만나고, 그들과의 대화를 자신의 수기에 삽입한 점은 전체 구성상 매우 어색하다. '세모에 뜻깊은 일을 해보고 싶다는' 의도에서 가정부들을 마치 기자처럼 인터뷰하고 그들의 고용 형태와 급료, 나이와 학력 등의 통계를 제시하는 내용들은 이 책에 출판사 편집자의 의도가 개입한 결과로 보인다.

이런 구성상의 어색함에도 오미영의 서술을 액면 그대로 인용하자면 오미영이 가정부들을 인터뷰하게 된 것은 "나와 같이 불우한 여성"을 위로하고자 하는 의도에서 나온 것이었다. 오미영이 특별히 가정부들을 자신과 같은 유형의 불우한 여성으로 지목한 이유는 밝혀져 있지 않지만, 가정부와 같은 가사사용인家事使用人[47]의 노동은 1970년대 여성 노동의 여러 유형들 가운데서 성노동과 마찬가지로 가장 내밀한 사적 영역에서의 노동, 즉 가장 사적인 영역의 일을 담당한다는 점에서 유사성을 갖고 있다. 오미영이 수집한 사례를 보면 가정부들은 노동의 범위가 정해져 있지 않고 주인의 심기를 살펴야 하는 감정 노동을 하며, 많은 경우 남성 주인들에게 성적 폭력을 경험하며 운이 좋은 경우 주인의 본처가 될 수도 있었다. 오미영이 가정부 인터뷰는 결과적으로 이 수기의 현실감을 떨어뜨리는 요인이 되었지만, 당시의 공식적으로 노동자 혹은 근로자로 인정되지 않던 이들과의 연대감 형성을 시도하고 있다는 점

---

46 오미영, 『O양의 아파트』, 209~218쪽.
47 가사사용인이란 용어는 가정에 고용되어 가사일에 종사하는 사람을 가리키는 법률적 용어이다.

에서 확장된 노동운동의 가능성을 매우 미미하게나마 내포하고 있다. 그러나 당시에 성노동자들이나 가사노동자들이 공식적인 노동운동이나 정치적 저항운동의 주체가 될 수 있다는 발상은 존재하지 않았고, 이들에 대한 오미영의 연대 의식도 '나와 같이 불행한 여성'들에 대한 막연한 동질감 정도를 가질 뿐이었다. 박정희 정권 시기 크고 작은 성노동자들의 저항의 움직임은 있었지만 자연발생적인 시위와 반발의 움직임을 제외하고는 정부와 사회의 억압에 저항하는 체계적인 성노동자 운동의 가능성은 요원했다.[48]

이렇듯 이들 성노동자들의 정체성은 여러 가지 요소로 중첩되어 있다. 경제적으로 성공한 호스티스, 국가의 부름을 받는 외화 벌이 역군이자 애국자, 남성들과 가족에 의해 희생된 불운한 여성(노동자), 미모와 기예를 갖춘 일급 기생까지, 이런 정체성은 가족을

------

48 이 당시의 성노동자들의 저항운동이 전혀 없었던 것은 아니다. 전면적인 '저항'이라고 일컬을 수 있을 정도로 일정한 규모를 갖춘 성노동자들의 시위는 다름 아닌 미군 기지 주변의 기지촌 여성들에 의한 시위였다. 캐서린 문(Katharine H.S. Moon)이 지적했다시피, 기지촌 내에서 특히 1960년대의 경우 국가의 권위는 상대적으로 취약했다. 기지촌 여성들은 국가의 권위를 인정하지 않았으며 정부도 기지촌 주변에서 일어나는 사건들에 대해 방임 정책으로 일관했기 때문이었다. 기지촌에서 일어난 시위 중에서 매우 큰 규모였던 것으로는 1971년 미군의 매춘 여성 살해로 인해 촉발된 시위를 들 수 있다. 이 시위 사건 이후 기지촌 정치학에서 매춘 여성들이 저항의 주체로 공식 인정되었다고 캐서린 문은 말한다. 캐서린 H. S. 문, 『동맹 속의 섹스』, 이정주 옮김, 삼인, 2002, 212~123쪽. 이 밖에 기치촌의 성노동자들의 자치 조직 운동도 저항운동의 범주에 넣을 수 있다. 1960년대부터 기지촌의 성노동자로 살았던 김연자는 동료들을 규합해 꿀벌자치회를 만든 바 있기도 하다. 이 자치 조직은 대외적인 저항 활동보다는 기지촌 내에서 성노동자들의 상호부조와 권익을 대변하는 역할을 했다. 김연자, 『아메리카 타운 왕언니 죽기 오 분 전까지 악을 쓰다』, 삼인, 2005.

부양했고 경제력을 갖추었다는 자부심과 떳떳하지 못한 노동을 어쩔 수 없이 하게 되었다는 피해 의식 사이를 오간다. 그러나 무엇보다도 오미영의 소망은 '결혼'하여 평범하고 안정적인 가정을 이루는 것이었다. 『현지처』의 강영아도 결혼에 대한 소망을 갖고 있다. 오히려 결혼이라는 소망을 달성한 것은 강영아였다. 오미영은 결국 결혼의 소망을 이루지 못하고 미국으로 떠났지만, 강영아는 재일교포 형준과 결혼해 가정을 이루었기 때문이다.

낭만적 사랑과 결혼에 대한 환상은 성노동자들뿐만 아니라 당시 대부분의 여성들 사이에서 공유되어 있으며, 일반적으로 자본주의적 가부장제가 유지되기 위한 중요한 장치이다. 오미영과 강영아 역시 사랑하는 남성을 만나 결혼하고 안정된 가정을 이루고 싶다는 결혼에 대한 판타지를 갖고 있지만 또한 이들은 결혼에 대해서 매우 조심스러운 입장을 취함으로써 결혼 제도에 진입하기 어려운 자신을 보호하려는 태도를 보이기도 한다. 그녀들에게 계약 결혼이 아닌 '정식으로' 청혼하는 남성들이 간혹 등장하지만 오미영과 강영아는 자신들이 이미 결혼 시장에서 배제되어 있는 처지라는 점을 잊지 않고 그들 남성들의 진정성을 가늠하려는 매우 현실적인 태도를 보인다. 즉 이들은 결혼에 대한 판타지를 갖고는 있지만 이 판타지와 현실 사이의 거리를 충분히 인지하고 있는 것이다.

이들의 글쓰기에서 결혼의 가능성에 대한 회의가 존재하지만 기본적으로 그들이 가부장제 사회에서 결혼에의 판타지 그리고 우여곡절 끝에 결혼해서 행복을 찾는다는 여성 성장 서사의 기본적인 마스터 플롯을 완전히 뿌리치기란 어렵다. 결국 『현지처』의 강영아는 '정식으로' 결혼하게 된다. 성매매 여성이 결혼함으로써 성노동을 그만두고 사회에 정상적으로 편입된다는 결말은 일견 성노동자들을 '결혼'시키거나 다른 직종에 취업시킴으로써 교화해야 한다는 정권의 기본적인 입장과 유사하다. 박정희 정권기, 성노동자들에 대한 국가의 유일한 '보호'는 다른 직종에 취업을 시키거나 강제로 결혼을 시키는 것이었고 그것을 일컬어 자활과 선도라 불렀다.[49] 그러나 정부의 강제적 자활과 선도와는 달리, 강영아의 결혼은 자신의 인생을 적극적으로 그리고 주체적으로 개척한 결과이다. 또한 강영아의 이야기가 비록 결혼의 판타지를 재확인하는 것으로 끝난다 하더라고, 그것은 매춘 여성들에 대한 가부장제의 비근한 상상력, 즉 불쌍한 매춘 여성을 구제해야겠다는 대중의 상상력[50]을 전복시킨다.

강영아의 결혼은 강영아 자신의 노력에 의해 성취된 것으로 서사화된다. 강영아와 연인 관계에 있었던 재일교포 형준은 보스의 딸인 일본인 아내와의 애정 없는 결혼으로부터 도피하여 서울로 와 국숫집을 운영하던 영아를 찾는다. 형준을 쫓아온 일본인 아내는 우여곡절 끝에 남편의 이혼 요구를 들어주고 마침내 강영아와

---

49 한국에서도 1962년 〈윤락방지법〉 제정 이후 성매매 여성들을 탈성매매하기 위한 보호시설을 만들어 이들을 '선도'하기 시작했다. 부녀보호지도소 등으로 이름 붙여진 이 보호시설은 성매매 여성들을 취업시키거나 결혼을 알선하기도 했다. 이 보호시설은 명칭과는 달리 처벌보다 가혹한 보호를 시행했고 이 시설에서는 탈출을 기도하거나 자살을 시도하는 이들이 속출했다. 박정미, 앞의 논문, 184~191쪽.

50 멜리사 지라 그랜트는 불쌍한 매춘부라는 신화는 페미니스트들에 의해서도 재생산되어 왔다고 언급한다. 멜리사 지라 그랜트, 앞의 책, 50쪽.

형준은 결혼하게 된다. 마치 소설처럼 극화되어 있는 이 수기의 엔딩은 영아가 결코 형준으로부터 구원을 받은 것이 아니라 국숫집을 성공적으로 운영하고 있던 강영아가 일본에서의 모든 권리를 포기하고 자신을 찾아 온 형준을 거두어 주는 형국이다. 강영아 스스로도 자신이 모든 어려움을 뚫고 결혼한 것에 대해 자랑스러워하며 훗날 자신의 자녀들에게 "호랑이 굴에 들어가더라도 정신만 차리면 된다"고 자신 있게 하겠노라고 말한다.[51]

결국 강영아의 결혼이나 오미영의 미국행은 성노동자 여성들을 묘사하던 기존의 서사적 구성을 전복시키고 있다. 그녀들은 더 이상 불쌍하고 가련하게 희생된 이들도 아니고, 타락한 과거를 뒤로하고 남성들(혹은 정부 기관)에 의해 구제된(혹은 선도된) 이들도 아니다. 이들은 자신들을 자기 삶의 행위자로 위치시킨다. 그 행위들이 성매매에 대한 동의된 강제일 수도 있고 혹은 도덕적으로 타락한 행위일 수도 있다. 그럼에도 비록 결과적으로는 실패했을지라도 그들은 자신의 삶에 행위자성을 갖고자 노력했고 그녀들의 어떤 선택들은 자본주의적 가부장제 내에서 생존하기 위한 그녀들의, 상황 속의 '선택'이었음을 오미영과 강영아는 자신들의 삶 속에서 애써 외치고 있었다.

---

51 강영아, 『현지처』, 294쪽.

6. 성노동자의 이야기에서의 수기, 고백, 소설의 함량

　오미영과 강영아의 이야기들은 당시에 고백 수기, 수기 소설 등의 혼종적인 장르로 지칭되기도 했다. 이미 2장에서 논의했듯이 이들의 이야기에는 소설과 수기 그리고 고백 가운데서 그 어느 것으로도 특정하기 어려운 장르적 비확정성이 있었다. 이런 다양한 혼종적 장르적 명칭의 사용은 이 단행본들에 관련해 윤리적 문제들이 내포되어 있음을 암시한다. 1970년대에 '수기'는 체험의 당사자가 자신의 고통스러운 경험을 전면적으로 내세움으로써 독자로 하여금 거기에 대해 쉽게 윤리적인 가치판단을 할 수 없게 만드는 글쓰기였다. 반면에 허구적 장르인 '소설'은 서술자 혹은 저자가 내용의 진실성에 책임지지 않아도 되는, 즉 독자들이 텍스트 속의 삶에 대해 윤리적 의식 없이 마음대로 논평할 수 있는 장르였다. 독자들은 소설의 내용에 대해 비교적 쉽게 논평할 수 있는 것은 물론 설사 독자들이 비난하더라도 저자 혹은 서술자는 책의 내용이 허구라는 점을 내세워 안전하게 자신을 숨기고 비호할 수 있다.

　마지막으로 고백은 윤리적인 측면에서 가장 문제적인 글쓰기이다. 푸코가 언급하듯 고백은 권력 안에서 전개되는 의식이다. 다시 말해, 고백은 진술의 행위를 통해 속죄되고 영혼이 정화되며 해방되고 구원을 약속받는다.[52] 수기, 소설, 고백 사이에서 오미영과 강영아의 글쓰기는 비확정적으로 흔들리고 있는데, 어느 하나의 장

---

52 미셸 푸코, 『성의 역사: 제1권 앎의 의지』, 이규현 옮김, 나남출판, 1996, 79쪽.

르로써 이들의 글쓰기를 규정하기보다는 이들의 글쓰기에 수기, 소설, 고백이 각각 다른 함량 비율로 모두 존재한다고 보아야 한다. 수기, 소설, 고백 가운데서 오미영과 강영아의 글쓰기에서 가장 함량의 비율이 낮은 것은 바로 '고백'이다. 이들은 자신들의 성노동을 부끄러워하고 그로 인해 발생된 자신의 흠결을 분명히 의식하고 있었다. 그러나 이들에게 분명 부끄러움은 있지만 그들에게서는 매순간 자존감과 행위자성을 잃지 않으려는 노력이 있었고, 그래서 그들은 주눅 들지 않은 채 비교적 자신 있게 자신의 체험을 서술한다. 폭력적인 남성 고객에게 "남의 인생을 깔보시는 건 무슨 권리일까요?"[53]라고 항의하는 오미영의 말은 성노동자들 특유의 세련되지 않은 단순하고 투박한 자기표현이지만, 가부장제 윤리라는 권력에 대한 순응이라기보다는 항변에 가깝다.

성노동자들의 수기가 출간되었을 때 독자들은 이 수기 혹은 소설에서 그들의 내밀한 성적 모험을 간접 체험하기를 기대했고, 그 덕에 이 단행본들은 베스트셀러가 될 수 있었다. 실제 이 단행본의 독자들은 연민과 관음증적 시선으로 이 텍스트들을 독해하고 의미화 했을 가능성이 컸다. 이 수기들을 원재료로 차용한 호스티스 영화들 역시 관음증적 시선과 연민의 시선 그리고 원작에 내재되어 있던 성노동자의 당당한 목소리가 뒤섞여 제작되었다. 이 서로 다른 시선들은 종종 호스티스 영화들 안에서 충돌을 일으켰지만, 관객들은 일관적이지 않은 이들 텍스트에서 매순간마다 자신들이 보

---

53 오미영, 『O양의 아파트』, 56쪽.

고 싶은 것을 선택해 볼 수 있었다. 성노동자들의 수기에 대한 대중들의 관음증적 소비가 없었던 것은 아니지만, 결론적으로 이 시대 성노동자들의 수기에서 정당한 노동으로 등재되지 않은 성노동자들의 고통과 혼란과 항변을 읽을 수 있다. 그들은 인정받고 싶다는 욕망과 자신을 핍박하는 가부장제에 대한 저항 의지 사이를 오가며 수기-소설이라는 특별한 혼종적 형식 속에 자신들의 목소리를 삽입시켰다. 이른바 문학의 장 내부에서 자신의 몫을 절대 가질 수 없었던 혹은 유령 취급당했던 어떤 성노동자들이 자신의 존재를 사회에 등재시키는 광경을 '오미영'과 '강영아'의 소설화된 자기 서사에서 목격하게 된다.

참고문헌

강영아, 『현지처』, 대중출판사, 1977.

강준만, 『매매춘, 한국을 벗기다: 국가와 권력은 어떻게 성을 거래해왔는가』, 인물과
     사상사, 2012.

고정갑희, 『성이론: 성관계·성노동·성정치』, 여이연, 2011.

그랜트, 멜리사 지라, 『성노동의 정체경제학』, 박이은실 옮김, 여문책, 2017.

김성환, 「1970년대 노동 수기와 노동의 의미」, 『한국현대문학연구』 37집, 2012.

_____, 「1970년대 논픽션과 소설의 관계 양상 연구: 『신동아』 논픽션 공모를
     중심으로」, 『상허학보』 32권, 2011.

김연자, 『아메리카 타운 왕언니 죽기 오 분 전까지 악을 쓰다』, 삼인, 2005.

김한상, 『조국근대화를 유람하기: 박정희정권 홍보드라이브, 〈팔도강산〉
     10년』, 한국영상자료원, 2008.

문, 캐서린 H. S., 『동맹 속의 섹스』, 이정주 옮김, 삼인, 2002.

박정미, 「한국 성매매 정책에 관한 연구: '묵인-관리 체제'의 변동과 성판매 여성의
     역사적 구성, 1945-2005」, 서울대 박사학위 논문, 2011

배러클로프, 루스, 『여공 문학』, 김원·노지승 옮김, 후마니타스, 2017.

배리, 캐슬린, 『섹슈얼리티의 매춘화』, 정금나·김은정 옮김, 삼인, 2009.

배은경, 『현대 한국의 인간 재생산: 여성, 모성, 가족계획 사업』, 시간여행, 2012.

배하은, 「1980년대 문학의 수행성 연구」, 서울대박사학위논문, 2017.

벌로, 번· 벌로, 보니, 『매춘의 역사』, 서석연·박종만 옮김, 까치, 1995.

브룩스, 피터, 『육체와 예술』, 이봉지·한애경 옮김, 문학과지성사, 2000.

애벗, H. 포터, 『서사학 강의』, 우찬제 외 옮김, 문학과지성사, 2010.

오미영, 『O양의 아파트』, 한국독서문화원, 1976.

이상록, 「박정희 체제의 '사회정화' 담론과 청년 문화」, 장문석·이상록 편, 『근대의
     경계에서 독재를 읽다: 대중독재와 작정희 체제』, 그린비, 2006.

이재인 엮음, 『성매매의 정치학: 성매매특별법 제정 1년의 시점에서』, 한울아카데미,
     2006

이혜정, 「1970년대 고등교육을 받은 여성들의'공부'경험과 가부장적 젠더규범」,
　　『교육사회학연구』, 한국교육사회학회, 2012

장성규, 「1980년대 노동자 문집과 서발턴 작가의 자기 재현 전략」,『민족문학사연구』
　　50권, 2012

정현백, 「여성노동자의 의식과 노동세계: 1970년대의 노동자 수기를 중심으로」,
　　『노동운동과 노동자 문화』, 한길사, 1991.

천정환, 「서발턴은 쓸 수 있는가: 1970~1980년대 민중의 자기 재현과 "민중문학"
　　재평가를 위한 일고」,『민족문학사연구』47권, 2011.

푸코, 미셸,『성의 역사: 제1권 앎의 의지』, 이규현 옮김, 나남출판, 1996.

한홍구,『유신-오직 한 사람을 위한 시대』, 한겨레출판, 2014.

홍성식, 「서발턴의 생활글과 문학문학론의 재구성」,『한국문예비평연구』제38집, 2012.

7장

1980년대와 '그녀들':

구술 자료를 통해 본
대학생 출신
여성 활동가들의 서사

/ 김원

1.

이 글에서는 1980년대 학출 노동자(혹은 대학생 출신 노동자) 경험을 했던 여성들의 구술 자료를 통해, 1980년대 운동 경험, 곧 운동가이자 여성으로서 겪었던 체험을 그녀들이 현재 어떤 방식으로 의미화하고 있는지 살펴보고자 한다. 386세대 담론이 등장한 것이 1990년대 후반이라면, 이들이 50대가 된 2010년대 들어서 586세대들에 대한 부정적인 담론이나 이들이 신자유주의 이후 한국 사회에 미친 부정적인 영향에 대한 본격적인 연구들이 눈에 띈다.[1] 1980년대 변혁 운동에 대한 연구들이 2000년대 이후 적지 않게 나왔지만, 1980년대 지식인의 경험, 특히 노동 현장으로의 존재 이전에 대한 기록이나 연구는 그다지 많지 않다.[2] 상당수 연구들이 변혁

• 이 글은 「80년대와 '그녀들': 대학생 출신 노동운동과 '강했던 여성들'」, 『역사학연구』 29호, 2015를 부분적으로 수정한 것임을 밝힌다.

1 김원, 「학생 권력: 무반성의 신화들」, 『당대비평』 11호, 2000; 이철승, 『불평등의 세대: 누가 한국 사회를 불평등하게 만들었는가』, 문학과 지성, 2019.

2 방현석, 『아름다운 저항: 방현석의 노동운동사 산책』, 작은책, 1999; 이남희, 『민중 만들기: 한국의 민주화운동과 재현의 정치학』, 이경희, 유리 옮김, 후마니타스, 2015; 유경순, 『아름다운 연대: 들불처럼 타오른 1985년 구로동맹파업』, 메이데이, 2007; 김원, 『잊혀진 것들에 대한 기억』, 이매진, 2011; 김원 편, 『민주노조, 노학연대 그리고 변혁: 1980년대 노동운동의 역사』, 한국학중앙연구원 출판부, 2017; 박현귀, 「80년대 변혁운동가들의 정체성 변화과정: '운동권' 출신의 여성 모임을 중심으로」, 서울대 인류학과 석사논문, 1997; 오하나, 『학출: 80년대, 공장으로 간 대학생들』, 이매진, 2010; 권인숙, 『대한민국은 군대다: 여성학적 시각에서 본 평화, 군사주의, 남성성』, 청년, 2005; 김상숙, 「1980년대 대구지역 여성 노동운동가들의 노동운동 경험과 의식」, 『지역사회학』 15, 2014 등 참조. 최근 연구로는 이광수, 「1980년대 부산지역 노동운

운동사의 재구성, 주체의 재현 등에 초점이 맞춰져 있었지만, 이 와 중에도 구로동맹파업('구동파'로 약칭하기도 한다) 당시 여성 노동자 들과 함께 투쟁에 참여했던 대학생 출신 여성 활동가들의 기억[3]이 나 2010년대 이후 지식인 남성들의 1980년대 이후 자기 생애사에 대한 자전적인 기록[4] 혹은 이에 대해 해석도 드문드문 눈에 띤다.[5] 물론, 상당수 기록은 남성 활동가, 특히 현재도 자기 기록을 생산하 고 있는 남성들의 공식적인 서사를 중심으로 이뤄지는 것이 보통 이다. 부천서 성고문 사건에 대한 권인숙의 기록을 통해 짐작할 수 있듯이, 여성이라는 정체성은 감춰야 할 무엇에 가까웠다. 이에 따 라 '여성'이라는 젠더 정체성은 부차화되고 집합적 주체인 민중이 우선시되는, 이른바 '민중-여성'이란 위치가 보편화됐다.[6]

이런 맥락에서, 2015년에 출간된 유경순의 『1980년대, 변혁의 시간, 전환의 기록 1, 2』(봄날의박씨, 2015)은 그간 잘 알려져 있지

　　동에서 학출 활동가의 노선과 실천: '실-반실' 논쟁을 중심으로」, 『항도부산』 42, 2021; 이한나, 「1980년대 학출 여성 노동자의 '도덕'과 연애 감정」, 『동악어문학』 77, 2019; 오현석, 「최초의 노동장편 소설 안재성의 『파업』에 드러나는 '학출'의 문학적 형상화 연구」, 『人文研究』 83, 2018 참조.

3　유경순, 『같은 시대, 다른 이야기 : 구로동맹파업의 주역들, 삶을 말하다』, 메이데이, 2017.

4　류동민, 『기억의 몽타주: 서울 1988년 여름, 말한 것과 말하지 않은 것』, 한겨레출판, 2013; 이건범, 『내 청춘의 감옥: 시대와 사람, 삶에 대한 우리의 기록』, 상상너머, 2011; 김명인, 『내면 산책자의 시간: 김명인의 런던 일기』, 돌베개, 2013.

5　김원, 「80년대에 대한 '기억'과 '장기 80년대': 지식인들의 80년대 해석을 중심으로」, 『한국학연구』 36, 2015.

6　권인숙, 『하나의 벽을 넘어서』, 거름, 1989.

않았던 여성 활동가들의 구술 생애사를 담고 있다는 점에서 주목할 만한 연구라고 할 수 있다. 이 책에 대한 상세한 평가들은 출간 직후부터 이미 여러 매체에서 다뤄졌다.[7] 특히 역사문제연구소에서도 저작 비평회 형식으로 책에 대해 이모조모 살펴본 바 있고 나도 같이 참여한 바 있다.[8] 1권은 1980년대 변혁적 노동운동을 다룬 유경순의 학위논문을 재구성한 것으로 1980년대 운동사에 대한 평가이며, 2권은 운동사 안에 존재했던 학출들의 '오늘날의 기억'들이다. 제목에 나오는 "변혁의 시간"은 '1980년대'라는 시대를, "전환의 기록"은 1980년대 이후 구술자들의 정체성의 변화를 지칭하는 것이리라.

내용을 좀 더 간략히 소개하자면 1권 1부에서는 1980년대 정치조직의 활동에 대해 정리하는데, 대학생 출신 노동운동의 시작인 1970년대 후반에서 시작해 1980년 광주를 거쳐, 한국노동자복지협의회('노복협')와 구동파 등을 다뤘다. 특히 1970년대 민주 노조운동과 1980년대 학출 중심의 노동운동 간의 노선, 활동상의 대립을 거쳐 1980년대 중반에 이르러 대규모로 조직적으로 이뤄진 "노동 현장 투신"을 분석했다. 더불어 1권 2부에선 1987년을 전후로 변혁적 노동운동의 형성과 분화를 이른바 '정파'(인민노련, 사노맹,

---

7 이 책에 대한 본격적인 평가는 이재성, 「왜 다시 1980년대를 말해야 하는가 : 『1980년대, 변혁의 시간 전환의 기록』」, 『황해문화』 통권88호(2015년 가을); 장미현, 「희망세대의 재현과 절망세대의 재현」, 『실천문학』 겨울호, 2015 등이 있다.

8 『좌담: '학출'의 삶을 통해 1980년대를 역사화하다』, 이상록, 김원, 황병주, 장미현, 유경순, 『역사문제연구』 34, 2015(이하 『좌담』으로 표기).

보임다산 등)를 중심으로 다루고 있다.[9] 더불어 정치조직 내부의 규율과 배타성 문제도 다루고 있지만, 주로 변혁적 노동운동 정파의 주요 흐름을 당시 자료, 문건 그리고 구술 자료 등을 활용해 가급적 거리를 두며 평가하고자 했다.

1권에서 아쉬웠던 지점은 학출 노동자와 현장 노동자 간의 관계, 더 정확하게는 '노동자가 본 학출 노동자'에 대한 서술이다. 물론 전작 『같은 시대, 다른 이야기』(메이데이, 2007)에서 부분적으로 서술된 바 있지만 다소 정형화된 노동 현장 진입, 변혁 운동 조직 내 구조만으로 서술된 점은 앞으로 추가적 연구가 필요한 지점이다.[10]

---

9 '인민노련'(인천지역민주노동자연맹)은 1987년 인천 지역을 중심으로 조직된 노동운동 조직이다. 변혁 운동의 한 축인 PD(민중민주)계열의 하나로 민주노동당으로 대표되는 합법적 진보 정당 설립 운동을 주도했다. 1987년 1월 박종철 고문치사 사건 발생 이후 곧바로 '살인·고문 정권 타도를 위한 인천노동자투쟁위원회'를 결성, 서울 지역 원정 시위를 벌였다. 이들이 '인민노련'의 모태가 되었다. 1987년 6월 26일, 인천의 부평역 앞 광장에서 노동자 5천여 명이 참가한 가운데 인민노련을 결성해 반제국주의, 반파시즘 민중민주주의를 노선으로 내세웠다. 자세한 내용은 윤철호, 『인노련사건 윤철호 옥중편지 모음집 : 나는 겨울잠을 자러 들어온 곰이로소이다』, 일빛, 1991; 인천지역민주노동자연맹, 『('87.'88년) 정치 위기와 노동운동 : 인천지역민주노동자연맹 선집』, 거름, 1989. 다음으로 '사노맹'(남한사회주의노동자동맹)은 과거 제헌의회 그룹 소수파가 중심으로, 1988년 4월 '사노맹출범준비위원회'를 결성하고, 사회주의를 내건 노동자계급의 전위 정당 건설을 목표로 삼아 1989년 초까지 조직 정비 및 훈련에 집중하고, 이후 대중 사업의 활성화에 나서 경인 지역 외에도 마산·창원·울산·부산·포항·대구·구미 등으로 조직을 확대해 나갔다. 중앙위원회·편집위원회·조직위원회·지방위원회 등의 정규 조직과 노동문학사·노동자대학·민주주의학생연맹 등의 외곽 조직으로 이루어져 있었다. 자세한 내용은 조희연, 『현대 한국 사회운동과 조직 : 통혁당·남민전·사노맹을 중심으로 본 비합법 전위조직 연구』, 한울, 1993 참조. 그 외에 보임다산 그룹에 대해서는 김원 편, 『민주노조, 노학연대 그리고 변혁: 1980년대 노동운동의 역사』, 한국학중앙연구원 출판부, 2017 등을 참조.

내가 특히 관심을 가지는 점은 1권에서 분석한 1980년대 정치 조직 운동의 전체적인 윤곽이라기보다, 50여 명에 걸친 구술자들이 1980년대와 이 시기 노동운동과 노동자들을 '현재 어떻게 기억하고 있을까'였다. 다행히 박사학위 논문이 출판되며 유경순은 나의 궁금증 가운데 일부를 2권을 통해 해소해 줬고, 이 글에서 살펴볼 대상은 1, 2권에 기록된 '강한 언니들', 책의 표현을 그대로 빌자면 "80년대 운동권 여자들"의 구술 자료 안에 들어 있는 서사들이다.[11] 왜 하필이면 1980년대 여성 활동가들인가에 대해 의아해할 수도 있으나, 유경순도 1980년대 당시 학출 '여성 활동가'였으며 무성화된 운동 주체로서 당시 자신의 활동을 성찰하려는 시도 ─ 유경순 자신도 2000년대 들어 여성주의 관점에서 여성과 노동문제를 연결시키려는 의식적인 노력을 기울이고 있다 ─ 가운데 이 책이 위치하고 있다. 그리고 무엇보다 이 책(특히 2권)에 실린 여성 활동가들의 구술 생애사는 인상적인 동시에 1980년대의 균열과 모순을 잘 드러내는 '징후적 독해' 대상이라고 나는 판단한다. 이런 이유로 '강한 언니들'에 대한 이야기로 논의를 풀어 가 볼까 한다.

1980년대와 '강한 언니들'이란 상징은 운동권 여성을 사유하는 관습적인 방식이다. 1980년대 후반을 배경으로 하지만 과거 인기

---

10 유경순 자신도 이 점을 거론하며 노동 현장에서 학출 노동자와 정치조직 내 학출 노동자를 구분하고, 마찬가지로 현장 조직과 정치조직 내 선진 노동자의 존재 근도도 별도로 분석해야 할 필요성을 제기한 바 있다(『좌담』, 290~300쪽).

11 유경순, 「1980년대, 변혁의 시간 전환의 기록 1」, 405쪽(이하 권수와 쪽수는 I, II와 숫자로 본문에 표기하도록 한다).

리에 방영되었던 "응답하라 1988"의 '보라 누나'가 그렇다. 보라는 똑똑하고 강하며 자의식이 강한 것으로 재현된다. 하지만 그녀는 중성화된 운동권 여성인 동시에, 이성애 대상으로서 남성에게 '여성답지 못함'으로 비난받는다. 똑똑하고 자의식이 강하며 거침이 없는 1980년대 '강한 언니'들은 지금 어떻게 살고 있고, 그녀들에게 1980년대는 어떻게 기억되고 있을까?

나는 '80년대 강한 언니들'의 구술 자료 안의 기억을 따라가는 방식으로 여성 활동가들의 서사를 재구성해 보고자 한다. 다시 말해서 '사실적 진실성' — "사실의 복원" "불명한 사실관계" 규명 등[12] — 의 문제보다 유경순과 동시대를 살아온 '역시 강했던 언니들'이 구성해 낸 1980년대 여성의 체험과 기억의 파편들을 2권에 실린 구술 기록 속에서 끄집어내 재구성해 볼까 한다. 내가 이런 행간의 빈틈을 선택한 이유는 1980년대 노동운동과 노동자들을 재현하는 데 있어서, 여성주의 언어의 부재나 결핍 때문에, 남성들의 형제애에 기반한 영웅적 노동계급의 형상화 이외의 방식으로는 이를 재현하기는 어렵다고 인정하는 경우가 연구자들 사이에 존재하기 때문이다. 하지만 나는 그 불가피성을 더는 인정해서는 안 되며, 1980년대 남성 운동가들이 쏟아 놓고 이제 '지배 서사'가 된 대문자 혁명이나 변혁 속에서 왜 여성들이 망각되거나 그들의 고통이 망각됐는지에 의문을 품으며 그 시절의 트라우마를 삼키고 있는 여성들의 체험과 서사에 주목해야 한다는 점을 강조하고 싶다.[13]

---

12 『1980년대, 변혁의 시간 전환의 기록 1』, 41, 44쪽.

유경순은 본격적으로 이 문제를 다루진 않았지만, 그 가능성을 앞의 책에서 시도하고자 했던 것으로 보인다. 앞서 소개한 좌담에서 유경순은 다음과 같이 진술한 바 있다.

80년대는 더 많은 개인의 이야기가 나와야 된다고 봐요 …… 그런 다양한 결들이, 개인이 같은 시대 공간이라고 얘기하지만 얼마나 다르게 숨쉬었는지, 이런 것들이 드러나는, 그래서 역사의 다양한 결이라는 형태들이 보이고. 소위 구술사가 얘기했던, 정말 경험했던 주체들을 주체화시키는 그런 방식 아닐까 그런 생각을 했어요. 그래서 질문했던 내용 안에서 본다면 1권과 2권을 나누었던 것도 그런 의도였고. 오히려 1권에서 내가 말할 수 없는 내용들을 그분들이 자기 삶으로 드러냈다. ……[14]

나는 '강한 언니들' 즉 '80년대 여성들의 운동 체험'을 재현해 냄에 있어서 그 가능성과 한계를 유경순의 책으로부터 추출해 보고자 한다. 다소 무리일 수도 있고 상상력이 개입될 여지가 있지만, '다른 눈으로' 유경순의 작업의 가능성을 평가하려는 시도로 이해해 주길 바란다.

---

13 노동운동에 참여했던 여성 활동가에 대한 최초의 접근은 아마도 박현귀, "80년대 변혁 운동들의 정체성 변화 과정: 운동권 출신의 여성 모임을 중심으로," 서울대학교 대학원 인류학과 석사학위논문, 1997일 것이다.

14 『좌담』, 253쪽.

2.

1980년대 사회운동의 재현과 관련해, 당시의 기억을 구술로 남긴 사람들은 대체로 남성들이다. 대부분 연구 목적이 1980년대 변혁적 노동운동을 둘러싼 사실관계를 복원하는 것이었고, 구술의 일차적 목적 역시 동일했던 것으로 보인다. 구술 면담에 익숙한 면담자는 어느 정도 체감하고 있겠지만, 남성과 여성이 자신의 과거 체험에 관해 이야기하는 방식은 매우 대조적이다. 여성은 구체적인 체험, 특히 가족, 형제, 주변으로부터 생애사를 이야기한다면, 남성은 공적 영역에서 자신이 한 일이나 관계된 일을 중심으로 구술하는 경향이 강하다. 단적인 예로 이 책의 2권에 2부(6인의 남성 구술자)와 4부(2명의 여성과 1명의 남성)에 제시된 1980년대 체험/평가는 극명하게 대조적인 모습을 보여 준다. 남성 운동가들의 경우, 아직도 현역 운동가로 활동하거나 다른 영역의 운동, 정치 활동에 참가하는 구술자가 많아서 자신의 구술이 '공식적인 역사'의 일부가 될 것임을 과의식적으로 사유하고 있다.

솔직하게 이야기하자면, 나는 남성 구술자들의 정형화된 1980년대 서사에 대해서는 큰 관심은 없다. 물론 유경순의 작업이 의미 없다는 것이 아니라 '개인과 역사'를 이어주는 구술 생애사의 화자로서 남성들은 그다지 매력적이지 않기 때문이다. 적지 않은 남성들은 이미 자신이 썼던 글이나, 공적인 현재의 지위에 매우 민감하며, 이에 따라 자기 검열도 강하다. 바꿔 말하자면 서사에서 진정성에 의구심이 갈 경우가 제법 존재한다. 이미 오랫동안 1980년대 운동사의 해석자는 남성 활동가나 연구자들이었고, 그 안에서 여성을 포함한 타자의 생애나 목소리는 이들이 이미 정해 놓은 '좌파의 입장'이나 '혁명적 태도' 등에 의해 숨겨져(가려져) 왔다.

앞서 소개한 좌담에서 1980년대 운동/조직의 역사와 개인의 역사에 관해 유경순은 더 많은 "개인의 역사"가 필요하다고 말한 바 있다. 나도 전적으로 동의하는 동시에, 특히 1980년대를 다르게 봐 왔지만 그것을 이야기하지 못한, 이 글에서 내가 실험적으로 다루는 여성들의 역사가 부각되어 기록되어야 한다. 아마도 2권의 2부 (6명)의 남성들의 생애사와 4부의 여성의 개인사가 형식적인 면 — 필자 구술 자료 인용본과 녹취록 형태의 편집본 — 으로 묘하게 교차하고, 독자가 2권의 4장(학출 활동가들의 구술 생애사)을 펼치고 읽는 순간에 예민한 독자들은 유경순의 배치 구조와 의도를 파악할 지도 모른다.[15]

그럼 본론으로 들어가서 2권의 4부에 실린 2명의 여성의 생애 사를 재구성해 보면서, 1980년대를 '공식적 운동사'와는 다른 결로 서사화할 수 있는 가능성에 대해 모색해 보도록 하자. 일단 두 명의 구술자의 삶과 서사를 추적해 보자. 먼저 심명화는 구술 내내 낙관적인 태도를 취하고 있는 듯하다. 물론 그녀의 영상이나 음성

---

[15] 2권은 1장에서 구술자들의 특징과 구술 자료의 성격을 구술 작업의 전반적인 전개, 면담 상황 그리고 자료의 성격을 구술자의 성장 과정과 시대 상황, 대학 문화와 학생 운동, 성별화된 학생운동과 노동운동, 학생운동과 정치조직의 연관성, 노동조합 결성 및 투쟁 관련 자료, 정치조직 운동과 대중 운동가들의 자료, 구술자의 개인 경험, 감성 과 의미화, 현재 의식 등으로 소개하고 있다. 2장은 구술자들의 현재 위치와 1980년 대의 경험을, 3장에서는 3인의 1970년대 학출 활동가의 구술 생애사를, 4장에서는 1980년대 학출 활동가의 구술 생애사를 싣고 있으며, 그 가운데 2명은 여성들이다.

자료를 보지 못했기에 판단의 한계는 존재하겠으나, 심명화는 중산층 대가족에서 여성으로 태어나 지난한 가부장과 가족의 감시와 억압에 맞서 독립하고, "짠했지만" 자신과 매우 달랐던 노동자들과 1990년대 초반까지 10여 년간 했던 운동과 그 안의 삶에 대해 진지하게 이야기하며, 당시 체험이 현재 자신에게 어떤 의미인지 구술했다.

심명화는 1980년대와 1990년대 초반 인민노련에 소속된 여성 활동가다. 2남 2녀인 중산층 가정에서 태어난 그녀는 학생운동 시절부터 가족과의 불화로 가출, 서울과 부천 그리고 울산 등지의 주요 공단에서 노동운동을 했고, 1991년 한국사회주의노동당 활동 이후 운동을 정리했다.[16] 그녀의 이야기에서 특히 주목할 만한 서사는 두 가지다. 한 가지는 노동운동과 변혁 운동에 참여했던 것을 정리한 일에 대한 그녀의 현재 평가다. 그녀는 운동을 정리한 것을 "잘한 일"이라고 현재 기억하는 데, 그 이유는 운동권의 논리나 문화가 아닌 자율적 주체로서 "내 머리로 생각하게" 되었기 때문이다. 바로 변혁 운동가로 복무할 때 보지 못한 "새로운 게 많이 보여

---

16 한국사회주의노동당은 1991년 인민노련, 노동계급, 삼민동맹 등 비합법 사회주의 조직들이 공개적이고 합법적인 영역에서 정치 활동을 하기로 합의하고 '한국사회주의노동당' 창당 준비 위원회를 통해 조직된 정당 준비 조직이다. 창당 과정에서 당시 국가안전기획부에 전향서 등을 제출했다는 문제 등으로 논란이 되기도 했다. 이후 민중당과 합당해서 통합 민중당으로 1992년 총선에 참여했으나 당선자를 내지 못했다. 자세한 내용은 주대환, 『진보정치의 논리』, 현장문학, 1993 등 참조.

서 좋았다"고 현재 자신의 정체성을 규정한다.[17] 또 하나의 주된 생애 서사는 자기 세대의 역할에 대한 심명화의 생각이다. 1991년 사회주의권의 붕괴와 인민노련의 실패를 경험한 그녀는, "우리 시대의 역할은 사회주의권의 붕괴로 끝났다"고 담담하게 말한다. 심명화는 1980년대 변혁적 노동운동과 그 속에서 자신이 겪은 체험에 대해, "젊고 세상을 모름", 이전 세대 변혁 운동의 유산과 단절되어 1980년 광주 이후 "새롭게 태어난 젊은이"들, 그리고 학출이란 "존재 자체가 지배 체제에 공포"였다고 다층적인 의미를 부여하고 있다.[18] 그렇다면 무엇이 심명화란 여성 변혁 운동가의 현재 정체성과 1980년대에 대한 평가를 이와 같이 만든 것일까?

나는 크게 여성으로서 그녀의 체험, 1980년대 변혁적 노동운동에 내재한 조직 문화의 체험이 현재 그녀의 현재 정체성을 구성한 것이라고 해석하고 싶다. 먼저 여성으로서 체험, 좀 더 구체적으로 가부장적 가족과 운동 조직의 구성원으로서의 젠더 체험 등을 중심으로 정리해 보고자 한다. 유난히 내성적이었던 심명화는 "정의"에 민감했고 "반골" 기질이 있었지만, 1980년대 운동 조직에 걸맞은 기질을 지닌 인물은 아니었던 것으로 보인다. 그녀는 자신과 같은 내성적인 사람조차 변혁 운동에 참여할 수밖에 없던 것을 "시대" 때문이었다고 간명한 언어로 표현한다.[19] 그녀는 매우 담백하

17 『1980년대, 변혁의 시간 전환의 기록 2』, 446~447쪽.
18 『1980년대, 변혁의 시간 전환의 기록 2』, 444~445쪽.
19 『1980년대, 변혁의 시간 전환의 기록 2』, 405쪽.

게 자신이 변혁 운동에 참여하게 된 것을 1980년 광주 이후의 시대 상황 때문으로 설명하지만, 그 길은 출발부터 "수난"으로 가득 찼다. 예컨대, 이른바 학림 사건[20] 이후 딸이 어떤 활동을 하는지 알게 된 부친은 그녀가 외출하지 못하도록 삭발을 시켰고, 심지어 같은 대학에 다니던 형제들을 시켜 그녀가 학생운동을 하지 못하도록 감시를 했다고 한다. 그렇다 보니 매일 집에 돌아가는 길에 그녀는 "오늘은 어떻게 혼나나" 걱정했다.[21] 뒤에서 언급할 박정순이 경험했던 운동 참여에 대한 가족의 반대로 빚어졌던 심각한 갈등과 같이, 1980년대 당시 남성보다 여성은 가부장과 가족의 관리, 통제로부터 벗어나지 않고서는 운동에 참여할 수 없었다. 결국 운동에 참여하려 했던 이들이 선택했던 길은 '가출'이란 형태를 띠었고. 심명화 역시 그런 상황에서 집을 뛰쳐나온 — 실제로는 집에서 쫓겨난 — '강했던 여성'들 가운데 한 명이었다.

가출 이후 그녀는 "운동가의 삶의 코스"를 한 발자국씩 따라갔다. 그러나 가부장의 보호에서 벗어난 그녀는, 중산층 가족 안에서 감지하지 못했던 공포를 일상적으로 느꼈다. 대표적인 사례가 동대문에서 자취 생활을 할 때 빛도 비치지 않던 자취방에서 겪은 공

---

20 학림 사건이란 1981년에 신군부 세력이 민주화 운동을 탄압하기 위해 학생운동 조직 등을 반국가단체로 몰아 처벌한 사건이다. 공식 조직 명칭은 '전국민주학생연맹·전국민주노동자연맹 사건'으로, 이태복 등이 조직했다. 당시 전민학련이라는 학생 단체가 첫 모임을 가진 대학로의 '학림다방'이라는 데서 사건의 이름이 유래한 것으로 알려져 있다. 전민학련에 대한 자세한 내용은 편집부 편, 『빼앗긴 봄의 들판에서: '81 전국민주노동자연맹·전국민주학생연맹(일명 학림) 사건 자료집』, 동녘, 2016.
21 『1980년대, 변혁의 시간 전환의 기록 2』, 412~413쪽.

포였다. "문화적 아노미"를 겪었던 그곳을 비롯해 여러 공간들에서 그녀는 순결을 상실할지도 모른다는 두려움을 느꼈을 것이다.[22] 다음으로 심명화는 결혼을 한 직후 1987년 이후 노동운동의 "로망"이었던 울산으로 내려가게 된다. 당시 울산은 전투적 남성 노동자들이 이제 막 성장하고 있던 노동운동의 중심지였지만, 그녀는 그곳에 내려가는 게 달갑지는 않았던 것으로 보인다. 한편으로 울산 노동자들이 대규모로 출근하는 장면을 목도하며 그녀는 "장관" 혹은 "혁명 군대"[23]라고 희열을 느꼈지만, 울산과 남성 노동자들의 운동 문화는 심명화를 비롯한 여성 활동가들에게 "마음고생"을 시켰다.[24] 그 이유를 그녀의 구술을 통해 살펴보면, 구미와 창원 조합원들은 그녀의 교육을 들으며 눈을 "반짝반짝"거렸다고 한다.[25] 하지만 그 이유는 처음부터 여성 활동가가 신기해서였지 다른 이유 때문이 아니었다. 또한 울산 노동자들은 그녀가 이전에 활동했던 지역에서와는 달리 의리, 남성성, 사회적 음주[26] 등을 통해 교분을 쌓

---

22 『1980년대, 변혁의 시간 전환의 기록 2』, 424쪽. 이는 후술할 박정순의 체험에서도 드러난다. 구로공단 벌집에서 생활할 때 같이 거주했던 남성이 술을 먹고 문을 흔들고 자신은 공포로 밤새 벌벌 떨었던 기억은 유사한 주거 공간에서 감지했던 공포였다 (앞의 책, 218쪽).

23 『1980년대, 변혁의 시간 전환의 기록 2』, 438쪽.

24 위의 책, 439~440쪽.

25 위의 책, 436쪽.

26 사회적 음주란 19세기 중후반 이후 유럽 노동자들이 과거에는 영양 보충을 위해 마시던 술을, 공동체 구성원 내 친교를 위한 매개로 삼기 시작하면서, 음주의 기능이 변화한 것을 지칭한다. 자세한 내용은 안병직 외, 『유럽의 산업화와 노동계급』, 까치, 1997 참조.

고 의사소통을 했기 때문에 여성 활동가들은 이런 운동 관행이나 문화에 맞춰 가기 어려웠을 뿐만 아니라, 여성 활동가들을 대하는 남성 노동자들의 태도 역시 그녀들을 힘들게 했다.[27]

이 같은 상황은 여성 활동가들의 역할을 부차적인 것으로 여기는 남성 중심적 운동 문화의 관행에 대한 심명화의 서사에서도 여실히 드러난다. 민중당 시절을 회고하며 그녀는 활동보다 주거지에서 열리는 회합 등에서 "밥해 주는 일이 더 많았다"고 기억할 정도였으며,[28] 이런 관행은 동지였던 남편과 관계에서도 반복된다. 민중당과 한사노의 실험이 좌초된 뒤 다수 학출 노동자들이 현장을 떠나지만 남편은 "의리"란 이름으로 울산을 지켰다. 그러나 임신 중이었던 심명화는 "임신복 하나 못 사입고 고생을 바가지"로 했던 것으로 당시를 이야기한다.[29] 여성 문제를 노동운동과 무관한 것처럼 사고하는 경향은 굳이 그녀의 기억을 빌지 않더라도 제법 알려진 사실이었다. 실제로, 1986년 7월 주안 5동 성당에서 열린 인노련 결산 집회에서 부천서 성고문 사건 권인숙의 가족이 와서 투쟁에 동참해 줄 것을 요청했을 때, 당시 인노련 해고자복직투쟁위원회 소속 남성 활동가 신정길이 "그런 문제에 대해 관심을 갖지 말아야 한다"고 말한 한마디가 당시 상황을 웅변해 준다.[30]

---

27 『1980년대, 변혁의 시간 전환의 기록 2』, 439쪽. 유사한 울산 지역 남성 활동가의 배우자로서 경험에 대해서는 조주은, 『현대가족 이야기』, 이가서, 2004 참조.

28 『1980년대, 변혁의 시간 전환의 기록 2』, 440쪽.

29 위의 책, 443쪽.

30 위의 책, 570쪽. 김재은의 지적처럼, 여성다움은 사회운동에 참여하는 활동가(투사,

두 번째로 주목할 서사는 '변혁 운동 조직과 당시 운동 문화'에 대해 그녀가 현재 어떻게 의미를 부여하고 있는가이다. 앞서 그녀는 자신이 운동을 정리하길 '잘했다'고 의미를 부여하는 모습을 본 바 있다. 이런 이야기는 여성 활동가 심명화의 체험들이 누적된 결과이다.

먼저 그녀는 학생운동 시절부터 이성애조차 금기시했던 "건전한 청교도" 같던 운동권 조직과 문화에 "뭔지 모를 소외감"을 느끼곤 했다.[31] "청년 혁명가 분위기"[32]라고 그녀가 명명한 당시 운동 문화는 받아들이기 어려웠지만 거부하기도 힘들었다. 한편 1987년 노동자 대투쟁을 통해 노동운동의 대중적 기반이 확대되기 이전 시기, 곧 그녀들이 지역 노동단체 등에서 만났던 여성 노동자들에 대한 기억은 이와 달랐다. 이른바 변혁적 노동운동에서 강조했던 전위 활동가의 노동자에 대한 '의식성의 외부 도입'과 같은 이야기와는 거리가 있었다. 단적인 예로, 형제의 집에서 야학을 할 당시 그녀의 노동자에 대한 기억 속에는, 불과 서너 살 차이밖에 나지 않던 여성 노동자들과 학습이나 야학 수업보다는, 같이 라면을 먹고 수다 떨던 일이 더 강하게 남아 있다. 신명순은 "가슴이 짠하게 가난했던" 노동자들의 일상을 목격하며 그들이 자신을 항상 부르면

전사)에 적합하지 못한 정체성으로 간주됐다. 김재은, 「민주화 운동 과정에서 구성된 주체 위치의 '성별화'에 관한 연구(1985~1991): 상징정치 담론분석을 중심으로」, 서울대학교 사회학과 석사학위 논문, 2003 참조.

31 『1980년대, 변혁의 시간 전환의 기록 2』, 419쪽

32 위의 책, 420쪽.

와주는 언니, 오빠로 생각했겠지만, 노동자들의 입장에선 왠지 모를 열등감도 있었을 것이라고 기억하고 있다.[33]

하지만 변혁 운동 조직에서는, 특히 활동가들의 집회에서는 당장이라도 혁명이 올 것 같은 급진적이고 과격한 용어가 난무했다고 그녀는 기억한다. 수도권을 중심으로 한 현장을 변혁 운동의 기지로 구축하기 위해 변혁 운동 조직은 학출 활동가들에게 중간계급으로서 기득권을 스스로 포기할 것을 지속적으로 강제했다. 내성적이었던 심명화에게 운동권 구호는 "내면적으로 어색"했고 경찰서에 갔을 때 "대차게" 싸우지 못했던 일은 자신의 "프티부르주아적 속성"에 대한 의구심 혹은 상처로 남았다. 부천에서 활동했을 당시에도 그녀는 구사대[34]가 무서웠지만 "비겁하다"라는 말이 듣기 무서워 차마 입 밖에 내지 못했다. 뿐만 아니라 문예창작과 출신이었던 그녀가 문학적 문구가 들어간 유인물을 써오면, 이에 대해 "계급성" 문제가 거론되며 비난의 화살로 돌아왔다.[35] 이처럼 강한 언니들은 운동 조직과 문화 속에서 '여성이라는 이유로 체험해야 했던 외상'을 아직도 안고 있다.

---

33 위의 책, 418쪽.

34 구사대란 파업에 참가하지 않고 파업, 태업 등 집단행동을 조직하는 노동조합 및 참여자들을 무력화, 방해하는 것을 목적으로 활동하는, 고용주에 의해 강제/자발적으로 조직된 집단을 뜻한다. 파업 파괴자(罷業破壞者)로 불리기도 하며 한국의 경우, 80년대 후반 이후 노동운동이 대중화되자 고용자가 의도적으로 구사대를 조직하곤 했다. 자세한 내용은 강대석, 『구사대 : 어느 구사대원의 고백』, 형성사, 1988 참조.

35 『1980년대, 변혁의 시간 전환의 기록 2』, 430쪽.

3.

반면 박정순의 구술은 어조와 면담 상황 등에서 심명화와 사뭇 다르다. 두 여성은 비록 대학과 전공은 달랐지만 같은 시기 학생운동과 노동운동을 경험했다. 하지만 박정순의 유년기와 10대 시절의 서사는 심명화와 다르다. 박정순은 '프롤레타리아트의 딸'이었다. 후술하겠지만 그녀는 남성 형제들의 지위 상승을 위해 여성을 노동시장으로 내보내던 관행에 대해 '나도 대학에 가겠다'고 맞서서 그 자리를 쟁취했다. 심명화가 자신의 삶을 '대차게 싸워보지 못한 삶'이라고 말한 데 비해, 박정순의 여성으로서 서사는 아버지의 피해 의식 및 여성다움을 지워 버리려는 운동권 형제들(=남성 활동가)과의 지독한 불화로 점철된 것이었다.

박정순은 여성이라는 이유로 각종 심리적 외상을 겪었다. 그렇기에 운동을 정리한 뒤 그녀는 '인성 프로그램 교육'을 통해 자신의 상처를 드러내고 치유하는 과정을 거쳤다. 이를 통해 그녀는 인간이 모두 다르므로 각자의 차이를 존중해 주고 강요하지 않으며 공존하는 방법을 체득했다고 말한다.[36] 여성 변혁 운동가로서 박정순의 1980년대 변혁 운동과 자신에 대한 서사는 심명화보다 더 날카롭다. 박정순은 "일터의 동료들과 더디게 변화를 만들기보다 목적의식적 투쟁을 그리며 물과 섞이지 못하는 기름처럼 떠다니는 …… 파업 뒤에 곧 현장 밖으로 쉽게 내몰리는" 혹은 인간에 대한

---

36 위의 책, 488쪽.

이해의 천박함, 전략 사업장이나 대기업을 선별해 성과주의와 조급증에 빠져 노동자를 대상화하기 일쑤였던 당시를 비판적으로 평가한다. 그렇다면, 80년대 당시의 조직 활동에 대한 박정순의 기억은 어떤 트라우마적 체험에 기인한 것일까.[37] 나는 이를 세 가지 체험들과 연관짓고자 한다. 그것은 가부장-아버지와 관계에서의 체험, 여성 활동가들에게 강제되는 중성화 요구, 그리고 프티부르주아라는 오명stigma이었다.

첫 번째 체험은 박정순의 가족사와 연관된 것이다. 박정순의 부친은 철공 노동자였다. 어린 시절부터 그녀는 학교에 육성회비를 내지 못해 모멸감을 느껴야만 했고, 중학교 1학년 때는 가난으로 휴학을 강요당하기도 했으며, 고교 진학 시기에는 여상女商에 갈 것을 주장하는 모친에 맞서 반발하기도 했다.[38] 철공 노동자였던 아버지와 얽힌 일화는 한편으로 그녀가 노동운동을 하게 된 '생애사적 전환점'이었다. 1970년대부터 박정순의 부친은 사우디 등 중동 건설 현장에 네 차례나 파견되어 집안 형편이 나아지게 됐다. 그 와

---

37 위의 책, 490쪽. 유경순도 비슷한 맥락의 언급을 했는데, "1980년대 사상·이념적 기반에서 정파들의 성립 과정을 보면 사실은 사상의 기초가 뭔지가 명료하지 않았고. 맑스주의다. 사회주의를 지향한다. 뭐 계급 문제를 설정해서 노동계급이 주체가 된다. 이런 것 이상은 갖기 어려웠던 것 아니냐는 거죠. 그럼에도 불구하고 여기서 이념적 경도성을 가졌다는 얘기는 그래서 "사회를 바꿔야 돼", "혁명을 해야 돼"라고 하는 목적이 설정되고 존재를 바꾸고, '그럼 어떻게 해야 하지?' 하는 고민 과정에 제가 말했던 85년 전후로 갑자기 확 바뀌면서 "조직을 건설해야 돼" 이런 걸로 경쟁적 구도로 간 측면"을 지적했다(『좌담』, 263).

38 『1980년대, 변혁의 시간 전환의 기록 2』, 453쪽.

중에 공항으로 부친을 송별하러 갔던 그녀는 새파란 젊은 관리자들에게 '반말'을 들으며 중동으로 떠나는 노동자 부친이 겪은 차별에 분노하며 '노동운동'이란 단어를 머릿속에 새기게 된다.[39] 다른 한편 철공 노동자인 동시에 1960년대 노동운동에 참여했다가 피해만 입었던 부친의 존재는 그녀와 부친 모두에게 '트라우마'를 남겼다. 그녀가 노동 현장에 가서 싸구려 옷을 입고 촌스러운 차림을 하고 다니자 부친은, "이 땅에서 공순이로 산다는 게 뭔 줄 아냐, 니가 노동운동한다고 그러냐"라고 나무랐지만, 박정순은 "나, 공순이 되려고"요라고 말하며 맞선다. 부친은 자신이 과거에 겪었던 피해의식이 그녀에게 반복되지 않기를 원했으나, 박정순은 그가 자신에 대한 "무리한 기대"를 접어주길 원했다. 부녀 모두에게 이 말들은 상처로 남았고 구술 과정 중 이 대목에서 박정순은 눈물을 흘린다.

두 번째 서사는 여성 운동가에 대해 강제되는 중성화 요구와 정체성 혼란이었다. 심명화와 마찬가지로 박정순도 간호대학 시절부터 이를 감지했다. 써클에 참여하지 않던 학생이 드물던 시절, 그녀가 대학에서 처음 사귄 남성은 '운동권'이었다. 하지만 '보안'이란 이름으로 애정 표현조차 자유롭지 못했고, 그녀가 참여했던 언더 써클의 문화는 치마를 입는 여성이 없는 남성 같은 복장이 다수였으며, 모든 사람이 담배를 피우는 게 당연시 됐다. 이런 1980년대 운동 문화는 '여성다움'을 제거해야 할 것으로 치부하며, 이를 다수에게 강요하는 방식으로 나타났다. 박정순은 성당 대학 연합 써클

---

39 『1980년대, 변혁의 시간 전환의 기록 2』, 453쪽.

체험을 기억하며, 여대생의 옷차림, 생각 등을 당시 자신도 암묵적으로 소시민적인 것으로 간주했고, 긴장감, 투철한 의식과 행동이 매일 매일 강요되었으며, 이를 자신도 수용했다고 말한다.[40]

여성 활동가들에 대한 이 같은 요구는 노동 현장에서 결혼을 한 이후에도 반복됐다. 1989년 "민중 결혼식"을 한 박정순에게 결혼은 또 다른 고통스런 체험이었다. 당시 비합법 조직에서 문건 작업[41]을 하던 남편은 가사노동을 분담해 주지 않았고, 돈을 벌어다 주지도 않았기에, 할 수 없이 그녀가 일하는 '푸른치과'에서 타는 월급으로 살아가야 했다. 박정순에게 더욱 고통스러웠던 체험은 새로운 활동을 조직하면서 남편이 그녀에게 비밀로 하며 알려주지 않았던 것이었다. 당시를 기억하며 그녀는, "내 정체성은 뭔가"라고 질문했다고 한다. 1990년대 초반 새롭게 참여했던 비합법 조직의 선배에게 아이를 낳고 싶다는 생각을 털어 놓았을 때 돌아온 대답은, "미제(=미제국주의) 하에서 애 낳아서 편하게 키울 수 없다"는 극단적 비판이었다.[42] 이후로도 오랫동안 조직 활동을 하며 아이를 갖지 못했다. 그러다 1997년 IMF 경제 위기 이후 활동이 줄어들자 36세의 늦은 나이에 시험관 아기를 임신할 수 있게 됐다.[43]

세 번째로 주목할 것은 '프티부르주아'라는 그녀의 반복된 오명,

---

40 위의 책, 458~459쪽.

41 '문건 작업'이란 80년대 중반 변혁 운동 내 비공개 지도부가 만들어지면서, 조직원들에게 교육, 선전/선동 지침 등을 지속적으로 만들어 공급하는 작업을 통칭한다.

42 『1980년대, 변혁의 시간 전환의 기록 2』, 484-485쪽.

43 위의 책, 487-488쪽.

공포 그리고 트라우마와 연관된 서사들이었다. 심명화와 유사하게 이는 변혁 운동의 조직 문화에서 비롯된 것이었다. 박정순은 대학 시절 집회 주동자가 "쭈뼛 대는 모습"을 비판하는 모습을 목격하며 "적개심으로 무장해야 한다는 강박관념"이 있었다고 당시를 기억한다.[44] 2학년 때부터 학교를 그만두고 노동 현장을 가려고 계획했던 투철한 여성 활동가인 박정순도 이런 조직 문화로부터 자유롭지 않았다. 초기 현장 생활에서 안경을 쓰면 대학생처럼 보여서 렌즈를 종일 끼워야 했고, 조직의 비밀을 지키려고 책도 마음대로 읽지 못했고, 행동도 자유롭지 못해 "혼자 아등바등"대던 체험이나,[45] 1984년 진도모피 입사 후 공장일, 현장 토론, 학습 등 스스로 이겨 내지 못할 활동 속에서 머리와 당위로만 "이겨 내야 해"라고 버티려고 하고, 그 중압감으로 인한 스트레스는 반복된 음주로 이어져 건강이 계속 악화되었던 체험 등이 그것이었다. 1986년 겨울 인희 전자에서 노동조합 결성과 활동을 했던 박정순은 5·3 인천항쟁[46]으

---

44 위의 책, 459쪽.

45 이는 박정순만의 체험은 아니었다. 구로공단 전자 공장에서 일하던 노선금도 지식인이 즐기는 독서, 대학생으로서 고상한 분위기 등으로 노동 현장에 적응하지 못할까 봐 많은 걱정을 했다. 이처럼 대학생 출신 여성 활동가들이 노동 현장에서 겪은 어려움은, 지식인 출신인 자신과 노동자 사이의 문화적 거리를 좁히기가 어려웠음을, 다른 식으로 말해서 여성 노동자들이 자신들을 향한 시선을 '속이기가 쉽지 않음'의 다른 표현이었다(『1980년대, 변혁의 시간 전환의 기록 1』, 222쪽).

46 5·3 인천 항쟁은 1986년 5월 3일 재야 및 학생운동 진영이 헌법 제정과 헌법 제정 민중 회의 소집을 요구하는 시위를 인천 일원에서 벌였던 대규모 거리 시위였다. 자민투, 민민투를 비롯한 서울, 인천의 수 십 개 대학의 학생운동 그룹과 서울노동운동연합, 인노련, 인사련, 인기노련, 인노협, 민통련 등 다양한 운동 단체들을 비롯해 수 만

로 배우자가 구속되자, 남편 후배가 조직의 보위를 위해 배우자가 수사 과정에 대해 알아 달라고 부탁하자 노동 현장에서 휴가를 내기 어려움에도 구치소로 가 배우자가 조직에 대해 얼마나 이야기했는지를 조직 후배에게 알려주었다. 뿐만 아니라 조직의 보안 때문에 배우자를 '삼촌'이라고 가짜로 부르거나, 배우자의 자백으로 조직의 실체가 드러날지도 모른다는 공포감 등으로 그녀의 심리상태는 극도로 불안정했다. 이런 불안을 잊기 위해 그녀는 자신이 속했던 운동 조직 모임을 마친 뒤 번번이 술을 마셨다. 하지만 아침에 일어나 숙취가 깨고 자신이 서있는 현실을 자각하는 순간은 다시 "지옥"으로 돌아가는 것 같았다.[47]

만일 이런 긴장감, 특히 박정순에게는 '보안'이라는 운동 조직의 규율을 어기거나 어길 가능성이 있을 때 어김없이 찾아오는 '오명'이 '프티부르주아지'란 용어였다. 그녀는 구술 면담 내내 꽤 길

여 명이 시위에 참여했다. 시위 참가자들은 신민당은 재벌, 미제와 결탁한 기회주의 집단이라고 비난하기도 하고, 파쇼 타도와 삼민 헌법을 촉구하는 등 다양한 요구들을 외쳤다. 당시 인천시민회관 앞 광장(현재 시민공원역)에서 공동 집회를 진행하는 데는 합의했지만, 자민투, 민민투 등은 가두 행진을 통해 각각 석바위, 동인천으로 진출하고 인노련, 인사련 등은 남아서 집회를 독자적으로 진행했다. 오후 5시부터 경찰의 대대적인 진압 작전이 시작되어 바리케이드를 만들고 투석전을 진행하는 등 저항했으나 319명이 연행되고 129명이 소요죄로 구속되었다. 자세한 내용은 제30주년 인천 5·3민주항쟁 계승대회 조직위원회, 『다시 부르마, 민주주의여: 인천 5·3 민주 항쟁 증언록』, 2016; 이재성, 「인천지역 민주노조운동에 대한 사회운동론적 고찰 : 중위 동원자의 성장과 쇠퇴를 중심으로」, 서울대학교 정치학과 박사학위 논문, 2010; 김원 편, 『민주노조, 노학연대 그리고 변혁: 1980년대 노동운동의 역사』, 한국학중앙연구원출판부, 2017 등 참조.

47 『1980년대, 변혁의 시간 전환의 기록 2』, 465~466쪽.

게 "징그럽게" 등 감정적인 용어를 사용하며 그녀의 체험을 반복해 이야기했다. 물론 여러 구술에서 학출들이 '프티부르주아지란 에테르'에 대한 강박증적인 태도 — 단적인 예로 노동자와 관계에서 소극적인 태도를 취하는 등 — 는 발견되지만, 이 용어는 활동가의 대부분 일상에서 등장했다. 그녀는 "그 역사도 길어요"라고 자신의 이야기를 시작한다. 1981년 농활 때 몸뻬 바지를 입고 오지 않아서 눈물이 빠지게 비판을 받았던 체험에서 시작해서 — 26년이 지난 후 그녀는 그 선배에게 당시를 기억하느냐고 물었지만 그는 기억하지 못했다 — , 매사에 "자비서"(자기비판서)란 이름으로 문서의 대목, 행간, 문장까지 "다 씹어 대며" 그녀가 모멸감과 모욕감을 받았을 때, "철철 울며 내가 왜 운동을 해야 하는지" 후회한 체험 등을 기억하며 박정순은 결국 "내 삶에서 가장 가슴 아프게 했던 딱지"가 프티부르주아란 딱지였고, 그로 인해 "나는 더 이상 아닌가 보다"라는 생각을 하게 됐다고 울먹였다.[48] 변혁 운동 이외의 열정 — 지식, 창작, 예술 등 — 은 감상적인 것처럼 치부됐고, 개인의 특질인 '개성'조차 부정되어야 하는 대상으로 여겨졌던 것이다.

4.

이상에서 내가 해석한 '80년대 변혁 운동에 참여한 여성'들의

----

48 위의 책, 479, 496쪽.

생애사 체험에 대해 '불편함'을 느끼는 독자가 있을 것이라고 생각이 든다. 하지만 1980년대, 특히 1980년대 변혁 운동이 그토록 빠른 시간 동안 퇴조한 이유를 사회주의권의 몰락 등 환경의 변화만으로 설명할 수는 없다. 역설적이게도 1980년대 변혁 운동이 개인, 특히 여성들에게 어떤 의미였는지 본격적인 성찰이나 기록하려는 시도가 부족했기 때문은 아니었을까? 앞에서 살펴본 두 여성의 생애사 서사에 대해 '그때는 여성주의 언어가 부재했으니까' 혹은 '그 외에 대안적인 정치적 상징이나 담론이 없었으니 불가피했다'는 식의 해석하려는 것은 여전히 신화화되어 있는 1980년대 변혁 운동이 낳은 모순 및 불편함과 정면으로 맞서는 것을 회피하는 태도는 아닐까. 서두에서 정리한 바와 같이 유경순의 시도는 한편으로 신화화된 1980년대 속에서 탄생과 소멸했던 변혁적 노동운동의 '짧았던 역사의 복원'이기도 하지만, 다른 한편 그 시대를 경험한 개인들 ― 특히 2권 말미에 배치된 소수자 여성 ― 의 기억을 통해 386세대, 운동권 남성 엘리트 중심으로 해석되어 온 1980년대에 대한 지배 담론에 맞서기 위한 '재료'를 우리에게 제공해 준 것은 아닐까.[49]

---

49 대표적인 영상물이 영화 1987(장준환 감독, 2017)이다. 이 영화에서 유일한 가공의 인물인 연희는 시종일관 남성 형제, 남성 동지들에 의해 각성되는 주체로 재현된다. 손희정은 이런 1980년대에 대한 서사를 '386 건국 신화'라고 부른다. 자세한 내용은 손희정, 「촛불혁명의 브로맨스: 2010년대 한국의 내셔널 시네마와 정치적 상상력」, 『민족문학사연구』 68, 2018 참조.

참고문헌

강대석, 『구사대 : 어느 구사대원의 고백』, 형성사, 1988.

권인숙, 『대한민국은 군대다 : 여성학적 시각에서 본 평화, 군사주의, 남성성』, 청년, 2005.

권인숙, 『하나의 벽을 넘어서』, 거름, 1989.

김명인, 『내면 산책자의 시간: 김명인의 런던 일기』, 돌베개, 2013.

김상숙, 「1980년대 대구지역 여성 노동운동가들의 노동운동 경험과 의식」, 『지역사회학』 15, 2014.

김 원, 「학생 권력: 무반성의 신화들」, 『당대비평』 11호, 2000.

_____, 『잊혀진 것들에 대한 기억』, 이매진, 2011.

_____, 「80년대에 대한 '기억'과 '장기 80년대': 지식인들의 80년대 해석을 중심으로」, 『한국학연구』 36, 2015.

_____ 편, 『민주노조, 노학연대 그리고 변혁: 1980년대 노동운동의 역사』, 한국학중앙연구원 출판부, 2017.

김재은, 「민주화 운동 과정에서 구성된 주체 위치의 '성별화'에 관한 연구(1985~1991): 상징정치 담론분석을 중심으로」, 서울대학교 사회학과 석사학위 논문, 2003.

류동민, 『기억의 몽타주: 서울 1988년 여름, 말한 것과 말하지 않은 것』, 한겨레출판, 2013, 19.

박현귀, 「80년대 변혁운동가들의 정체성 변화과정: '운동권' 출신의 여성 모임을 중심으로」, 서울대 인류학과 석사논문, 1997.

방현석, 『아름다운 저항 : 방현석의 노동운동사 산책』, 작은책, 1999.

손희정, 「촛불혁명의 브로맨스: 2010년대 한국의 내셔널 시네마와 정치적 상상력」, 『민족문학사연구』 68, 2018.

안병직 외, 『유럽의 산업화와 노동계급』, 까치, 1997.

오하나, 『학출 : 80년대, 공장으로 간 대학생들』, 이매진, 2010.

오현석, 「최초의 노동장편 소설 안재성의 『파업』에 드러나는 '학출'의 문학적 형상화 연구」, 『人文研究』 83, 2018.

유경순,『아름다운 연대: 들불처럼 타오른 1985년 구로동맹파업』, 메이데이, 2007.

_____,『같은 시대, 다른 이야기 : 구로동맹파업의 주역들, 삶을 말하다』, 메이데이, 2017.

윤철호,『인노련사건 윤철호 옥중편지 모음집 : 나는 겨울잠을 자러 들어온 곰이로소이다』, 일빛, 1991.

이건범,『내 청춘의 감옥: 시대와 사람, 삶에 대한 우리의 기록』, 상상너머, 2011.

이광수,「1980년대 부산지역 노동운동에서 학출 활동가의 노선과 실천: '실-반실' 논쟁을 중심으로」,『항도부산』42, 2021.

이남희,『민중 만들기: 한국의 민주화운동과 재현의 정치학』, 후마니타스, 2015.

이상록, 김원, 황병주, 장미현, 유경순,「좌담: '학출'의 삶을 통해 1980년대를 역사화하다」,『역사문제연구』34, 2015.

이재성,「인천지역 민주노조운동에 대한 사회운동론적 고찰 : 중위 동원자의 성장과 쇠퇴를 중심으로」, 서울대학교 정치학과 박사학위 논문, 2010.

_____,「왜 다시 1980년대를 말해야 하는가 :「1980년대, 변혁의 시간 전환의 기록」,『황해문화』통권88호, 가을호, 2015.

이철승,『불평등의 세대: 누가 한국 사회를 불평등하게 만들었는가』, 문학과 지성, 2019.

이한나,「1980년대 학출 여성 노동자의 '도덕'과 연애 감정」,『동악어문학』77, 2019.

인천지역민주노동자연맹,『('87.'88년) 정치 위기와 노동운동 : 인천지역민주노동자연맹 선집』, 거름, 1989.

장미현,「희망세대의 재현과 절망세대의 재현」,『실천문학』겨울호, 2015.

제30주년 인천 5·3민주항쟁 계승대회 조직위원회,『다시 부르마, 민주주의여 : 인천 5·3민주항쟁 증언록』, 2016.

조주은,『현대가족 이야기』, 이가서, 2004.

조희연,『현대 한국 사회운동과 조직 : 통혁당·남민전·사노맹을 중심으로 본 비합법 전위조직 연구』, 한울, 1993.

주대환,『진보정치의 논리』, 현장문학, 1993.

편집부 편,『빼앗긴 봄의 들판에서 : '81 전국민주노동자연맹·전국민주학생연맹(일명 학림) 사건 자료집』, 동녘, 2016.